昭和二十年

第3巻　小磯内閣の倒壊

鳥居 民

草思社文庫

昭和二十年　第3巻　小磯内閣の倒壊　目次

第11章　重慶と延安（三月二十日〜二十五日）

第12章　硫黄島の戦い（三月二十五日～二十六日）

第13章　内府対総理（三月二十六日～四月四日）

第11章

重慶と延安（三月二十日～二十五日）

疎開騒ぎ

三月二十日の朝、駅に向かう人は、かすかにかぐわしさが漂っているのに気づく。やっと梅の花が満開だと思う。霜柱は消え、赤土が靴の底にべっとりとつくことはなくなったが、厚いオーバーを脱ぐことはまだできない。日が暮れれば、ぐんと気温がさがる。

窓の外を見た人は、枝のさきの白いふくらみが大きくなっているのに目をとめる。木蓮がもうじき咲きそうだ。明日は彼岸の中日だなと思う。だが、墓詣りに行く余裕はない。午前九時十分に関東地区に警戒警報がでた。二十分のちに解除となった。しばらく空襲はないが、それだけにだれもが薄気味悪く思っている。

陽《ひ》の光があふれ、風がなく、春らしい日和なのだが、安らぎを感じる人はいない。たとえてみれば、砂埃をかきたてた風が戸障子を鳴らし、地平線はどちらを向いても暗い土色であるといった天候が、いまの都民の気持ちには似つかわしい。町は半ば恐慌状態なのである。

世田谷通りでは、区役所の職員たちが路地に入り、道路に巻き尺をあて、杭を打っている。その周りに集まり、作業を見ていた主婦や老人たちのあいだから溜息がでて、吐息がもれる。大通りからその杭のところまでが防火帯となり、そのあいだの家屋は取り壊しとなるのである。

京王線の沿線では、すでに測量が終わり、区役所の職員や応援にかりだされた都の交通局の運転手や車掌が地図を片手に、家の門柱や玄関にしるしをつけている。

世田谷区内の建物疎開は今回がはじめてである。世田谷通りと甲州街道をひろげ、京王線、小田急線、玉川線沿いの建物を取り除き、駅前に広場をつくり、若林町の警察署と太子堂町の第二陸軍病院、池尻町の糧秣廠周辺の家を除去し、三菱重工業池尻工場をはじめ、いくつかの工場の周りの家屋を取り除くことにしている。

これが昨十九年の四月、五月なら、各戸への通知にはじまって、補償金の交渉が済み、丸に「疎」の字のマークのある「査定済」の紙が家の入口に貼られ、つづいて「立退済」の紙がその上に重ねられ、最後にいよいよ取り壊しを待つ「除」の字の紙が貼られるまでに、たっぷり二カ月が見込まれたものだった。今回はそんな悠長なことをしてはいられない。係員は白墨で丸に「疎」と書いて回っている。「疎」の字も面倒だから、丸に「ソ」と書き、防火帯をつくるということで、丸に「防」と書くところもある。

区長は都の防衛局長から第六次建物疎開の実施を指示された翌日、区内の町会長を集め、地図の写しを示し、この新しい強制疎開の計画を説明した。町会長は隣組長を集めて、この通達を繰り返した。だが、連絡を受けていない隣組もあれば、なにも知らない家もある。

たとえば、こんな情景が各所でくりひろげられている。

玄関にやって来た区の職員から居住者調査表を手渡され、門扉に「疎」と書かれているのをはじめて知り、愕然として、しばらくは口もきけずにいる女性がいる。昏から血の気をなくした彼女は町会事務所へ急ぐ。一両日中に区役所で説明会が開かれる、十日あとの四月一日までに立ち退かねばならないと告げられ、その帰り道は、春の陽光の下を歩きながら、悪い夢でも見ているのではないかと彼女は思いつづけている。

家の四分の一がひっかかるだけなのだから、この部分を壊すだけでいいのではないかと訴えている老人がいる。私にはわからない、しるしをつけるだけだと職員が答え、老人は額に脂汗をかき、慌てて区役所へでかけることになる。二、三日中に町内から嘱託員が選ばれる、区と嘱託員の協議で決まることになるとの説明をかれは聞かされる。

夕方に帰宅して、強制疎開にひっかかったと妻に告げられた夫がいる。庭木や庭石には一銭の補償金も出ないそうだと言われて、かれは縁側に坐り込んだ。金などどうでもよい。この穏やかなたたずまいの庭が十日ほどのちにはごみと瓦礫の空き地に変わってしまうのだ。かれはもって行き場のない怒りをかみしめている。

そして、疎の字を書かれた家では、暗い電燈がわずかに部屋の中央を照らすだけのなかで、どこへ移ったらいいのかという話をつづけている。妻と話し合う夫が癇癪を起こし、母と娘が興奮して、双方の声が高くなり、やがてだれもが黙り込み、部屋には不安がひろがる。

混乱し、慌てふためいているのは、疎の字を門柱に書かれた家の人たちだけではない。十日前の夜に東のほうの空を埋めた真っ赤な火柱を見た人たち、積み重ねた枯れ木の山と見誤った焼死体の山といった話を聞いた人たち、国民学校のプールが死者でびっしり埋まり、水の表が見えなかったという話を耳にした人びと、真っ黒な顔に赤くただれた虚《うつ》ろな目の被災者の行列を自分の目で見た人びと、いまはだれもが空襲に恐怖心を抱くようになっている。そこへ強制疎開の騒ぎが重なって、だれもが浮き足立っている。

強制疎開にかからなかった家でも、夫婦が疎開のことを語り合っている。私と太郎がここに残る。お前は花子と次郎を連れて、田舎へ行け。ひとまずそんなふうに決める。頭借りることのできる家があるか、部屋があるか、郷里の兄に手紙を書くことになる。頭のなかではなにひとつ整理ができず、ほんとうはなにも決まっていない。それでも区役所に転出証明書をもらいに行こうと思う。

転出証明書がなければ、汽車の切符が買えないし、駅は疎開の荷物を受け付けてくれない。その証明書がなければ、疎開しても、主食の配給が受けられない。そこで、証明書をもらってきさえすれば、疎開の決心は否応なしに固まるだろう。人びとはこんなふうに考えて、区役所へ行く。

区役所は蜂の巣をつついた騒ぎになっている。廊下や階段は人でいっぱいである。不安な目つきの、やつれた人びとが行列をつくり、そのあいだをひっきりなしに人が往き来し、こちらではひそひそ声で話し合い、向こうでは大声をだし合っている。

区役所の職員の忙しさは格別だ。今回の建物疎開のすべての業務は区役所に押しつけられている。取り壊す家の家屋台帳謄本の写しをつくらねばならない。建物の補償の評価委員を選ばねばならない。ガス会社、水道局、電話局と連絡をとり、区内のいくつかの国民学校に出張所を設けねばならない。建物取り壊しの作業人員を確保し、日程表をつくらなければならない。

待ったなしであり、すぐにやらねばならない。待ったなしといえば、区役所自体の分散疎開をやらねばならない。いくつかの課を近くのコンクリート建ての国民学校へ移すことにしている。その引っ越しもただちにやらねばならない。悩みは強制疎開の家々と同じだ。人手がない。書類の山を入れる木箱がない。短い距離を運ぶだけだが、手車、馬車がない。いまやリヤカーほど必要なものはないが、そのリヤカーがない。そして、区役所の職員たちも家族を疎開させなければならない。疎開の相談のために故郷へ行く者がいるし、荷物を運ぶ者がいて、職員たちの欠勤が多い。

長い行列に並び、やっとのことで転出証明書をもらった人はつぎに駅へ行く。長い行列は駅をも取り巻いている。行列には慣れっこであり、駅の窓口、改札口に並ぶ行列は見慣れた光景だが、自分が並ぶことになって、その行列が三つあることを知り、だれもがびっくりする。疎開のための切符を入手するための行列がある。託送荷物を持ち込むのに必要な指定票をもらう行列がまたべつにある。そして疎開荷物輸送申し込みのためのもうひとつの行列がある。

　なにはともあれ、疎開荷物の輸送申し込みの行列に最初に並ばねばならない。半日近くかかって、やっと自分の番になり、愛媛の松山までと言えば、疎開荷物の受付は二カ月さきになると答えが返ってきて、窓口に立った人は呆然とする。二カ月あとのいつになるのかと聞けば、毎日、駅の掲示を見にくるようにという返事だ。これでは計画をたてることができない。疎開は諦めるしかない。

　そこで気がつけば、貨物駅はどこも疎開荷物で埋まっている。勤労動員の中学生や国民学校高等科の少年たちが手伝い、貨車に荷物を積み込んでいるが、広場を埋めつくした家財道具の山は減るどころではない。それこそ一カ月前、雪で埋まった青森駅や直江津駅の操車場と同じである。

　昨日、三月十九日、徳川夢声は新宿駅のホームから疎開荷物の山を見た。古道具屋も買わないようなガラクタではないかとかれは舌打ちをした。壊れた三輪車、ぼろ机、腐れかかった盥《たらい》である。

　夜、夢声は自分の不愉快な気持ちを日記に記した。

「1　こんな下らないものまで送るやつがあるから、立派な品物が疎開出来ない人々があふれるのだ。

2　私の家では、衣類の荷を十個信州へ送ったきり、家財の大部分はまだ送らずにある。然るに、こんなガラクタまで要領よく送り得る手廻しの好い奴らがある。
3　こんな下らない品物を、血眼になって助けようとする物欲の浅間しさ。
4　今迄は落ちついていたくせに、下町が焼野原になると、狼狽《あわ》てて自分たちの財を助けようとする根性、その愚鈍さ。
5　斯《こ》んなガラクタをいくらでも受けつけるくせに、肝腎な荷を受けつけないで、長蛇の列をつくらせている、鉄道の規則なるものの馬鹿らしさ。
6　斯んなガラクタの山を、いつまでも片づけられずに、山と積んでいる運輸の貧困さ。
7　斯んな浅間しい騒ぎをしなければならないようにし向けたB29に対する憤り。
8　始め景気の好いことばかり言っておいて、此の頃になって急に国民の協力が足りないなどと言い出した政府の出鱈目さ。
と、いくらでも理由らしいものが出て来そうだ。然し、このうちの最大の理由は、私も出来ることなら、ガラクタに到るまで、安全な所があれば疎開させたいのだが、それが出来ない忌々しさ、なのかもしれない。

…………

B29よ、あんなガラクタは全部燃やしてくれ」

最後につぎのように書いた。
「吾家は何《ど》うやら道路強制から逃れるらしい。まず目出度し」[1]
夢声が道路強制と書いたのは、道路をひろげて防火帯とするための建物疎開のことである。

今日、三月二十日、志賀直哉は家にいる。かれの家の界隈では建物疎開はない。明日は外相官邸へ行く。三年会の集まりがある。[2] かれが加わるグループ活動は他にはなく、その懇談会にでるだけだ。

最初の会合は一月十二日だった。外相官邸に安倍能成《よししげ》、和辻哲郎、田中耕太郎、富塚清、山本有三、谷川徹三、加瀬俊一、そして直哉が顔を揃えたことは、第1巻で述べた。日本の将来を考えることを会の目的とし、官邸が麹町三年町にあることから、三年会と名づけた。

一月はその一回、二月には二回集まった。三月に入ってから、会合はひんぱんになっている。三月三日には直哉の家に皆が来た。七日には官邸に集まった。十五日には外相の重光が出席して、かれの話を聞いた。

重光は国際情勢を説いて、このさきソ連がヨーロッパでも、アジアでも、その力を拡大するだろうと語った。日本の将来については、一時の屈従はやむをえないとかれは匂わせた。では、戦争を終わりにさせるのはだれなのかと直哉は聞きたかったが、重光は首相、軍部、議会に対する不満を仄めかしただけだった。

直哉は明日の集まりに期待している。三月十日の大空襲を境にして、政府と軍部の態度になにか変化が起きているのではないかとかれは考えるからだ。重光外相はそうしたことを語らなかったが、三月十日の前と後の違いはいよいよはっきりしてきている。直哉は、加瀬俊一から最新の情報が聞けるのではないかと思っている。

直哉は下村千秋に葉書を書き、家のことを尋ねてみようと考えた。下村から便りが届き、疎開をしたと挨拶を寄こしてきていた。

下村千秋は五十一歳、小説家である。大学をでて、読売新聞の社会部記者となったが、数カ月でやめた。かれが同人誌にはじめて書いた小説を志賀直哉が手紙で褒めてくれて、それ以来、かれは志賀に師事してきている。かれは社会部の記者が関心をもつような題材を選び、小説を書いてきた。

昨年、かれの一家は小金井に疎開し、半農生活を営むことにした。空襲もこわくなければ、食糧も自給できると鼻高々だった。ところが、その考えはとんでもない誤りだった。B29の爆撃進路の真下にあたっていた。真東に中島飛行機武蔵製作所があることから、爆弾と焼夷弾が毎回近くに落ち、身のちぢむ思いとなった。この三月のはじめ、かれの一家は長野県南安曇《あづみ》郡の柏矢町に再疎開した。

直哉は千秋宛てにつぎのように書いた。

「君のところ案外早く片附いて何よりでした　もう一週間遅れたら動きがとれないところでした　僕のところ遅れて動けずにいます、君の方に借りられる家とか部屋はないでしょうか、女子供三四人やれるようだといいと思います　軽井沢は物資の点で駄目で玉子一つ五円などいうそうです、野上豊一郎君などは北軽井沢ですが、土地のものから帰ってくれといわれ帰って来たそうです。此間浅草の方を見て来ました、座右宝普及版刷上ったところをすっかり焼いて了いました」(3)

徳川夢声も、志賀直哉も、疎開するところが見つかっても、荷物を送りだすことができなくなっている。鉄道疎開荷物の輸送にお手あげの状態である。悪いこと、困難なこと、予想もしていなかったことがつぎつぎと起こり、家財の輸送などなんの準備もできていない。

まずはこの冬の鉄道開業以来という大豪雪のために、青森と日本海沿岸の操車場が雪に埋まってしまった。そのあいだには大地震が起きて、東海地方の鉄道が寸断されてしまった。各地の積雪記録を更新した大雪がやっとやみ、北海道からの石炭の輸送に本腰を入れようとしたとき、工場の機械類の疎開がはじまった。そこへもうひとつ飛び入りがはいった。門司をはじめ、日本海側の港には、本土防衛のための野砲や弾薬、戦車が満洲から到着しはじめ、その輸送を優先せねばならなくなった。

そして三月十日の大空襲である。罹災者の緊急輸送をおこなわなければならなくなった。鉄道総局と業務局がこの大輸送にかかりきっているあいだに、あっというまもなく東京都内の各駅は疎開荷物でいっぱいになってしまった。つづいて三月十七日、第六次建物疎開の発令となった。強制疎開者の家財道具の大波が押し寄せてくることになった。

貨物列車の本数を大幅に増やさなければ、疎開荷物の山を片づけることができず、このさき持ち込まれる引越し荷物をさばくことができない。だが、それはとても無理な相談だ。昨十九年十月の時刻表の改正で列車本数は増やせるだけ増やした。線路容量のぎりぎりまで、操車場能力が手いっぱいなところまで増やした。そのため、十月から事故が激増するようになっていることは、第2巻で述べた。

貨物列車の本数を増やすことができたとしても、機関車と貨車が足りない。その不足している貨車が東京へ来ることができない。人手が足りないのはどこも同じだから、小さな田舎駅では貨車から荷を下ろすことができず、貨車は留置線に置き去りにされている。そして東京へくる貨物列車は疎開荷物で埋まった都心の駅に入ることなく、郊外駅で荷下ろしをすることになる。

鉄道総局は慌てて引越し荷物の制限をした。貨車買切り制を廃止した。引越し荷物のために、貨車を一輛ずつ使わせていたら、貨車はどれだけあっても足りない。

そして一世帯の疎開荷物の個数を定めた。住まいが取り壊しになる世帯で、全世帯が転出する場合は五十個まで、一世帯のうちの一部が転出する場合は二十個を限度とした。一個は五十キロまでである。

一般疎開者の引越し荷物は、実際には大部分の駅の窓口で受付を停止しているのだが、全世帯が転出する場合は四十個、一部が転出する場合は十五個までとした。

鉄道総局内では、そんな手ぬるいことではどうにもならないとだれもが言い、さらに制限を強化しなければならないと主張している。強制疎開となった世帯で、一家をあげて疎開するときには三十個までとする。一部が疎開するときには十五個までとする。一般疎開者は、一世帯すべてが疎開するときには二十個まで、一部の場合は十個までとする。

この一両日中、三月二十二日か、二十三日に、それを発表する予定である。

それでもまだ手ぬるい。その程度の削減ではどうにもならない。そんないい加減なことをしていては、不公平を生むだけだ。疎開荷物は布団と衣料、鍋釜だけにしてしまわなければならない。一世帯の疎開荷物を五個にまで減らさねばならない。じつは鉄道総局はそんな案をつくった。

疎開荷物を一挙に五個に減らしてしまうというこの案に反対したのは、内務省だったのであろう。陸軍もそれに同調したのではないか。二十五万戸が焼かれ、百万人が罹災してこそ、今回の大規模な建物疎開をおこなうことができるようになった。

疎開荷物の徹底した削減はまだ早すぎる。疎開荷物を送りだすことができないまま、すべてを焼いてしまうことに比べたら、五個の荷物、三個の荷物でも、疎開できれば有り難いとだれもが思うようになるまで、いましばらくの時間が必要だ。内務省や陸軍省の堅物はこんな具合に思っているのである。

三月二十一日、今日も朝からいい天気だ。朝早く、白柳秀湖は小磯首相へ宛てての手紙を書生に持たせ、麻布森元町の首相の私邸へ行かせた。以前になんどか会ったことがあるというだけのつきあいだが、総理に頼むほかなく、総理ならどうにかしてくれるだろうと思っている。絶体絶命の窮地にあると手紙のなかで述べ、貨車か、トラックの援助をお願いできないものかと首相に懇請したのである。かれは多摩村の知人を訪ねたが、荷馬車のあてはなかったのである。

かれはなんども外へでた。書生の帰りを待っているのだが、それだけではない。表通りをひろげるために実測に来るはずの区役所の係員を探しているのである。首相とその家族は官邸に移り住み、森元町の家にはいないことを、秀湖は知らない。

午前十時、首相官邸では最高戦争指導会議がはじまろうとしている。構成員の六人が丸テーブルを囲み、首相の補佐役として緒方竹虎も加わっている。

今日の議題はひとつだけだ。小磯と緒方は、繆斌《ミヨウヒン》をパイプとして使い、重慶と和平交渉をおこなうことの合意を構成員の全員からとりつけたいと思っている。だが、これがすんなりと決まる見込みはない。

最高戦争指導会議の取り決めは、閣議の決定と同様、全員一致をもってすることが必要である。構成員六人のうちの四人が賛成し、あるいは五人が賛成したからといって、原案可決とはならない。全員が賛成しなければならないのである。

しかも念をいれた取り決めがある。構成員のひとりが反対をつづけるために、ひとつの重要問題の態度決定ができないとき、そのひとりになにも告げず、残りの五人が、かれらだけで会議を開き、それを決めてしまうということが起こる可能性がある。それを防止するための取り決めである。外務大臣の重光葵《まもる》が提案したことなのかもしれない。構成員のうち、ひとりでも欠けた場合には、決定の効力なしと、昨十九年八月五日の会議で定めていた。

小磯と緒方の二人は、他の五人の構成員の支持を得ようと努力をつづけてきた。うまくいっていなかった。かれらにできたのは、繆斌を東京に呼ぶまでだけのことだった。

ほんとうの話をすれば、そこまでやったのは、小磯と緒方の努力によるものではなかった。重慶の側がしたことだった。そんなことを言えば、小磯と緒方はけげんな顔をして、当たり前ではないかと言うにちがいない。繆は重慶側の責任者と和平計画の打ち合わせをおこない、その承認を得たうえで、東京に来ているはずだからである。

そのとおりである。だが、肝心のところがちがっていた。蔣介石は日本側との和平を望んではいないということだ。これについては、第2巻で述べた。日本側の和平の呼びかけが、自分とアメリカとの仲を裂こうとするものである限り、問題にならないと、蔣介石は考えてきている。

そこで、おそらくは蔣がじきじきに認め、かれの右腕の戴笠《たいりゅう》がゴーのサインをだし、繆斌が東京へ来ることになったのは、まさに言われるところの謀略なのである。

謀略とはなにか。三宅坂以来の陸軍の愛用語である。陸軍嫌いの海軍士官に言わせれば、メッケルが教え、かれの教え子が拳々服膺《けんけんふくよう》してきた権謀術数であり、習い性となっている陸軍の狡猾さということになる。

プロシア陸軍の参謀少佐であるメッケルが、参謀本部の顧問となり、創立したばかりの陸軍大学校のお雇い教師となったことは、第2巻で述べた。メッケルが学生たちに教えたのは、フランス、オーストリア、ロシア、イタリアを自在に操ったプロシア宰相の巧妙な策略と、それと連動した精密な戦術だった。

そこでメッケルの教え子たちは、ビスマルクがやったことを学び、そのようにやるのを理想としてきた。野心的な軍人なら、日本を取り巻く国際情勢を分析し、ビスマルクの外交戦略と重ね合わせて語ってみせ、そうした話を聞いたことも、学んだこともない年若い新聞記者をわけもなく感激させたのである。

そしてビスマルクをまねた軍人たちは、国際情勢についての軍事的局面と政治的局面の双方を勘案することができるのは自分たちだけだと満幅の自信を抱き、対外政策に口を出し、自らの手であれこれやってきた。そしてかれらは自分たちでおこなう外交上の政策を謀略だと言っている。外交だと言ってしまえば、それは外務省の管轄になるからである。

こうして外交であるべきものが、謀略の名を冠せられ、外交なのか、謀略なのか、だれにもわからなくなってしまうことになった。そして、外交であれば、技術なのだと言い、ときには芸術なのだと自慢することもできるのが、謀略と言ってしまっては、名は体を表すで、奸計、詐術を使って当たり前ということになり、真摯な意図などといったものは軽蔑されることになってしまっている。しかも、これは謀略なのだから失敗してもいいのだとごまかし、たかが謀略だ、難しいことを言うなと批判を抑え、勝手気儘に秘密工作をおこない、そのあと上層部に承認させるという慣行が生じているのである。

東京・モスクワ・延安枢軸

重慶側が繆斌を利用して仕掛けてきた謀略の話をするためには、こちらがおこなおうとした謀略の話をまず語らねばならない。ほんとうは、それは謀略ではなく、外交構想と呼ばねばならないものなのである。少々長い話になる。

昨十九年七月のことだ。まだ東条内閣が倒れる前のことになる。

七月九日、朝日新聞のひとつの記事に目をとめた読者がいた。重慶駐在の外国人記者団の一行が延安訪問を終え、洛川《らくせん》経由で七月六日に西安に到着したという短い一段記事だった。

延安から百キロ南にさがって、洛川がある。そこには国府軍主力の精鋭部隊が駐屯し、共産党支配地域を睨んでの最前線となっている。洛川からさらに二百キロ南に西安がある。

アメリカの新聞、雑誌社の特派員が延安へ行ったというのは、そのこと自体、重大な意味をもっていた。だが、その記事を読んだ者が首をかしげたのは、その記事の冒頭の部分である。「過般来、延安政権下の実状を視察中であった」というくだりの「延安政権」という表現だった。かれには、そんな呼び方を前に見た記憶がなかった。

中国を研究している学校教師のなかには、新聞の綴り込みを調べた者もいたにちがいない。中共党についての記事が新聞紙面に載ることはめったにない。それより一カ月前の六月九日付の新聞に、同じ外国人記者団の延安入りを伝えた記事が載っていた。

「西北赤色地区訪問途上の在重慶外国人記者団は西安を経由して、六月七日に赤都延安に到着した」

双方の新聞記事を見比べた人は、考え込んだのであろう。長いあいだ使われ、馴染み深い「赤色地区」「赤都」の表現をどうしてやめたのか。外国人記者団が延安に滞在している一カ月のあいだに、政府の対中政策になにか変化が起きたのである。

そしてそれから二十日あと、昨十九年七月末、人びとをあっと驚かせる文章が現れた。七月三十一日付の読売新聞の社説である。「重光外交の三原則」といった題だった。さっぱり人の関心を引かなかったが、それは表題だけのことで、その中身は驚くべきものだった。

外務省内で、その社説に目を通していた課長が顔をしかめ、おい、これを読んでみろと、部下にその新聞を渡したはずであった。総理官邸では、朝の定例会議で、書記官長と情報局総裁が顔を合わせ、承知していたのかと一方が問い、なにも知らぬと他方が答え、どういうことなのかと眉をひそめたはずであった。

海軍省では、課長と課員が語り合い、陸軍は容易ならぬことをやる気のようだと声をひそめ、調べてみよと課長が言ったにちがいない。

その社説に注目したのは、中央官庁の役人や軍人たちばかりではないはずだった。

たとえば羽仁五郎はその社説に気づいたのではなかったか。羽仁は四十三歳、文筆家である。妻の父母の吉一ともと子が経営している自由学園は北京に分校を開いているのだが、五郎が責任者となって北京へ行くといった話がでていたときだった。かれがその社説を読んだのであれば、「赤色地区」を「延安政権」と呼び方を変えた前触れ記事があったことを即座に思いだし、これはおもしろいぞと考えたはずであった。

そこでその社説だが、日ソ中立条約を褒めたたえ、「東亜安定のための一大礎石」であると述べていた。ドイツとの同盟がもはや頼りにはならず、有効な同盟とは言いがたくなり、残るのはソ連とのあいだのその条約しかなかった。それにしてもいささか大袈裟な言い回しだと読者の多くは思ったことであろう。だが、だれもがほんとうに驚いたのは、そのあとのくだりだった。

日本、ソ連、中国を連ねて、東アジア防衛体制をつくれと主張していた。ところで、その社説が指す中国とは、「重慶政府と尖鋭に対立する延安政府」のことであった。そこで、東京・モスクワ・延安を結ぶ同盟を構築せよというのが、その社説の論旨だった。

読者をあっと驚かせたその社説を書いたのは、読売新聞論説委員の鈴木東民だった。現在、四十九歳、睫毛の長い、苦みばしった好男子である。鼻っ柱が強く、喧嘩早い。かれはいま、岩手県気仙《けせん》郡唐丹《とうに》村にいる。

なぜ、かれが東京にいないかについては、あとで述べるとして、かれの経歴からみてみよう。

鈴木は東京帝国大学経済学部を卒業して、大阪朝日新聞社に入社した。かれは連合通信社が海外留学生を募集したのに応募し、ベルリンに行った。連合通信社は国際通信社の後身である。国際通信社が樺山愛輔のつくったものであることは第二巻で述べた。

鈴木はそのまま連合通信の社員となり、ベルリンにとどまった。かれはシュレージエン生まれのドイツ娘と親しくなった。現在の妻のゲルトルートである。

東民にとって、ベルリンの生活は刺激があり、楽しい毎日だった。ベルリンは前衛と革新の雰囲気があふれた都市だった。ブレヒト、アイスラー、ピスカートルといった進歩的な文化人が活躍し、実験劇場があり、ロシア映画があり、アヴァンギャルドの雑誌が氾濫し、平和のための団体、反ファシズムの委員会があり、街頭ではデモが起き、衝突騒ぎがつづいていた。

共産党機関紙は、革命近しと叫び、一九三二年（昭和七）こそ、ドイツにおけるプロレタリア革命が勝利を得る年だと主張し、ストライキを煽動していた。やがてドイツは共産化する、世界革命がそれにつづくと鈴木は信じていた。

ところが、一九三二年の総選挙で勝利を収めたのはナチ党だった。翌一九三三年一月にはヒトラーがドイツ国総理となり、たちまちのうちに絶対の支配権を握ってしまった。その翌年、昭和九年の春、東民は妻とひとり娘のマリオンを連れて、帰国した。八年ぶりだった。その年の末にかれは「ナチスの国を見る」という表題の本を出版した。ドイツにいたあいだ東京に送った報告と、ドイツ側の検閲を恐れ、東京へ発送しなかった原稿を集めて、印刷したのだった。

第一章は「燃ゆる議事堂」といった題だった。ナチ党は自分で火をつけ、共産党のせいにしたのだとかれは述べた。最後の章は「壁を背負わされた人々」といった見出しだった。ヒトラーが昨日までの仲間のレームとその一味を殺害した事件の委細を記していた。

はじめと終わりだけではなかった。どこを開いても、ナチ・ドイツに対する批判で埋まっていた。日本人に対する人種差別の例をあげ、ヒトラーに対する悪口を書きたてもした。「私は一切の髯を軽蔑するが、わけてもヒトラーの髯には、吹き出さずにいられない」[4]と書いたのだった。

東民のナチに対する嫌悪と反感は、かれがドイツ共産党に対する心からの支持者だったからである。かれはマルクス主義者だった。ひそかにスターリンを支持していた。むろんのこと、スターリンの口髭が貧相などとは思ってみたこともなかったのである。そこでドイツ共産党を潰し、ドイツ共産党の最高指導者テールマンを投獄し、数千人の党員を殺害してしまったヒトラーとナチに対して、かれは激しい敵意を燃やしたのである。

鈴木の文章に強い印象を受けたのが高橋雄豺《ゆうさい》だった。現在、高橋は五十五歳、読売新聞の副社長であり、主筆を兼任している。はじめて会う人に向かって、かれはきまって言い訳をし、父親が病弱だったために、子供にこんな名をつけたのだと説明したのだった。

それも道理、名前とはまるっきりちがい、かれの物腰は穏やかであり、その考えも穏健である。かれの経歴を知らない人は、かれが警察畑を歩き、香川県知事を最後にしてやめ、昭和八年に読売に入社したと知って、もっと驚くことになる。しかもかれの振り出しが警視庁巡査なのだと聞いて、もういちど驚く。

かれはナチ嫌いだった。その暴力的な体質に不信感を抱いていたのである。かれは鈴木の鋭いナチ批判に共鳴して、読売に入社させた。

昭和十一年に日本はドイツと防共協定を結んだ。鈴木は相変わらず講演会や座談会でドイツ政府とその首脳の悪口を喋り、偕行社で陸軍士官たちにヨーロッパ情勢を語って、ドイツを非難していた。陸軍省とドイツ大使館が、鈴木の言動に神経をとがらせた。かれらは防共協定を軍事同盟にしようと望んでいたから、読売新聞社と鈴木の双方に圧力をかけることになった。

長いものには巻かれろで、鈴木はナチ・ドイツへの非難をやめた。かれが書く社説からドイツ批判は消えた。月刊誌の「改造」や「外交時報」に寄稿しても、退屈な時事解説を書いて、お茶を濁すようになった。

かれの名が「改造」や「実業之日本」の目次から消えてしまったのは、昭和十七年の秋からである。このさきで触れる機会もあろうが、「改造」の八月、九月号に載せられた文章がきっかけとなった。細川嘉六という植民政策の研究者が書いた論文だった。

陸軍報道部長がそれをとりあげ、共産主義の宣伝ではないかと文句を言い、情報局や雑誌社の編集部の目はどこについているのかと怒った。改造社はもちろんのこと、どこの出版社も慌てた。編集室では、あの作家に書かせるのはまずいのではないか、この評論家には頼むまいと語って、自己規制を強化することになった。

こうして鈴木のところに、雑誌記者は来なくなったのだが、書きたいことが書けないのだから、編集記者から声がかからないことなどどうでもよかったのであろう。書きたいことといえば、そのとき、かれにとって心の躍る出来事が起きていた。スターリングラードにおけるソ連軍の頑強な抵抗だった。

進撃するドイツ軍がボルガ川畔のスターリングラードに到着したのは、昭和十七年の八月だった。他のドイツ軍部隊はコーカサスの高地を進撃し、北アフリカでもドイツ軍は前進をつづけていた。

八月、つづいて九月、十月、スターリングラードの戦いはつづいた。東民はスターリングラードの毎日の戦況記事を読んだ。包囲の輪はせばめられ、ボルガ川まで一キロのところにソ連軍は追い詰められた。だが、攻撃する側のドイツ軍は戦車と航空機が不足し、最後の一押しができなかった。攻撃をつづけているあいだに、ドイツ軍は予備軍を使いはたしてしまい、側面が手薄になった。

その左右の両側面にソ連軍は隠密裡に予備隊を集結しはじめた。十一月下旬の大雪の日に、ソ連軍は反撃の火蓋を切った。ドイツ軍を分断し、包囲してしまった。形勢は逆転した。それからなおも三カ月の戦いがつづいて、翌十八年二月、ソ連軍はスターリングラードの最後のドイツ軍を殲滅《せんめつ》した。

鈴木東民は嬉しかった。ドイツ軍の絶頂期はついに終わった。戦局は転回した。この未曾有の難局を克服したのは、偉大なスターリンの指導があってのことだ。それだけではない。社会主義、そしてソビエト国家の優越性を立証したのだ。東民はこのように思ったのである。

マルクス主義者たち

スターリングラードにおけるソ連軍の勝利に快哉を叫んだのは、鈴木東民だけではない。

北山茂夫もそんなひとりである。かれは三十五歳だ。和歌山県田辺市にある田辺中学の歴史の教師だが、もちろん、いまは授業はない。生徒たちは大阪、兵庫のいくつかの工場で働いており、かれも生徒たちについて、枚方《ひらかた》市の工場にいる。

枚方にある工場は陸軍の火薬工場である。地名をとって、禁野《きんや》火薬庫と呼ばれているが、昭和十四年に大爆発を起こし、九十人以上が死ぬという大事故があったあと、香里《こうり》の地名をとって、いまは陸軍香里火薬製造所が正式名である。

茂夫は工場の寮で岩波新書の「ミケルアンヂェロ」を読み返した。メディチ家の支配下にあるフィレンツェを平和と幸福、芸術があふれた共和制の自由都市として描いた物語である。

茂夫はその著者の羽仁五郎を尊敬している。かれは羽仁の別れの言葉を思いだすことがある。「ぼくは帰ってこないかもしれない。北山君によろしく」と羽仁は茂夫の友人に語った。昨年九月のことであり、すでに半年になる。茂夫は羽仁が延安へ行ったのではないかと思っている⑤。

茂夫が東京帝国大学文学部国史学科に入学したのは昭和六年である。高等学校や大学で左翼の学生運動が頂点に達した年である。かれもマルクス主義に傾倒した。「レベルが高い」「すぐれている」とかれが思う歴史の論文は、階級的立場をはっきりさせたものであり、人民の側に立ったものである。そして茂夫がずっと心酔してきたのは羽仁五郎の著作だが、かれの書く文章も羽仁の文章のスタイルに似て、大仰な語句を使うようになっている。

茂夫が大学院をでて最初に勤めたのは、横浜の鶴見にある潤光学園という女学校だった。楽しかったが、体を悪くして故郷の和歌山に帰り、昭和十七年から田辺中学に勤めることになった。召集令状はきた。ところが、営庭に並ばされているあいだに倒れてしまい、「即日帰郷」となった。昨年三月に結婚した。この二月に子供が生まれたが、夭折してしまった。

茂夫が「即日帰郷」となったのは、昭和十七年六月のことだった。スターリングラードの戦いがはじまったのはその直後だった。かれがその戦いに関心をもった最初のきっかけは、その都市の名にソ連の偉大な革命指導者の名前がつけられていたからだった。毎夜、かれはロシアの地図をひろげ、新聞の戦況記事と照らし合わせた。黒海沿岸、コーカサス、そしてボルガ川の湾曲部にあるスターリングラードの戦線はいつか頭に入り、かれは自分がソ連軍の指揮官になったような気になった。

アメリカも、英国も、スターリングラードのその攻防戦に強い関心を払うようになっていることを、かれは知った。一街区、また一街区での局地の戦いがつづき、かれは一喜一憂をつづけた。ついにソ連軍がその戦いに勝利を収めたとき、茂夫は心の底から嬉しかった。革命も、戦争も、ユダヤの国際的な大陰謀があって起きるのだといった話をする校長、水戸学の本を抱えている英語の教師、あの連中にはなにも理解できないのだ。私は社会的、歴史的発展の客観的な法則を学び、科学的な歴史を究めているからこそ、未来を正しく予測できるのだ。北山茂夫はこのように思ったのだった。

渡部義通もスターリングラードの勝利を喜んだひとりである。四十三歳になるかれもマルクス主義者だ。明治大学に在学中、共産党に入党し、昭和三年に逮捕された。肺疾患のため、昭和四年に釈放になった。昭和七年に、規律違反が理由で、党から除名されたが、すでにそのとき党は権威を失っており、しかも、やがて消滅してしまったために、かれは苦痛を感じることがなかった。

かれは現在、福島県南会津郡の田島町にいる。会津若松からの田島線の終点の町であり、山間の小盆地である。生まれ故郷の伊南《いな》村に疎開するつもりだったが、子供を連れて峠を越すことができなかった。深雪地帯として聞こえた奥会津だが、この冬は田島の町民が呆れるほどの大雪なのである。

町の人が親切にしてくれるので、田島町にとどまることにした。奥会津は林業が盛んであり、木材運搬のために馬は不可欠である。兄の友人が世話をしてくれて、馬匹《ばひつ》協会の嘱託となった。徴用逃れのためである。

じつは渡部は昭和十五年にふたたび捕らえられて、つい最近出獄したばかりなのである。昨十九年十一月二十九日に中野にある豊多摩刑務所を出所した。駒込に住んでいる兄夫婦が迎えにきてくれた。

兄夫婦といったが、兄はほんものであっても、女は兄の妻ではなかった。妻と偽ったその小柄な女性は三井礼子といった。

三井礼子について述べておこう。彼女は三井家の一員である。三井十一家の総領家である三井八郎右衛門高公の妹である。同族の永坂町家の三井高篤と結婚している。現在、三十四歳だ。

彼女は三井物産に勤める夫とともにアメリカにいたが、昭和十年に帰国した。翌十一年に彼女は百科辞典の編纂委員会に加わった。日本の歴史から百人の女性を選び、その伝記を書くといった仕事である。オーストリアの女性哲学者が世界女性史の辞典をつくる計画をたて、石本静枝に呼びかけがあり、石本が礼子を誘ったのである。

勉強好きの礼子はたいへんな張り切りようだった。孫引きはやめ、すべて原典にあたろうと言いだし、多量の古文書を買い集めた。八百冊を超す「群書類従」の山を眺め、静枝は肝を潰し、あと二人いた編纂委員の新妻伊都子と長谷川時雨もびっくり仰天した。

礼子は渡部義通に歴史学の勉強の指導を仰いだ。渡部は昭和四年に出所して、病気療養につとめながら、古代史の研究をつづけ、マルクス主義歴史学の研究家として知られるようになっていた。そんなかれに接近しようとしたのだから、礼子は社会主義に憧憬の気持ちをもっていたのである。

石本静枝が礼子を仲間に加えたのも、礼子のものの考え方が自分に近いと思ったからであろう。静枝はマーガレット・サンガーの主張に共鳴して、産児制限の運動をはじめ、加藤勘十を党首とする日本無産党の演説会に加わり、働く婦人の解放を説いていたときのことであった。

つけ加えるなら、昨十九年に、静枝は夫の石本恵吉と正式に離婚し、加藤勘十と結婚した。かれらのために結婚式のお膳立てをしたのが藤田勇だった。十一月、京都の平安神宮で二人は式をあげた。そしてかれらは南禅寺にある藤田の立派な邸に泊まった。静枝は美しい庭園を歩き、安らぎに満ちた満足感にひたり、はじまったばかりのB29の空襲のことなど忘れたのだった。

静枝は藤田勇のことを人に説明するとき、東京毎日新聞の社長だと語る。東京毎日新聞は毎日新聞とはちがう。その新聞はずっと以前に廃刊となった。最盛期は大正時代だった。それでもせいぜい三万部をだしていたにすぎなかった。

東京毎日新聞は毛色の変わった新聞だった。その時代の言葉でいえば、無産者の側に立った新聞であり、労働争議に大きなスペースを割いていた。こうして藤田は、加藤勘十や松岡駒吉といった労働運動の指導者と親しくなった。加藤はその新聞に寄稿していた。

では、藤田は社会的良心をもった新聞経営者だったのか。かれは陰謀好きの陰謀家である。このさきかれについて述べる機会もあろう。

三井礼子のことに戻れば、彼女は青山高樹町にある三井集会所の図書室を自分の仕事部屋にした。渡部義通の助けを借り、彼女も何人かの女性の伝記を書いたのであろう。できあがった原稿は英訳して、アメリカへ送った。ところが、一生懸命にやっていたのは、彼女たちだけだった。世界女性史大辞典をつくる計画はいつか立ち消えとなっていた。

そのあとも渡部は三井集会所の図書室へ通った。かれはそこでマルクスやレーニンの著書から書き抜きをし、古代史の論文を書いた。レーニン全集をはじめ、マルクス主義の本はそこに置いた。家に置くのは危険だったからである。

かれは「小教程」も図書室に隠し持っていた。外務省が訳したもので、表紙に極秘の判が押してあった。それをはじめて手にしたとき、義通の胸は高鳴った。ソ連共産党中央委員会が特別布告をだし、その出版を大々的に宣伝していた党史だった。スターリンが自ら筆をとり、社会発展の原則と革命の戦略を明らかにした教義問答書だった。義通が小教程を手にして、感激に震えたのはそのためだった。

小教程は、そのとき起きていた大粛清について、明快に記述していた。粛清された者たちは、「蚊ほどの力もない自衛軍の一寸法師たち」であり、「ファシストへの見下げ果てたごますり」であった。スターリンの独裁に反対したニコライ・ブハーリンが一九三八年（昭和十三）に処刑されたばかりだったが、小教程は「ソビエト人民はブハーリン・トロツキスト一味の絶滅を承認した」と述べていた。

義通がもっとも感激したのは、その小教程の最後に列挙された要約であったにちがいない。「党の歴史は、われわれに……を教えている」という形式をとっており、その項目は六つあった。

たとえば第五項目はつぎのとおりだった。

「党の歴史は、労働者階級の隊列のなかで活動し、労働者階級の遅れた層をブルジョアジーの腕のなかへ押しやり、このようにして労働者階級を分裂させているプチ・ブルジョア的な諸党派を粉砕しないかぎり、プロレタリア革命の勝利はありえないことを教えている」

義通はその党史を繰り返し読んだ。読み疲れれば、窓の外の木立と広い庭園を眺めた。かれがいる図書室は、かつては寺内正毅《まさたか》の書斎だったのだと教えられた。また、集会所内の会議室では、池田成彬《しげあき》が政界の要人と内密の会談をしているといった話を聞いたこともあった。

寺内正毅は、現在、南方軍総司令官である寺内寿一《ひさいち》の父である。元帥であり、首相をやったことがある。三宅坂の電車の交叉点の角にある巨大な銅像、宮城の森と参謀本部を背にして軍馬の手綱を握っているのがかれである。その集会所は以前に寺内の邸だったのである。

池田成彬については、前になんどか触れた。現在、七十七歳のかれは枢密院顧問官である。前に三井合名の常務理事、そのあとに大蔵大臣をやり、昭和十四年、十五年には内閣参議だった。

義通は三井集会所で小教程を読んでいて、少年のように得意な気持ちとなったこともあったのだが、かれの姿を見かけた三井幹部のなかには、あれは何者だと問い、総領家の娘のお道楽の相手だと聞かされ、顔をしかめた者もいたのである。

総領家の娘の不行跡、しかも相手が元共産党員だということは、三井の首脳たちにとって、気がかりの種だった。だが、そのとき、かれらを取り囲む困難のかずかずと比べれば、とるに足りない問題だった。

三井同族会議にでる十一家の当主はあらかたが若手に代わっていたが、かれらは三井合名、三井物産、三井鉱山の社長のだれかれを批判し、そのやり方を非難していた。そしてその争いに油をそそぎ、その対立を利用しようとする役員がいて、紛糾は絶え間がなかった。そして同族会議では、一派が連合戦線を張り、べつの者たちが反連合戦線をつくり、会議を開けば口論になり、なにひとつ建設的な方針を打ちだすことができなかった。

三井一族と三井の首脳たちにとって、かれらの争いの根幹にある問題、もっとも頭の痛い問題は、相続税が支払えず、支払おうとすれば、かれらの肝心の旗艦が沈没してしまうということだった。相続税に頭を痛めるようになったのは、第一次大戦後の英国の大金持ちも同じだった。たとえばロスチャイルド家の当主は、私は死ぬことができない、私が死んだら、最大の失敗になると繰り返したものだった。三井では、相続税の税率がさらに高くなるのではないかと恐れて、昭和十二年までに、前にも見たとおり、十一家のうちの九家の当主が交代していた。

三井九家はその膨大な相続税を五年のあいだに支払わねばならなかった。三井各家の資産はほとんどすべてが三井合名の出資金となっていた。そこで三井合名は三井九家に相続税分を特別配当として支出しなければならなかった。

三井合名にそんな余裕の金はなかった。金を生み出すには、資産の持ち株を売却しなければならなかった。ところが、臨時益は五割以上を税金としてもっていかれることになっていた。しかも、その配当金には七割以上の所得税が課せられた。そこで相続税を支払うためには、とてつもない額の資産を売却しなければならず、そういう事態になれば、三井合名は潰れてしまい、二百数社の事業会社を傘下に収める三井財閥は自己崩壊する運命にあった。

どうにかして二重課税を回避する方法を探さねばならなかった。ほんとうはそれが真の解決策ではなかった。時代遅れの三井合名をそのままにしておくことが問題なのであり、三井は徹底的な改革をおこなわなければならず、持ち株の半分を放出しなければならず、能力がないにもかかわらず、あれこれ口出しをする三井一族は経営から手をひかねばならないというのが唯一の正しい解決策であるはずだった。

そうした主張をしていたのが池田成彬だった。三井一族の反対があって、とてもそれはできなかった。しかしやっとのことで三井合名を解消し、その持ち株の一切を三井物産に継承させた。こうして大蔵省に頼み込み、二重課税だけは避けることができた。そして統轄機構として新たに三井総元方をつくり、そこに三井一族が顔を並べることになった。ほんとうは三井本社をつくらねばならなかったのだが、それができたのは、第一巻で触れたとおり、昭和十九年三月になってのことだった。

昭和十五年の改組はその場限りのごまかしだったのだが、それでも最高首脳の三井八郎右衛門高公はほっと胸をなでおろした。それが八月のことだった。

渡部義通が捕らえられたのは、その年の十一月だった。礼子は三井集会所の図書室に置いてあったレーニン全集やスターリンの小教程を隠そうとした。使用人に頼んで、三井物産の重役室へ運ばせた。その結果、証拠湮滅《いんめつ》の疑惑で、礼子が警視庁に呼び出されることになった。

三井の首脳が慌てた。かれらが恐れていたのは、彼女と共産主義者のスキャンダルが新聞にでることだった。八方手をまわした。新聞には一行もでず、高公はもういちど安堵の息をついた。

渡部は拘置所暮らしをつづけた。一年のちにやっと裁判が開かれ、判決がでて、いちど釈放され、昭和十七年十月に収監された。罪状はなんだったのか。共産党再建グループなどと検察側が言っていたのは、いつもながらのでっちあげだった。

昭和十五年二月、新協劇団は「大仏開眼」といった芝居を築地小劇場で上演することになった。紀元二千六百年記念の奉祝劇だった。脚本をつくるにあたって、渡部が講師になって、その芝居の主役となる新築地の幹部の千田是也、新協幹部の村山知義らに大仏建立の時代背景を説明した。大量の奴隷労働と全国民からしぼりとった租税によって、大仏を鋳造したのだと渡部は説いたのである。

こうして芝居は、小豆島から巨石を運ぶ奴隷たちを役人が虐待する場面ではじまった。警視庁の係官がその芝居の政治的含みに注目した。新協と新築地の二つの劇団幹部が逮捕され、二つの劇団が解散に追い込まれたのは、それから六カ月あとの昭和十五年八月だった。さらに三カ月あと、渡部も逮捕された。

その大量逮捕事件は、革新勢力と現状維持勢力が睨みあい、緊張をはらんでいた昭和十五年八月の政治状況と深くかかわっていたのだが、それについてはこのさき説明する機会があろう。

渡部は刑務所にいて、戦況が気がかりだった。マルクス主義者であれば、帝国主義国同士の戦いは盗賊仲間の争いと突き放さねばならないのだと思いながら、なかなかそうはいかなかった。そして独ソ戦争の成り行きを心配した。ドイツ軍はウクライナ、白ロシアの奥深くに攻め込んだ。だが、ソ連軍はモスクワ正面でドイツ軍を撃退した。レニングラードを守り抜いた。

そして昭和十七年の夏からはスターリングラードの戦いがはじまった。刑務所内では、新聞を読むことは許されていない。読むことができるのは、囚人向けのタブロイド版四ページ立ての「人」という旬刊新聞である。

その新聞に独ソ戦の短い記事が載っていたが、地図が入っていなかった。差し入れの地理の本からソ連の地図を切りとり、辞典のなかに隠しておいた。房内に持ち込める本はいちどに三冊という制限があったが、辞書はお構いなしだったから、かれはずらりと辞典を並べていた。すべて三井礼子の差し入れだった。

義通は旬刊新聞の戦況記事のなかの都市の名前を地図から探し、ボルガ川の大湾曲部とドン川の大湾曲部が背中合わせになったところ、そのもっとも接近したところにあるスターリングラードを見つめ、ソ連軍の防禦環を思い描き、つぎの新聞が届く日を指折り数えた。ついにソ連軍がスターリングラードで勝利を収めたときには、かれは大声で万歳を三唱したいほどの気持ちだったのである。

鈴木東民と辻政信

鈴木東民のことに戻る。かれはスターリングラードのソ連軍の勝利についてなにも書こうとしなかった。ところが、昨十九年七月末、すでに見たとおり、だれをも驚かせる東京・モスクワ・延安枢軸の社説を書いた。それこそ、「ナチスの国を見る」から十年ぶり、まことに大胆な提言であり、真剣な主張だった。ところで、鈴木はだれと協議をして、その新同盟の設立を考えたのか。

その社説を読んだ人びとが推測したように、陸軍の支持があった。登場するのは辻政信である。前にも述べたが、そのとき辻は支那派遣軍の参謀であり、政務、兵站を担当する総司令部第三課長だった。

辻政信と話し合って、その外交構想をたてたのだと鈴木は読売の同僚に語った。それはいつのことだったのか。昨十九年二月、辻は重慶行きの計画をたてたが、実現しなかった。そのことは第2巻で述べた。そのあと四月の半ばから、京漢《けいかん》鉄道、湘桂《しょうけい》鉄道の沿線を攻略しようとする一号作戦がはじまった。衡陽《こうよう》への攻撃がつづいているさなか、辻はビルマの第三十三軍の参謀に転任となった。七月上旬、かれは漢口からビルマへ飛んだ。

そこで鈴木が辻と会ったのは、辻の重慶行きの計画が潰れたあと、そしてかれがビルマに転任するまでのあいだのことであったにちがいない。おそらくは鈴木が南京、上海を旅行して、辻と会ったのであろう。

鈴木が辻と話し合うより前のことだったと思える。五月末から六月はじめにかけて、参謀次長の秦彦三郎が湘桂作戦を視察した。

一号作戦は重慶と延安とのあいだの力のバランスを大きく変えてしまっていた。第2

巻で述べたとおり、重慶はひどく痛めつけられ、逆に延安はその支配地を拡大強化していた。そして重慶を懸命に支えるアメリカがあり、アメリカとの協調路線をいつまでもつづけるはずのないソ連の存在があった。秦は、ソ連とアメリカ、重慶と延安の四つの勢力の相互間の緊密さと疎遠さの度合いを計り、どのように対処したらいいかを考えた。

かれはまず中共党を延安政権と呼ぶことにしようとした。北京、南京で、かれは司令官や参謀たちにそれを説いて回った。かれは反対論を抑え、参謀総長東条の支持をも得た。

七月三日の大本営・政府連絡会議で、反共、滅共、あるいは中共といった言葉を使わないようにすることを提案した。秦はつづけて、延安政権と呼び、中共党を事実上の独立政権として認め、そうすることによって、重慶と延安が合作するのを阻止する、そして中国を舞台にして、米ソが提携するのを防止するのだと説いた。

そこで前にも見たとおり、七月九日、新聞をひろげた人びとは「延安政権」の文字を見て、けげんに思い、政府は中国政策を変えようとしているのだろうかと思うことになったのである。

辻政信と鈴木東民との話し合いに戻れば、中共党は華北を固め、さらに支配地を拡大し、民心を把握して、いまはひとつの政権といってよい存在になっているとの話になったのであろう。近く中共党を延安政権と呼ぶことになると辻が洩らし、鈴木がそれはいい政策だと言ったのではなかったか。

鈴木は延安に関心をもってきた。国民党中国はやがては瓦解してしまい、共産党が中国全土を支配するようになるだろうと思っている。かれがそんな具合に信じていたのは、岩村三千夫の社内向けの調査報告書を読んでいたからである。

岩村三千夫は現在、三十六歳である。早稲田大学在学中から中国革命と中国共産党について多くの文章を書いてきた。昭和十二年に読売新聞社に入社し、東亜部にいて、上海特派員、香港支局長をやったことがある。

岩村はずっと中国共産党の理念と行動に共感を抱いてきた。鈴木東民がリープクネヒトとローザ・ルクセンブルクからテールマンまでのドイツ共産党に親近感を抱いているのと同じである。鈴木と同じく、岩村もまたマルクス主義者なのである。

鈴木東民と辻政信の話は、延安と直接交渉をすべきだということになった。辻は自分が重慶へ行くと意気込んだことを忘れてしまっていたのか。もちろん、忘れてはいなかったのであろう。状況の変化を見抜き、態度を変えただけなのだと考えたのかもしれず、あるいはこれは謀略なのだと思っていたのかもしれない。延安の腕のなかに眠る気配をみせ、重慶からの譲歩を強要しようとする算段だったのではなかったか。

そして鈴木はといえば、辻を怖いもの知らずのエネルギーのあふれた男だと思い、かれなら最終決定をする大臣や総長を動かす力をもっていると考えたのではなかったか。鈴木は大いに意気込み、軍が決心するのなら、私が毛沢東のところに折衝に行くと語ることになった。(6)

延安とのあいだに平和協定が締結できれば、つづいては毛に仲介を頼むことによって、ソ連との関係改善も可能になる。鈴木はこのように想像をめぐらしたのであろう。

鈴木と辻が話し合ってから一カ月ほどのち、東条内閣が倒れ、小磯内閣が発足した。ソ連に同盟を申し入れるべきだ、重慶と和平交渉をしなければならぬと、新首相から参謀本部の課長までが説くようになった。

読売新聞副主筆の安田庄司が新内閣のその動きを知った。かれは鈴木の話を聞き、その地政学的な大構想に共鳴した。陸軍中央が考えていることなのか、呼称変更という事実もあることだし、その新外交路線を書いてみたらどうかと言った。

こうして七月三十一日の社説となった。「重光外交の三原則」といった題は中身とはなんの関係もなく、その社説が新しい三国同盟を提唱したものであったことは、前に見たとおりである。

外務省の課長がこれはどういうことであろうと思案し、情報局総裁が疑惑の表情を浮かべ、海軍省の部局員がうーんと唸ったであろうことは、これも前に述べた。

安田庄司や鈴木東民が予期したとおりの反響だった。ところが、それで終わらなかった。陸軍報道部と情報局が騒ぎだした。執筆者はだれだ、だれが書かせたのだ、目的はなんだ、動機はなんだという詮議になった。鈴木東民か、あのナチ嫌いか。これはおかしいぞと疑いの声が起きた。

鈴木東民の社説がでてから十日あとのことになる。八月十日の最高戦争指導会議で、中共党の呼称を使わないようにすることが再確認された。その要領をつくったのは、七月三日の要領をつくったのと同じく、参謀次長の秦彦三郎だった。ところで、かれはその「対延安政権宣伝謀略実施要領」につぎのような項目を加えていた。

「延安政権ガ政治的ニハ事実上地方独立政権ニシテ　思想的ニハ共産主義ヨリ民族主義ヘ逐次ニ脱皮シツツアル点等ヲ強調指摘シ　以テ敵ノ抗戦体制ヲ攪乱シ　併セテ延安側ノ抗戦目的ヲ解消ニ導ク如ク　思想戦ヲ活潑ニ展開スルモノトス。

右工作ノ進捗ニ応ジ　要スレバ　延安政権下ノ党軍ニ対シ　地方的ニ部分獲得工作ヲ実施シ　逐次之ガ発展拡充ヲ謀ルモノトス」[7]

参謀本部は延安への接近を意図していることを明らかにした。重大な旋回であり、十日前の読売新聞の社説が説いた路線を進もうとするものであった。もっとも、中共党が「思想的ニハ共産主義ヨリ民族主義ヘ逐次ニ脱皮シツツアル」と説いていたのは、鈴木東民や岩村三千夫の見方とはまったくちがっていた。

だれがそのように見ていたのか。陸軍省と外務省内でその要領を読んだ者は、佐野学と鍋山貞親の判断が取り入れられたのだと想像した。だれもがよく知る名前である。

北京の鍋山貞親

ここで佐野と鍋山について記しておこう。

佐野学は現在、五十二歳、鍋山貞親は四十三歳である。かつて二人はモスクワのコミンテルンに任命された日本共産党の最高幹部だった。昭和四年に共産党員の大検挙があり、佐野と鍋山も逮捕された。二人は懲役十五年の刑に服した。

入獄して二年たち、三年たって、佐野と鍋山は自分たちの信条に疑いを抱きはじめた。ソ連を擁護することは普遍的な大義ではなく、ソ連の排他的な国家主義に奉仕するだけのことではないかと考えるようになった。コミンテルンの反戦テーゼにしても、ソ連の国家利益を守るためのシニカルな戦術だと理解するようになった。

国内では、共産主義の運動は昭和六年を境に、退潮に向かった。共産党内でのしあがる幹部は、怪しげで、いい加減な連中が多くなった。佐野や鍋山の脱獄計画をたて、その準備をすすめている幹部が、その一部始終を警察に告げているといった具合だった。こうして党は崩壊同然となった。それにもかかわらず、共産党はいよいよ過激な方針やスローガンを掲げ、できもしないことを説くようになった。それというのも、日本に革命を起こせとクレムリンが共産党に気合いを入れていたからだった。

昭和八年六月に佐野と鍋山は「共同被告諸君に告ぐ」といった声明をだし、コミンテルンと絶縁すると発表した。親子の縁を断ち、職場を追われ、危険と犠牲を覚悟して、共産党に入党していた人びとにとって、重い大きな石が目の前に落ちてきたような驚きだった。脱党者が相継ぐことになった。

鍋山貞親が出獄したのは昭和十八年十二月だった。それから今日までのあいだ、かれは北京と東京のあいだを往き来してきている。最初は昨十九年二月だった。滞在は短かった。すぐに戻った。秋にふたたび中国へ行ったが、一カ月半ほどで帰国した。今年になって、貞親はもういちど北京へ行くことになった。妻の歌子に向かって、いっしょに行かないかと言った。異国で死ぬことになるかもしれない、それなら妻とともに死にたいと思ったのである。

かれが歌子といっしょに生活したのは、大正十三年に結婚してから現在までの二十年のあいだ、最初の二年間だけで、それも不在がちだった。かれの転向声明が新聞にでたときに、まっさきに刑務所に面会に来たのが彼女だった。新聞の大見出しが事実と知って、歌子は大声で泣きだした。歌子も共産党員であり、捕らえられたことも何回かあった。それっきり彼女との音信はとだえた。ところが、刑の満期近くなって、彼女はかれの身柄引受け人、生活保証人となり、ひんぱんに面会に来るようになった。

釈放になって、貞親は彼女のところへ行くべきかどうか迷った。いろいろ世話をしてくれて、感謝はしていたが、妻という感じは消えていた。同志でもないはずだった。だが、配給切符なしにはどこにも行けず、生活保証人の彼女の家へまっすぐ行くしかなかった。

彼女は京橋交叉点の裏通りで、洋裁店を経営していた。いっしょに働いていたのは、彼女の友人であり、獄死した是枝恭二の妻の操だった。

是枝恭二は鹿児島市郊外の没落した旧家の生まれだった。七高から大正十二年に東京帝大文学部社会学科に入り、新人会に加わった。学生運動で活躍し、大震災あとの救済活動に参加した。大正十五年に共産党に入党してからは、検挙と保釈を繰り返した。昭和八年にふたたび入獄した。かれは結核にかかっていた。昭和九年に死んだ。二十九歳だった。かれは理想に献身し、個人的な地位や自由を犠牲にした昭和初年の青年知識人のひとつの典型だった。

恭二の妻の操は女子大英文科出身の才媛だった。彼女も共産党員であり、二度刑を受けていた。獄中の恭二が転向したときには、彼女は頑として反対したのだった。

それから十年以上がたつ。操は歌子とともに、終日、ミシンを踏んでいた。ところが、話をすれば、熱情のこもった顔を貞親に向け、昔と変わらぬ弁証法的論法を使い、戦争と政治について論じ、やがては理解される日がくると信じてやまないという態度だった。

貞親は操に向かって、共産党はどうなっているのかと聞きたかった。それを尋ねるのはばかられ、彼女もなにも言わなかった。だが、共産党は完全に瓦解し、上部から降りてくる指令、命令の流れはとうの昔に涸れてしまい、すでに党が存在していないことは、貞親にも想像できた。

操とちがって、妻の歌子は日々の生活に慣れてしまっていた。政治について語ることもなく、もはや共産主義から離れてしまっているようであった。それが幸いしたのかどうか、貞親は歌子と十八年ぶりで生活するようになって、二十年のあいだいっしょだった妻なのだといまあらためて思うようになったのである。彼女はいっしょに北京に行くと答えた(8)。

ところで、貞親はどうして中国へ二度行き、三度行くことになったのか。

鍋山が最初に北京へ行ったのは、北支那開発副総裁の津田秀栄が世話をしてくれたからである。津田は現在、五十二歳、前には住友本社の参事だった。鍋山は津田を知らなかったが、津田のほうは、その昔に住友の争議を指導した鍋山をはっきり記憶していた。津田は労働問題に関心があり、昭和八年には国際労働会議の総会に出席したことがある。

鍋山は津田の保証だけで北京へ行けたのであろうか。行けたのかもしれない。だが、三回目のときには、そうはいかなかったはずである。

昨十九年の十二月から、北京に在住する三十人ほどの日本人が憲兵隊に逮捕され、北京の日本人社会には緊張がつづいていた。捕らえられたのは、北支那開発傘下の華北交通の社員たちだった。共産党再建といった容疑だった。当然ながら、津田は鍋山に伝言を送り、危険だから北京に来るなと伝えたにちがいなかった。

鍋山は北京で起きていることを知っていたし、古い友人が捕らえられたことも承知していた。だが、かれは平気だった。妻を連れて新潟港から旅立った。共産党の元最高指導者の北京行きの面倒をみたのは、津田秀栄ひとりではなかったのである。

鍋山が北京にとどまるようになって、かれについての噂を聞いた者がいる。たとえば岡崎次郎である。かれは三十七歳、満鉄の東亜経済調査局から派遣されて北京にいる。鍋山が北支那方面軍司令部の嘱託となり、八路軍捕虜の説得をおこない、スパイを養成しているのだといった話を聞き込んだ(9)。

それは事実であろうか。鍋山はなかなかの説得力をもち、竹を割った気質だから、だれにも好かれる。だが、捕虜の説得といった仕事となれば、話はべつであろう。中国語ができなくて、そんなことはできはしない。そして、政治権力の末端で働くそのような仕事をかれが望むことはなかったにちがいない。

鍋山に北京行きを求めたのは、たしかに陸軍だったのであろう。参謀本部だったにちがいない。陸軍や大東亜省の現地の連中が入手収集した中共党についての情報を引っ張りだし、延安の今後の動向を予測してくれと頼んだのではないか。

鍋山は乗り気になった。転向はしたものの、かれは中国との戦いを是認していたわけではなかった。この戦いを根本から性格のちがう戦いに転換することはできないだろうか。かれはこんな夢のようなことを考えた。そんなうまい方法があろうはずはなかった。それでもかれは北京へ行きたいと思った。その昔、日本共産党の代表として上海へ行き、その帰りに、北京に住む中江丑吉の邸にかくまってもらったことがあった。北京を懐かしく思い浮かべた。だが、北京行きのほんとうの理由は、かれが傍観者でいることができないということだった。二十五歳の若さで日本共産党の代表となり、党を指導した。モスクワへ潜行し、コミンテルンの大会に出席し、各国代表の歓迎を受けた。かれはあふれる行動力の持ち主だった。その人生歴に大きな変転がありはしたが、かれの行動力は衰えてはいなかった。

　こうしてかれは北京に二度行き、三度行くことになった。じつはかれだけではない。佐野学も参謀本部から同じ主題の研究を依頼されていた。佐野は昭和十八年十月に出獄し、十二月に上海へ渡ったのである。昨十九年六月のことだが、佐野の噂を細川護貞《もりさだ》が聞いた。細川は日記につぎのように記した。

「陸軍大本営に出獄せる佐野学が来り、中共抱込み⑩に関する意見書を提出せるが、実は陸軍より佐野に依頼して、此の挙に出でしめたりと」

　佐野はどのように延安を見たのか。鍋山も参謀本部に意見書をだしたのであろうが、なにを説いたのか⑪。

佐野と鍋山が注目した延安の動きは、中共党がおこなっていた厳しい整風運動であったにちがいない。秘密にされていて、事実の検証はできなかったが、ソ連寄りの正統派がその運動の主敵とされ、批判されているようであった。佐野と鍋山はそれらの情報に関心を抱いたにちがいない。

陳紹禹《ちんしょうう》、張聞天《ちょうぶんてん》、王稼祥《おうかしょう》といったソ連派の幹部たちは力を失ってしまっており、スターリンのお墨付きを得ていない毛沢東が支配権を握っているようであった。延安の党機関紙は相変わらずソ連への献身を説いていたが、延安とモスクワとの仲はいいはずがなかった。

鍋山と佐野は、その意見書のなかで、中共党がモスクワの指示に従っていないことを強調したのかもしれない。そのような助言を土台に八月十日の要領は、中共党が「思想的ニハ共産主義ヨリ民族主義へ逐次ニ脱皮シツツアル」と説くようになり、延安との和平を目指す目標を掲げることにもなったのであろう。

だが、ここで肝心の話をしなければなるまい。秦彦三郎はその要領をつくったのだが、かれはその要領を信じてはいなかったのではないかということである。たしかにかれも延安との和平を望んでいた。だが、かれはその要領とべつの展望をもち、べつの経路をたどることによって、延安との和平を考えていたのである。

かれはなにを考えていたのか。それを語る前に、かれについて述べよう。

闇に消えた外交構想

秦彦三郎は現在、五十四歳である。かれと会って、なによりも印象的なのがその大きな耳である。長者の風格があるといわれた立派な耳だが、そういわれるとおり、かれは前線にいる友人や部下たちの留守家族の面倒をよくみてきて、かれらから感謝されている。

かれは陸軍士官学校第二十四期生である。同期には第三十五軍司令官の鈴木宗作がいる。かれについては第2巻で述べた。レイテ島の戦いに敗れ、現在はセブ島にいる。陸軍次官の柴山兼四郎《かねしろう》も同期である。かれのことも、第2巻で述べた。

いずれも第二十四期の出世頭だが、秦もそのひとりだ。かれは陸軍きってのソ連通である。それというのも、尉官から佐官時代、かれはソ連とその周辺の国々で勤務をつづけた情報将校だったからである。モスクワ、ハルピン、満洲里、ストックホルム、ワルシャワ、リガ、ブカレストに在勤し、ソ連についての情報を収集し、情勢分析をおこなった。

外国の思い出は数多いが、かれの胸中にもっとも鮮やかに生きつづけているのは、最初の外国旅行の記憶である。それは陸軍大学校の卒業前の北満洲、沿海州の見学旅行であり、大正八年の夏、シベリア出兵さなかのことだった。

かれは同じクラスの友人たちとハバロフスク市にある白樺公園に遊んだ。大きな銅像を仰ぎ見て、台座のロシア文字を読んだ。アムール伯の称号をもったムラビョフ大将である。清国から広大な地域を割譲させ、樺太にムラビョフ哨所をつくり、アムール川の探険、調査をおこなった東シベリア総督だった。

アムール伯が凝視していたのは、かれの前面をとうとうと流れるアムール川だった。秦も広漠たる大河を眺めた。水の面はつやのある黒みを帯び、黒龍江の名のとおり、動いている巨大な蛇の背を見ているようであった。かれもしばらくそこに立ち尽くしたのである。

かれは有能と折り紙をつけられながらも、軍中枢機関に勤務した経験はわずかだった。昭和八年に作戦課のロシア班長を一年ほどやったことがあるだけだった。そこで参謀次長になるまで、かれは重大な決定に参画したことはいちどもなかった。

昭和十一年二月にクーデターが起きたときには、かれはモスクワ駐在武官だった。昭和十二年に華北で戦いが起きたときには、陸軍省の新聞班長だった。ノモンハンの戦いのときには、ハルピン特務機関長だった。対米戦がはじまったときには、関東軍の参謀副長として、新京にいた。

秦のものの考え方は、かれの著書「隣邦ロシア」によく現れている。モスクワから帰国して昭和十二年三月に刊行したその本は、ソ連の実状を冷静に説き、ソ連に対して悪口を言うことなく、軽蔑することもなかった。

かれは軍備の強化を第一義としているソ連の五カ年計画を紹介し、その軍事力が計りがたい力をもつようになると予測した。口にこそださなかったが、それより前に皇道派の将軍たちが主張していた向こう見ずな対ソ予防戦争論を批判したのだった。

そして、日本が唱えている「非常時」など、ソ連の第一次五カ年計画当時の「非常時」と比べれば、投入した国富と精神力は、「十分の一にも百分の一にも当らないかもしれない」[12]と述べたのである。

もっとも、二月のクーデターの衝撃がまだ残っていたから、モスクワから戻って新聞班長となった秦がそのような話をして回れば、懸念し、不安を抱く者もいた。政府のやり方に対するそのような批判は、二月のクーデターの首謀者たちの考えと同じだと原田熊雄は思った。かれはそのとき外務大臣だった有田八郎に向かって、つぎのように説いた。

「今日日本の政治の運用について欠点もあり、大改革を要する点も多いだろうけれども、しかし今日のロシアと比較してみて、全般的に日本の政治が悪いということは、断じてないと自分は思う。であるから、やはり公正な立場で相当の思慮をもち、物を判断し得る人を、陸軍以外からもソ連にどんどん送って、秦のような説を為す者があるなら、それに対して反駁し得る立派な説を論述することのできる人を、政府もまたやはり作るなりしておかなければ、非常に危険だと思う」⑬

秦彦三郎が参謀次長になったのは、それから六年あと、というよりはいまから二年前の昭和十八年四月だった。半年遅れて、酒井鎬次が召集され、参謀本部第四部に勤務することになった。一夜、秦は酒井と話し合った。秦が六期先輩の酒井に敬意を払ってのことだったのであろう。秦は戦いの見通しを率直に語った。

秦は参謀次長になるまで、軍令、軍政両機関の重要ポストに坐ったことがないことは前に述べた。酒井も同じだった。第1巻で述べたとおり、かれは頭はよいが、自分が正しいと思ったことは断固として主張し、他人と一線を画すといったところがあって、上官や同僚にけむたがられ、軍の中央機関に席を占めたことはいちどもなかった。

重大な決定に加わったことがないという二人に共通する経歴が、秦をして酒井に胸のうちを明かさせるきっかけとなったのかもしれない。

あるいは、秦は酒井が近衛系の人びとと親しくしているのを承知して、かれに戦いの見通しを語ったのかもしれなかった。第1巻で述べたとおり、昭和十七年八月に酒井ははじめて近衛に会い、一刻も早く和平にもっていく責任があると説き、それからかれは定期的に近衛の配下たちと会っていたのである。

酒井は富田健治、伊藤述史、細川護貞に向かって、秦がした話を語った。だれもがはじめてはっきりと聞く恐ろしい話だった。それも統帥部のナンバー・ツーが漏らした真実だった。細川護貞はそれを日記に記した。

「秦次長は戦争の前途に対し、極めて悲観的にて、策なしと言い居れり。又戦勝はおろか、唯今日の状態にては、いつまで持ち続け得るかが問題なりと。三人とも、『みすみす状況の悪いことを知り乍《なが》ら、如何《いかん》とも為し得ざるは如何《いか》にも残念なり』と言い合えり⑭」

秦彦三郎が考えていたのは、どうにかして交渉による戦争終結に持ち込むことだった。そのただひとつの道は、ソ連と意を通じ、ソ連を味方につけることだった。第2巻で述べたとおり、いまは枢密顧問官から会社社長までが望み、語っている戦争終結の方法である。

昨年八月十日の対延安宣伝謀略実施要領に戻れば、前にも述べたとおり、秦はそれを信じていなかったはずである。日本が延安に手を差しのべても、まず成果は期待できず、延安が民族主義的色彩を強めていくといった見通しも疑わしい。秦はこんな具合に考えていたであろうからである。

なぜ、かれはそう考えたのか。

一号作戦をはじめて以来、ヒマラヤを越えて、雲南省の昆明《こんめい》に到着するアメリカ製の武器が増えはじめていた。そして、その小銃や迫撃砲の山は、一号作戦と同じく、重慶、延安、アメリカ、そしてソ連に複雑な波紋をひろげていた。

延安がなによりも欲しがっていたのは武器だった。延安はアメリカに接近しようと懸命な努力をつづけていた。アメリカは日本軍の攻撃を食いとめようとして、八路軍や新四軍に武器を供与したいと望んでいた。これらのことは秦にもわかっていたことだった。そしてもうひとつ想像できたのは、延安とアメリカが互いに接近を望んでいることは、ソ連にとって非常に不愉快だろうということだった。

重慶はどうであろうか。アメリカからの武器をすべて自分のものにしようとして、アメリカがその一部を延安へ与えることに反対するはずであった。一梃の小銃も延安へ渡すことはあるまい。そうなれば、延安は重慶に対する憎しみを強めるばかりか、アメリカを敵視するようになるにちがいなかった。では、延安は日本に接近しようとするのか。いや、クレムリンに頼ろうとするだろう。

ヨーロッパの戦いが終わったときには、ソ連は延安に武器を与えることができるようになるのではないか。そしてそのときには、延安の指導部は、民族派から無条件親ソ派に取って代わるだろう。秦はこんなふうに考えていたのではなかったか。

そしてかれはもっとも肝心なことを承知していた。しなければならないことは、ソ連との関係強化であり、延安への接近ではないということだった。

では、なんのために、アメリカと張り合い、それればかりかソ連と影響力を競い合おうとするかのような宣伝謀略実施要領をつくったのか。じつはその要領は対ソ外交の一環としてつくられたのである。

どういうことだったのか。

小磯内閣が発足して、対ソ、対中外交に取り組むべきだという声が一気に高まったなかで、関東軍司令官から参謀総長に就任した梅津美治郎は、ソ連との関係の改善を望み、なんらかの形の同盟ができないものかと考えた。外務省と市谷台の関係官はその準備に大童となった。なんの準備かといえば、第2巻で述べたとおり、特使をだれにするかということと、支払うべき代償のリストづくりだった。

ソ連になにを求めるのであれ、代償の支払いが不可欠なのは、だれもが知ることだった。じつはその四カ月前にも、ソ連に代償を支払ったばかりだった。第1巻で述べたことだが、北樺太のオハ油田をソ連に返還した。それは昭和十六年に締結した日ソ中立条約の代償だった。早く約束を履行してくれ、早く返してくれ、松岡元外相が約束した書簡がここにあるとモロトフにねちねちと迫られ、オハ油田では意地悪の限りをされ、やっと返還に踏み切ったのだった。

クレムリンが大きな代償を求めるといった話ならまだまだあった。昭和十五年に四国同盟が闇から闇に消えてしまったのは、モロトフが多くの領土を要求し、自己の広大な勢力圏を求め、ヒトラーがその貪欲な代償要求に憤激したからだという話を関係者は信じていた。

秦彦三郎の机の上には、陸軍と外務省のそれぞれの譲歩条件案が置かれたのであろう。津軽海峡通過の容認にはじまり、北満鉄道の譲渡、防共協定・三国同盟の廃棄、北千島・南樺太の譲渡と並んでいた。リストに載せていないのは、それこそ共産党の公認、共産党指導者の入閣を認めることだけだった。

秦はそれらの綴り込み書類を脇へ押しやったのではなかったか。まず、代償としてこれをだす。モロトフの顔色を見て、もうすこし増やす。相手は乗り気にならない。さらに増やす。長丁場のポーカー・ゲームではあるまいし、そんな折衝をしていてはだめだ。相手につけ込まれるだけだ。ソ連の出方は見当がつかなかったが、日ソ関係を強化するために支払う見返り条件をただひとつと秦は決めていたのではなかったか。

大きな土産をだすつもりだった。しかも、日本側に不利益とならず、なんの危険もない代償だった。不利益、危険どころではない。それがうまくいきさえすれば、ソ連の協力をかちとろうとするアメリカの努力を無にしてしまうことができ、否応なしに米ソ間の抗争を促し、ソ連をしてさらに日本に接近させることができるはずであった。陸軍、外務省がつくった代償リストのなかから、ソ連に与える代償を選びだすのはそのあとのことだった。

最初の大きな土産、あるいは代償は、日本が延安政権との戦いをやめ、延安を支援するということだった。

これが秦の考えた外交計画だったのではなかったのか。それだからこそ、かれは八月十日付の要領をつくったのであろう。それは対延安工作の指針としてつくられたもののようであったが、じつは対ソ交渉に備えての国内向けの情報操作だったのである。

延安を支持することにして、日本側に危険と不利益はないと前に述べた。だが、だれもがそうは思わないことを秦は知っていたのであろう。重臣をはじめ、宮廷、財界の幹部たちは、なにか危険なことが起きると警戒するはずだった。

ソ連へ接近することに反対している人びとは、中共党と手を握ることにも絶対反対だと主張し、日本赤化の大陰謀があるのではないかと騒ぎだそう。ソ連との関係を強化することはやむをえないと思っていた人びとも、態度を変え、日本の国是と国体はどうなるのかと言いだすかもしれなかった。

このような不安のどよめきを抑えるために、前もっての準備が必要だと秦は思ったのであろう。それが八月十日付の要領だった。前になんどか引用した箇所をもういちど挙げよう。「延安政権ガ……思想的ニハ共産主義ヨリ民族主義ヘ逐次ニ脱皮シツツアル点等ヲ強調指摘シ」と述べていた。

閣議をはじめ、数多くの政府機関の連絡会議、そして衆議院の秘密会や枢密院会議、あるいは重臣会議で、陸軍の代表はつぎのように弁明するつもりだったのであろう。御心配は無用、御承知のようにコミンテルンは解散した、そして中共党は変わりつつある、ナショナリスト的な政治色彩を強めている、共産主義者の政権ではなくなろうとしている、さらに民族主義化するのをわれわれが後押しするのだ。

もちろん、元首相や枢密院の顧問官に向かって、そんなことを喋ってはいなかった。それどころか、ソ連に支払う代償について、梅津と秦はかれらの計画を、首相にも、外務大臣にも語っていなかったのであろう。特使をだれにするかを決め、その出発が決まったあと、かれらはそれを明かす予定だったにちがいない。

特使は広田弘毅《こうき》と決まった。モスクワの佐藤尚武に宛て、ソ連側の同意をとりつけるようにと訓電した。それが九月四日だった。佐藤がモロトフに会うことができないまま、ずるずると十日がたった。

九月十四日の会議で、重光が態度を変えた。第2巻で述べたとおり、代償を支払っての取り引きはおこなわない、特使には日本の戦争目的を説明させることにすると重光は語った。梅津と秦は、重光が怖じ気づいたなと思ったのであろう。だが、梅津と秦は、陸軍側の計画を語ることなく、黙っていたのである。モスクワから回答がきたら、そのときに開く会議で、陸軍案を提示する考えだったにちがいない。

それから三日あと、モスクワから電報が到着した。モロトフは特使の受け入れを拒否し、日本とのあいだに特使を通じて話し合うような問題はないと回答してきた。

梅津と秦は話し合ったのであろう。この回答は、ソ連がアジアで新たに行動を起こす意図はいまのところない、アメリカのアジア政策にしばらくは追随をつづけるという意思表示であろう。ひとまずは断念するしかない。二人はこのように考えたのである。

こうして秦がつくった外交計画は陽の目を見ることなく、かれの机の奥にしまわれた。ちらっとその姿を見せたことがあったのは、いうまでもなく七月三十一日の読売新聞の社説である。

その社説がでたときに、梅津と秦は顔を見合わせたことであろう。その社説が東京・モスクワ・延安を結ぶ三国同盟の構築を望んでいたのは、まさにかれらが求めようとしていたものだったからである。

だが、顔をくもらせ、洩れたかなと思ったのは、かれら二人だけだったのであろう。その社説を読んで、陸軍が書かせたのではないかと思った人はいても、梅津と秦の外交計画との繋がりに気づく者はいなかったのである。

たとえば、たいがいのことなら、突っ込んだ実情を知っている近衛文麿も、それについてはなにも知らない様子であった。かれがすべてのことを知っていたのであれば、池田純久《すみひさ》の名前だけではなく、秦彦三郎の名をも口にしたであろうからである。

それはこういうことだ。もしも近衛が、新三国同盟の提唱は読売の一論説委員が考えたことではなく、その背後に参謀次長の秦彦三郎がいるらしいと聞けば、待てよと思ったはずであった。とっくに戦いの前途に見切りをつけているという参謀本部の高級軍人が秦ではなかったか。富田健治から近衛はそれを聞いていたはずだった。つづいて原田熊雄の喋った話が近衛の記憶によみがえったにちがいない。モスクワ帰りの秦という新聞班長は危険思想の持ち主であり、ボルシェヴィキの讃美者であるといった話である。

近衛は秦の名前が利用できたのなら、梅津の陸軍を粛清しなければならないと説くにあたって、梅津の一の子分は池田純久だ、かれは危険人物だ、もっともいまは満洲にいるのだがと歯切れの悪い話をすることはなかったのである。

近衛はつぎのように喋って、聞き手を怯えさせることができたのである。

〈日本共産化のために支那事変を起こした連中、次官の梅津、天津軍参謀の池田、新聞班長だった秦はいまどこにいるか。秦は参謀本部にいる。池田は関東軍にいる。日本最大の二つの軍事機構は、もっとも危険な、警戒を要する二人の陸軍中将によって操縦されている。そしてこの二人の上にいるのが梅津だ。そしてかれらは日本をソ連と延安の二つの共産政権と結ばせようとしているのだ〉

ほんとうのことをいえば、近衛が梅津と秦の計画を知ったら、人を威《おど》すどころではなかった。まさしく緊急事態だと思ったはずであった。のんびりした話をしている場合ではなかった。かれは大車輪で駈けずり回り、陸軍のその外交計画を潰そうとしたはずだった。近衛は、梅津の側がこちらの粛清計画に気づき、反撃にでてきたなと思ったであろうからである。梅津一派を粛清する計画は照準を戦争終結のあとに合わせたものだった。梅津の一味は共産主義者であり、日本共産化のために、戦争をひき起こし、戦争をつづけてきたのだと主張して、かれらを戦争責任者としてしまうのが、近衛の計画だった。戦争が終わったら、米ソ間の争いが激しくなることを計算しての戦略だった。梅津と秦は、自分たちが生贄《いけにえ》の羊にされると気づいたからこそ、共産国を結ぶ新三国同盟の構築を考え、逆襲にでてきたのだ。近衛はこう思うことになったはずだからである。

だが、近衛は梅津と秦の外交計画をなにも知らず、「モロトフの神風」がそのすべてを葬ってくれたことを知らなかった。「モロトフの神風」とは、特使派遣に反対をつづけていたモスクワ大使館の参事官、守島伍郎の言葉であり、モロトフが特使派遣の申し入れを拒否してきたときに思ったことだった。守島は東京へ戻っていたのだが、もちろんかれも梅津と秦の構想などなにも知らなかった。

では、梅津と秦が青写真を描いた外交構想を探りあてた鈴木東民はどうしていたのか。

かれは陸軍報道部に油をしぼられた。それだけでは済まなかった。かれは横浜の検事局に召喚された。お前は人民戦線派だろうと検事に威かされ、古い話がほじくり返された。検事が口にした人民戦線派とは、合法を装った共産主義者ということだった。筆を断ち、新聞社をやめ、故郷に帰るのなら、見逃してやろうと検事に宣告された。

鈴木は首をちぢめ、安田庄司は震えあがった。横浜の検事局や警察に睨まれ、ぶち込まれることになったら、それこそ大変だった。刑事たちに口汚く罵られ、責めたてられ、やってもいないこと、考えてもいないことを白状させられることになり、釈放されることはなかったからである。

いったい、横浜でなにが起きているのか。「国内思想戦」をしなければならぬと呼びかけてきた人びとが言論機関のなかにいる。ソ連式の徹底した粛清をやらねばならないというのである。だが、政府にとてもそれはできない。神奈川県の警察が細々と左翼の人びとを逮捕するのが精いっぱいのところなのである。このことについてはこのさき述べる機会があろう。

副社長の高橋は社長の正力松太郎に、鈴木の問題を報告したのであろう。早く片づけろと正力は怒鳴りつけたはずだ。胃潰瘍で当分休養が必要だということにした。鈴木は牛込新小川町の江戸川アパートを引き払った。こうしてかれの一家は気仙沼にいるのである。

羽仁五郎について述べておこう。北山茂夫はかれが延安にいると想像したのだが、現在、かれは警視庁の地下留置場にいる。かれは北京で捕らえられたのだが、延安へ行こうとして逮捕されたわけではない。神田駿河台のＹＷＣＡでおこなった文化史講座の講演が問題にされたのである。

たしかにかれは延安へ行こうと考えたことがあったようだ。だが、それはとるに足りない挿話である。けっしてうんと言うはずのない人にたいして、しかもまったく無力な人に向かって、延安行きの助力を求めることをしただけのことだったからである。

それはこういう話だ。牧野伸顕《のぶあき》が「島津斉彬言行録」を岩波文庫からだそうとして、四百字詰めの原稿用紙に十枚ほどの序文を書いた。疑問点があり、岩波書店にその調査を頼んだ。そこで幕末の歴史に詳しい羽仁が牧野のところへ行ったのである。

それからの話は、五郎の記憶のなかではつぎのようになる。牧野がかれに向かって、中国へ行くつもりはないかと聞き、かれはあると答える。それでは会ってもらいたい人物があると牧野が言い、幣原喜重郎《しではらきじゅうろう》に会ってくれと頼まれる。そして幣原に会えば、幣原はかれに向かって、戦争をやめるにはどうしたらいいかと尋ねたというのである。(15)

実際はどうだったのか。

雑談になってのことであろう。羽仁は牧野に向かって、和平交渉をおこなうべきだと語ったのではなかったか。延安からモスクワに口をきいてもらい、ソ連に和平の仲介を頼むべきだとつづけたのかもしれない。

だが、牧野はソ連へ歩み寄ることには反対である。そんなことよりも、かれはなにごとにも慎重であり、はじめて会う者に向かって、和平論議などすることはないはずだった。

あるいは牧野と羽仁が会ったのは、八月に入ってのことだったのかもしれない。中共党の呼称を延安政権に変えたことを二人は知っていただけでなく、七月三十一日付の読売新聞の社説を承知していたのではなかったか。

牧野はその社説に警戒心を抱きながらも、関心をもったのかもしれない。そこで、それとよく似た羽仁の外交構想に耳を傾けたのかもしれない。そして羽仁を幣原喜重郎に紹介したのであろうか。

いや、そんなことがあるはずはなかった。幣原喜重郎はまったく過去の人物である。牧野自身なら、最高クラスの陸軍将官と親密である。羽仁を陸軍大臣の杉山元《はじめ》に紹介することもできたのである。

だが、幣原は陸軍はいうまでもなく、外務省にたいしても、影響力は皆無だった。しかも慎重なのは牧野以上であり、臆病に近い。よく知っている者を相手にしても、和平論議などけっしてしない。気心の知れない羽仁などに本心を語るはずはなかった。そしてなによりも肝心なことは、幣原もまた、ソ連に接近することに反対である。

牧野が羽仁に向かって、幣原に会えと言うことなどありえなかった。ほんとうは羽仁が牧野に向かって、幣原に会いたいと頼んだのであろう。幣原が外務大臣だった時代の外交政策について、いくつか尋ねたいことがあるのだと喋ったのではなかったか。ところが、羽仁は幣原に向かって、延安との和平といった話をしたのであろう。幣原は迷惑だという顔をして、なにも言わなかったのである。

羽仁は中国へ渡った。分校の面倒をみるつもりははじめからなかった。旅をした。蒙古へ行き、綏遠《すいえん》の旧市街を見物し、カソリックの僧院に泊めてもらった。包頭《パオトウ》まで行った。町の外へ出て、黄河を眺めた。つぎには南京、上海へ行き、そこに滞在した。気楽な旅行だった。だが、自己陶酔的なところのあるかれは、革命の旅をしているつもりだった。

上海のフランス租界にある小牧正英の劇場へも行った。小牧はそこでバレエ・スクールを経営し、ロシアン・バレエ団を主宰している。白系ロシア人の踊り手のしなやかな肢体に惹きつけられ、優しさのあふれる群舞を見ようとして、河上徹太郎や小林秀雄が訪れたこともある。

羽仁は小牧に向かって、「小牧君よ、君は決して死ぬなよ、どんなことがあろうとも生きのびることだ。そして日本に帰れ、ぼくはこれから北京に行くところだが、東京で君と再会しよう⑯」と語った。

上海から北京へ戻って、五郎は逮捕された。革命を指導し、戦いの旅をしていて、捕らえられたのだと、かれは思っているのである。

鈴木東民は陸軍がかれの外交構想を実際にやろうとしたことを知らない。それがお蔵入りとなってしまったことも知らない。

鈴木は唐丹湾の藍色の水面に白波が立つのを眺めながら、日本が二つの共産国家と提携して、新しい三国同盟を構築してこそ、歴史の潮流に沿うのだと考えている。

上海を訪ねた宇垣一成

首相小磯、統帥部の総長、外務大臣らが集まって、ソ連への特使派遣の打ち切りを正式に決めたのが、昨十九年九月十九日の最高戦争指導会議でのことだった。梅津、そして秦は、もうしばらく待つほかはないと考えたのである。

同じその日、宇垣一成《かずしげ》が満洲の新京にいた。宇垣は北京に向かおうとしていた。蔣介石と和平交渉をおこなうための糸口を探そうとしてのことだった。

その蔣介石だが、同じその日の夜、かれは怒り狂っていた。なぜ蔣が怒っているのかはあとで見るとして、宇垣のことから述べよう。

宇垣の中国訪問は首相の小磯に頼まれてのことだった。宇垣に突破口を開いてもらおうというのが、小磯と緒方の狙いだった。

重慶政府と和平のための交渉をおこなうことは、すでに決まっていた。八月九日の大綱があり、八月三十日の要綱があり、九月五日の要領があった。いずれも最高戦争指導会議で合意されていた。こうして書類や指令はつぎつぎと生みだされたが、それらは見せかけだけのものだった。だれも真剣ではなかった。ソ連と交渉することがずっと大事であり、重慶と交渉をおこなうのは、ソ連となんらかの協定ができてからのことだ、ソ連との取り決めしだいでは、重慶との交渉はできなくなる。それはそれでいいのだと、だれもが思っていた。そこで小磯と緒方が重慶との交渉を主張しても、相手にされなかった。繆斌《ミヨウヒン》といったあんな怪しげな者を使ってどうなるとにべもなかった。

小磯と緒方の側は、反撃しようと思えば、反撃できなかったわけではない。ソ連と交渉をおこない、こちらの弱みを相手に見せてしまって、ほんとうに大丈夫かとつっけばよかった。東条大将を特使にしよう、松岡元外相がいいと口角泡をとばして論じ、計画と予定表をつくっている人たちの胸中に迷いがあり、恐怖心があることは、小磯と緒方にわかっていることだった。

巻き返しをはかるには、自分たちの計画がうまくいくことを示さねばならない。かれらは宇垣大将を担ぎだすことにした。

小磯と緒方はつぎのように考えたのである。宇垣は何人かの重臣や政治家、財界人に信頼されている。しかも宇垣を支持する人びとは、宇垣大将は重慶政府に信用されているただひとりの政治家だと思っている。そこで宇垣が中国を視察し、重慶との和平はできる、繆斌を仲介役にたてるべきだと説いたなら、重臣や有力議員、宮廷に大きな影響を与え、重慶と交渉をすべきだ、繆斌を利用せよとの主張が一挙に強まるだろう。それが中央突破の力となる。陸軍と外務省も態度を変えざるをえなくなる。小磯と緒方はこんな具合に考えたのである。

かれらが内心ひそかに喜んだのは、対ソ工作が最初の一歩を踏みだそうとして、モロトフにはねつけられ、壁にぶつかってしまったことだった。宇垣が東京を離れたばかりのときだった。小磯と緒方は宇垣の帰国を首を長くして待つことになった。一カ月余の旅を終え、宇垣が首相官邸に小磯を訪ねてきた。それが昨十九年十月二十一日だった。「重慶とのあいだの全面平和は可能です」(17)と宇垣は言った。小磯は大きくうなずいた。ところが、宇垣は肝心な話をしなかった。繆の話をしなかった。繆が重慶側の和平計画案を持っていると言わず、繆の仲介によって、重慶と和平交渉をおこなうべきだと説かず、小磯と緒方を困惑させた。

宇垣と繆の会見のお膳立てに手抜かりがあったのか。そんなことはなかった。可能な手はすべて打った。緒方は抜け目なく、宇垣の中国行きの三人の随員のひとりに美土路《みとじ》昌一を押し込んでおいた。

美土路昌一は五十八歳、朝日新聞社の役員である。小柄な美土路は身だしなみがよい。つい最近まで和服、白足袋で出勤したものだった。空襲がはじまって、さすがにかれも洋服に着替えた。有名無実ではあっても、非常対策本部長というポストにいるのだから、白足袋というわけにはいかない。

かつて美土路は東京本社三階の編集局の主であり、編集総長だった。緒方が四階の論説委員室の主筆であり、二人が協力しあって朝日があるのだとだれにも思われたものだった。美土路はずっと女房役に甘んじて、緒方を助けたのである。

昭和十六年に美土路が編集総長をやめた。長いあいだつづいた緒方－美土路ラインは終わった。昭和十八年末には主筆制度が廃止になり、緒方はなんの実権もない副社長にまつりあげられた。社長の村山長挙《ながたか》と社長派の役員がやったことだった。そうしたことも理由で、昨十九年七月に緒方は朝日をやめ、小磯内閣に入閣することになったのである。

そこで緒方が美土路に向かって、宇垣大将のお伴をして中国へ行ってもらいたいと頼むにあたって、やってもらわねばならないことを告げたはずであった。そして緒方は田村真作に向かって、美土路がそちらへ行くから、協力するようにと命じたにちがいない。美土路も大いに乗り気になった。かれは宇垣と親しい。二人は同じ岡山の生まれなのである。かれは金策をした。小磯が公費で行ってくれと言ったにもかかわらず、宇垣が私費で[18]行きたいとがんばったからだった。美土路は三井に頼み込み、三百万円をだしてもらった。旅費というよりは、工作資金だった。

こうしたわけであったから、繆斌は十二分の予備知識をもち、宇垣がなにを望んでいるのかを承知して、かれとの会見に臨んだはずであった。ところが、緒方の準備はなんの役にも立たなかった。

どうして繆は宇垣になんの印象も与えることができなかったのか。繆はペテン師だ、あんな者に騙されてはならないと、宇垣の耳に入れる者がいたからか。

南京と上海には、朝日工作をぶち壊してやろうと待ちかまえている大使館の書記官や総司令部の参謀たちがいた。かれらは繆を通じての和平工作を朝日工作と呼んでいた。緒方と美土路を中心にして、朝日新聞社系の人びとがやっている工作だからである。

だが、大使館と総司令部の連中が、宇垣の耳に繆の悪口を入れるであろうことは、繆を支持する側がはじめから承知していることだった。繆を支持する人たちは、その中傷に負けまいとして、繆の弁護をしたはずであった。

では、宇垣が小磯に向かって、繆を使うべきだ、かれを呼んでみたらどうかと言わなかったのは、かれの説いたことが気に入らなかったからであろうか。

宇垣は自信満々である。吉田茂に担がれ、中野正剛《せいごう》に首相に推されたときと変わりなく、相変わらず自信に満ちていた。出発に際し、私は日本の宇垣、東洋の宇垣、世界の宇垣だと日記に記した。その私が北京、南京へ行き、上海フランス租界の山下亀三郎の邸にでんと構えれば、それ自体、重慶にたいして充分な意思表示となる。私の誠意と考えが相手に伝わる。かれはこんなふうに考えていた。

宇垣がひそかに望んでいたのは、張群とパイプを繋げることだった。張とであれば、意思の疎通ができると思っていた。昭和十三年に二人のあいだにちょっとしたエピソードがあったことをかれは忘れていなかった。

昭和十三年五月に宇垣は外務大臣となった。南京から武昌に撤退した国民政府の側では、外交部長だった張群が行政院副院長に就任していた。張群は知日派の筆頭に数えられ、和平勢力の総帥と目されていた。そして張は行政院長の蔣から信頼されていた。張は四十八歳、蔣は五十歳だった。

蔣と張の二人のことを、「牛込あたりで育った連中」といささかきざっぽい言い方をしたのは近衛だった。二人はともに明治四十年代に市谷台にあった陸軍士官学校で学んだからである。

もう少し詳しくいえば、二人が学んだのは振武《しんぶ》学校だった。清国政府から派遣された軍事留学生を教育するための陸軍予備学校だった。そこで三年の訓練を受け、見習士官の身分で各連隊に派遣された。蔣と張が配属されたのは、高田の野砲連隊だった。

ついでにいえば、「神田錦町育ち」といえば、文科出身の留学生のことだった。近衛の父の篤麿《あつまろ》が留学生のために東亜同文館をつくったのが神田錦町だった。

さらにつけ加えれば、政府は連隊付き士官候補生の陸軍士官学校への入学を許し、張は士官学校に入学し、大正四年に卒業していた。第二次革命が失敗に終わり、かれが妻と日本に亡命していたときのことである。

行政院副院長になったばかりの張群から宇垣に宛てて、外相就任を祝う電報が届いた。国民政府が和平を望み、宇垣に大きな期待をかけていることを明示したシグナルだった。たしかに外相に就任した宇垣は、戦いをやめたいと望み、全面撤兵をしなければならぬと考えていた。だが、かれの思いどおりにはいかなかった。陸軍が宥和論に反対していた。陸軍だけではなかった。宇垣のお膝元の外務省内でも、強硬論者が騒ぎたて、若い威勢のいい省員たちは、宇垣なんかやめさせてしまえと主張していた。

蔣介石と張群が宇垣にかけた期待は空しく終わった。それから六年がたつわけだった。上海を訪ねた宇垣を喜ばせたのは、張群を通じて道を開くべきだと説く人物が現れたことだった。六十一歳になる周作民という商売人である。京都帝大を卒業して、国民政府の財政部に勤め、政府系銀行の重役をやったことのある男だ。

周作民は重慶に使いをだし、張群に手紙を届けようと言った。ほんとうに手紙は届くのだろうか。届くとしても、二カ月から三カ月はかかるだろう。そして手紙の中身はといえば、「御健康を祝す」[19]といっただけの他愛のないものであり、届いても、届かなくても、どうでもよい内容だった。

それでも、宇垣は、張群と接触するのが大事なことであり、繆斌から聞かされた和平計画などとるに足りないと思ったのであろうか。

そうではなかったのであろう。上海にいるあいだ、宇垣は繆から和平計画を聞かなかったのではないか。交渉の真の相手は戴笠《たいりゅう》なのだというもっとも肝心な話を、宇垣は繆から聞かなかったのである。戴笠は文字どおり蔣介石の右腕であり、蔣側近のなかでももっとも有力な人間である。アメリカとの関係も非常に密接である。戴だけがこの大きな問題に対処できる力と能力をもっている。張群は四川省の主席であり、いまはなんの力ももっていない。ましてや、外交問題とは無縁である。繆は宇垣にこんな具合に説こうとしなかったのではないか。

どうして、そのように想像するのか。そのとき、繆は重慶側から、その和平案を語るなと命じられていたと思うからである。

重慶の事情

宇垣が北京に到着してまもなく、かれがまだ上海に来る前に、重慶政府はかれの訪中を知り、なにしに来たのか、その目的を見抜いていたはずであった。それより前、昨年の七月はじめから、日本の新聞が中共党を延安政権と呼ぶようになり、同月末に読売新聞の社説が中共党との提携を主張したことも、重慶政府は承知していたのであろう。

日本軍部は陰険な計画を練り、謀略をめぐらしている。われわれの領域奥深く大規模な攻撃をしかける一方で、われわれの真の敵である共産党に接近しようとしている。それだけではない。われわれにたいしても、宇垣を派遣し、誘いをかけようとしている。

すべてはひとつの台本があっての筋書きなのであろうか。

国民政府の幹部たちは、日本側にそんな複雑な策略はないと判断したはずであった。宇垣と陸軍のあいだには根深い確執があるはずだから、宇垣は陸軍とはべつの考えをもち、べつの手綱捌きのもとにあるのだと推測し、宇垣は首相小磯と組んでいるのであり、かれらと陸軍とのあいだには、深い溝があると見きわめていたにちがいなかった。

そこで、延安へ接近しようとする日本陸軍の計画を潰してしまうのに、絶好の手だてがあると重慶政府の首脳は考えたはずであった。宇垣の大きなジェスチャーにつけいり、かれをうまく誘い込み、国民政府とのあいだに全面和平が可能だと信じ込ませればよい。そのためには繆斌を使うことだ。

ところが、重慶政府は繆斌を使おうとせず、だからといって、ほかのだれをも使わず、せっかくやって来た宇垣一成をほうりっぱなしにしておいた。

なぜだったのか。蔣は日本が延安に接近するのを気にかけていなかったのか。中共党が実質的に華北の大平野を支配し、それればかりか、揚子江デルタの周辺までを侵食しているという恐るべき現実をかれは見くびっていたのか。そうではなかった。やらねばならないことがべつにあった。ルーズベルトの要請を拒否し、かれの考えを変えさせるという大事があった。

日本の新聞が中共党の呼称を延安政権と変えたのと同じ七月、ルーズベルトは国民政府に向かって、最高司令官の全権をジョセフ・スティルウェルに委譲するように求めてきた。蔣は、どうあってもルーズベルトにそれを思いとどまらせ、その要求を撤回させねばならなかった。

どうしてスティルウェルを全中国の最高司令官にしてはいけなかったのか。第2巻で述べたことをもういちど繰り返しておこう。

スティルウェルは中国・ビルマ・インド戦区のアメリカ軍部隊の司令官だった。蔣介石の最高軍事顧問を兼ね、揚子江の支流、嘉陵江《かりよう》を見おろす重慶市内の司令部にいた。

日本軍の大攻勢がはじまり、蔣の軍隊だけではとても阻止できないことが明白となった。スティルウェルは共産軍を日本軍と戦わせようとした。蔣はそれに反対だった。スティルウェルは共産軍に武器を与えるつもりでいたからである。

それだけではなかった。スティルウェルは蔣の虎の子の胡宗南《こそうなん》の軍隊を日本軍と戦わせるべきだと主張していた。その蔣の嫡系部隊は西安に本拠を置き、前に述べた洛川に前線部隊を配置し、山西と陝西《せんせい》省の共産党支配地域をぐるりと封鎖していた。

スティルウェルが「全中国軍を指揮する無条件の全権」をもった最高司令官になってしまえば、かならずやそうしたことをするにちがいなかった。どうしてもルーズベルトの要求を葬ってしまわねばならなかった。蔣は回答をひきのばし、ルーズベルトの要求を受け入れるための準備をしているかに見せかけ、反撃の機をうかがっていた。

ところが、日本軍の進撃がいよいよそのスピードを増した。ワシントンの陸軍首脳はいらだち、国府軍のだらしない戦いぶりに気が気でなく、国府軍幹部の腐敗ぶりと軍隊の士気の低下を記した報告書に怒りを強めるばかりだった。

ルーズベルトから蔣に宛てての電報が、スティルウェルのところへ届いた。指揮権を早く委譲するようにと重ねて要求したものだった。スティルウェルは中国語訳したその書簡を蔣に手渡した。蔣はそれをひろげ、真っ青になった。それが前にも触れたとおり、九月十九日の出来事だった。

蔣は怒りながらも、対策をたてた。もはや時間稼ぎはできなかった。私を選ぶか、スティルウェルを選ぶか、好きなようにしろと開き直る戦術にでることにした。

蔣とアメリカとのあいだの争いは、それがはじめてではなかった。作戦の指導にはじまり、軍編成の計画、援助の多寡にいたるまで、つねに喧嘩腰の折衝をつづけていた。

そのような交渉に際して、蔣介石と外交部長の宋子文《そうしぶん》は切り札を持っていた。第2巻で述べたとおり、ジャパン・カードを使うことだった。アメリカの特使や大使に向かって、日本から和平提案が届いているのだと告げ、連合国の戦線から離脱を望む声が大きくなっているのだと語り、連合国が重慶を尊重せず無視しつづけるなら、日本と講和するしかないと脅迫することだった。

こうした駈け引きによって、蔣はアメリカ側をたじろがせ、あきらめさせ、自分の要求を押し通したのだった。

だが、昨年九月、蔣介石はルーズベルトとの対決に臨み、ジャパン・カードを使ってはならないと判断したのであろう。かれは憤懣やる方ないといった態度をとり、事実、怒り狂っていた。だが、相手の怒りも尋常ではないことを知っていた。うかつなことをしてはならなかった。単独講和をするぞと威嚇して、好きなようにしてくれと返答され、われわれは戦争をつづける政府を援助するとすごまれ、八路軍と新四軍に武器を与えるぞと威《おど》されたら、それこそやぶへびだった。

ジャパン・カードを使うのは禁物だった。手のうちにそのカードがあると疑われてもならなかった。つまらぬ噂もたたないようにしなければならなかった。宇垣一成が北京、南京、上海へ行き、和平の打診をおこなっている、戴笠の部下と話し合っている、そんな情報がワシントンに伝われば、ルーズベルトと参謀総長のマーシャルをさらに怒らせ、いっそう硬化させることにもなりかねなかった。

日本が延安を懐柔しようとしている動きなど、アメリカが延安へ接近しようとしているのと比べれば、それこそとるに足りなかった。月とすっぽんだった。ほうっておいてよかった。

蔣は肝心なことをやった。第2巻で述べたことだが、宋子文は特使ハーレーを自分たちの味方に引き入れようとし、ワシントンでは、孔祥熙《こうしょうき》が陰の国務長官であるホプキンズに泣きつき、大統領の要求を撤回させようとした。

そして蔣は正面きっての決戦にでた。九月二十四日、かれは特使ハーレーに向かって、スティルウェルの罷免を求めた。とるに足りない、奇妙な問題を罷免要求の口実にした。九月十九日にスティルウェルがルーズベルト大統領のメッセージを直接私に手渡したのは、私をスティルウェルより下位に置いたものだと非難したのである。

宇垣一成が南京、上海を訪れたのは、まさにこのようなときだった。軍統首脳の戴笠は自分が持っているあらゆる糸を引っ張り、宇垣を相手にして、和平を口にするな、和平案などといったものを喋るな、こちらの名前をだしてはならぬと命じたのではなかったか。

戴笠からのこのような命令があったために、繆斌は宇垣一成と会見して、とりとめのない世間話をすることになったのであろう。繆は宇垣が聞き耳をたてるような情報をなにひとつ語らなかったのだし、宇垣は繆になんの印象ももたないことになったのである。

首相小磯と国務相の緒方は、宇垣の帰国報告を聞いて、ひどく失望した。自慢話だけが土産ではなんの役にも立たなかった。

宇垣が首相官邸を訪れ、中国視察の報告をしたのは、前にも述べたとおり、昨十九年十月二十一日である。

同じ日の午後のことだ。重慶の飛行場にスティルウェルが現れた。小雨の降る飛行場には、外交部長の宋子文と国防部長の何応欽《かおうきん》もやって来た。かれらの見送りを受け、スティルウェルは輸送機に乗り込んだ。ルーズベルトがスティルウェルを解任したのである。蔣が勝利を収めたのだった。

日本側はそのような事実を知らなかった。そもそもが、アメリカと重慶のあいだに重大な抗争が起きていたことを、小磯、重光、陸軍は気づいていなかったのである。

ワシントンがスティルウェルの更迭《こうてつ》を発表したのは、それから一週間あとの十月二十八日だった。つづいて大使のガウスが辞任したことをも公表した。

外務省と市谷台は驚いた。スティルウェルやガウスの重慶在任もずいぶんと長いのだから、そろそろ転任となって不思議はないとは思わなかった。司令官や高級参謀の目まぐるしい移動、更迭は、負け戦のなかの日本陸海軍だけのことなのだと、人びとは承知していた。

かれらはなにが起きているのかを知ろうとして、サンフランシスコ放送やニューデリー放送のニュースの写しを読み、ヨーロッパの公使館から送られてくる電報に目を通した。そしてかれらが待ったのは上海陸軍部からの電報だった。

上海陸軍部とタス通信特派員

上海陸軍部とはなにか。

その前身は上海特務機関である。特務機関長は表向きは大使館付き武官補佐官だった。かれは上海の高級住宅地に邸宅をかまえ、金のかかった家具を備え、大型車を乗り回し、そこここから資金を集め、まずは行動し、報告はあとでよいといったやり方で、かずかずの謀略をおこなったものだった。

かつて機関長を務めた者のなかには、政治家や新聞記者たちによく知られたやり手の軍人たちがいる。田中隆吉、根本博、影佐《かげさ》禎昭《さだあき》といった顔ぶれであり、謀略や陰謀の話にかならずでてくる名前である。現在、影佐禎昭は第三十八師団長となって、ラバウルの洞窟内にいる。根本博は駐蒙軍司令官として、張家口にいる。田中隆吉は昭和十七年に予備役に編入されたのが、召集されて、羅津《らしん》要塞司令官となっている。

上海特務機関が上海陸軍部と名前を変えたのは昭和十七年である。現在の部長は川本芳太郎だ。五十六歳、官邸は川本公館と呼ばれ、事情通の新聞記者からはアームチェア・ジェネラルと呼ばれている。支那派遣軍の参謀副長を兼任し、支那派遣軍麾下《きか》のすべての情報機関を支配している。

陸軍が海外にもっている大きな情報機関は、上海陸軍部のほかに、もうひとつ関東軍情報部がある。満洲のハルピンに本拠をおき、満洲全域の情報機関を統轄している。

じつは関東軍情報部に微妙な対抗意識を抱いてきたのが、上海陸軍部の歴代の部長である。川本公館の主にしても同じ競争心をもっている。市谷台では、関東軍情報部の評価がぐんと高いからである。

このさき述べる機会もあろうが、関東軍情報部はハルピンのソ連領事館から多量の情報を入手してきている。太平洋の戦いの分析、アメリカの兵力・兵器・士気についての報告、さらにはアメリカ、英国の外交・経済についての調書まである。市谷台に毎日送られてくる数多くの量の電報や情報の要約のなかで、部課長たちがもっとも重視している電報である。

上海陸軍部は関東軍情報部に負けまいとして、上海のソ連人から情報をとってきている。ハルピンと張り合う意図のあるなしにかかわらず、ソ連人とのつきあいを大事にし、かれらから情報を入手することはぜひとも必要である。

というのも、ソ連は、上海ばかりか、重慶と延安に外交・情報人員を置いているのだから、こちらが知りえない重慶、延安の出来事をかれらは知り、中国全体の動きを的確に把握していると思えるからである。

そこでスティルウェル更迭といった謎に包まれた大事件が起き、市谷台の幹部職員が上海陸軍部からの電報を待つのは、タス通信特派員の説明を聞きたいということなのである。

川本芳太郎の直属の上官である畑俊六も、かれからの電報を待った。畑が現在、教育総監であることは前に述べたが、それ以前にかれは支那派遣軍総司令官だった。

かれは昨十九年十一月二十日に半年間いた漢口の前進司令部から南京へ戻ってきた。教育総監への転任の内示を受けとってのことだった。

かれはスティルウェル召喚についての関係電報を読み、そのうちのひとつを日記に写した。

「ソ連側よりの情報（上海陸軍部）

1　今次スティルウェル及びガウスの召喚は蔣に対する米国の最終的警告とも観察せらる。

2　その召喚は米の対重慶政府策の変更にして、重慶其のものに対する広範囲の軍事的協力を拒否するの前兆たるべし」(20)

これはおもしろくなるぞと畑は思ったのであろう。なんといっても、かれが指導した作戦がひき起こした敵側同盟内の対立であり、抗争だった。ソ連からの情報ではなかったが、その正確さを裏書きする他の情報がつづいていた。畑はそれも日記に写した。延安が彭徳懐《ほうとくかい》を団長とする軍事視察団を渡米させたと伝えていた。彭は現在、四十四歳、朱徳につぐ共産軍の最高幹部である。

ところで、畑が日記に書き写したこれらの情報は、いずれも事実ではなかった。彭徳懐がアメリカへ行ったというのは、真っ赤な嘘だった。毛沢東と周恩来の二人がワシントン行きを申し入れ、それが失敗に終わったのは、今年一月はじめのことであった。それについては第2巻に記した。

アメリカと重慶政府の関係がいよいよ悪くなると述べていたのも、事実から遠い話だった。上海のタス通信特派員はそれを本当のことと信じて、川本に喋ったのであろうか。延安にはピョートル・ウラジミロフというタス通信の特派員がいることは、第2巻で述べた。かれは昨十九年十月二十八日の日記につぎのように記した。

「四つ星の大将が二つ星の少将にノックアウトされた。スティルウェルは大将で、米軍でも最高位の将官。米軍には大将は六人しかいないはずだ。そのスティルウェル大将が荷物をまとめて米国に去ったのだ。ハーレー少将よ。調停官よ、御苦労さん！(21)」

スティルウェルの更迭を告げた最初のラジオのニュースを聞いただけで、ウラジミロフにはこれだけのことがわかった。

当たり前だった。そのソ連人は延安にいても、重慶で起きていることを承知していた。蔣とスティルウェルが激しく対立し、相反目していることを知っていた。また、ハーレーが重慶に来ていることも耳にしていた。その大統領特使の使命は、第一に、蔣とスティルウェルとのあいだの争いを調停することであり、第二に、国民党と中共党を合作させることであり、そのために、その陸軍少将がまもなく延安へ来ることも、ウラジミロフは承知していた。

重慶にいるソ連大使館員、そして延安にいるタス通信特派員が知っていることを、上海にいるタス通信特派員や領事館員たちはなにひとつ知らなかったのであろうか。かれらが知らないはずはなかった。

つけ加えておけば、タス通信の特派員は、ニュースを書き、署名記事をものにするのが仕事ではない。同盟通信社や朝日新聞社の特派員とは、その性格がまるっきりちがう。領事館員、秘密無線、連絡通報者を統轄し、かれらが集めた情報を分析し、判断をくだすのが、かれの主要な仕事である。上海のタス通信特派員は、同じく上海にいる領事や副領事より、その地位はずっと高い。もちろん、そうしたことは日本側も承知している。

では、上海駐在のタス通信特派員は嘘と知りながら、どうしてそんなでたらめを上海陸軍部の連中に喋ったのであろうか。日本の参謀本部や外務省の幹部たちをはぐらかし、目をくらませ、方向感覚を失わせようとしたのか。

そうではなかろう。日本側にちょっとした喜び、安心感を与えようとして、そんなことを喋ったのである。

そんないい加減な嘘を語って、どうして安心感、喜びを与えることになるのか。嘘といったが、それは日本の新聞が説いていることを程よく味つけしただけのものだった。

すでにアメリカの新聞、雑誌が、どうしてスティルウェルが解任されたのか、その理由を探った記事を載せていたから、日本側もなにが起きたのかを知るようになっていた。むろんのこと、検閲があり、ごまかしがあり、すべてを鵜呑みにはできなかった。スティルウェルの肖像を表紙に載せた週刊誌タイムは、衝突は個人的なものだと説明していた。重慶政府幹部の話もアメリカの新聞に載り、スティルウェルの狷介《けんかい》な性格を更迭の理由に挙げていた。

だが、ニューヨーク・タイムズには、重慶から帰国したばかりの特派員ブルックス・アトキンスンの署名入りの文章が載り、スティルウェルと蔣とのあいだには、統帥権をめぐる抗争があったことを明らかにしていた[22]。それが真相なのだと日本側は思った。

そこで朝日新聞や毎日新聞の社説や解説は、アメリカと重慶との争いはスティルウェルの更迭によって終わったのではなく、はじまったのだと論じ、アメリカは国防部長の何応欽の更迭を要求し、重慶とアメリカとのあいだの軋みはいっそう激しくなると説いていた。

タス通信の特派員は、そんな日本側の希望に肉づけをして喋っただけであった。だが、そんないい加減な話をしても、やがて事実でないことが明らかになってしまうとは思わなかったのであろうか。

上海駐在のタス通信の特派員はそうは思っていないのであろう。つぎのように考えているのだ。

日本の参謀本部が上海陸軍部に求め、川本少将がわれわれに望んでいるのは安心感である。安心感の寿命は短いかもしれない。だが、それは日本の大本営が発表する戦果と同じことだ。つぎつぎに安心感と希望を与えればよい。

かれらに安心感を与えてこそ、かれらはわれわれを信頼する。そしてわれわれから友誼を得られるにちがいないと期待を抱くことにもなる。では、われわれの目標はなにか。日本を戦いつづけさせることだ。ドイツが降伏するまで、そしてそのあとまで戦いつづけさせることだ。われわれが満洲国境に大軍を送り込むことができるまで、それまで日本に米英と直接和平の折衝をさせるようにしてはならない。

だからこそ、川本少将に向かって、われわれは安心感を与え、希望を与えつづけるのだ。蔣とアメリカとの関係は破局へ向かっているといった話をもっともらしく語って聞かせるのだ。

南京で、畑俊六がそのような情報を読み、これはおもしろいぞと思い、東京では市谷台の部課員たちが興味深くそれを読んだ。十月半ばの台湾沖の大戦果を聞いたときの高揚感は早くも消え、つづくレイテ島の戦いに大きな希望がもてないときだった。喜ばしいニュース、安心感を与えてくれる情報なら、なんでもよかった。

だが、そのような情報に首をかしげた者もいたのであろう。アメリカが延安と手を結ぶのか。それでは、ソ連は重慶に接近するのか。そんなねじれが起きるはずはない。アメリカは重慶との繋がりを断ち切ることはできない。延安はアメリカに誘いをかけているようだが、どうにもなるまい。結局はソ連に援助を求めることにならざるをえない。たとえば、秦彦三郎はこんな具合に考えたのであろう。かれは上海陸軍部のその情報を読みながら、考えたにちがいない。その同じ情報がモスクワに届いているのであれば、ソ連は気が気ではないだろう。スターリンは対策をたてざるをえなくなる。日本に話し合いを求めてくるのは案外早いかもしれない。秦はこんなふうに考えたのかもしれなかった。

上海陸軍部のその情報は宇垣一成の耳にも入ったのであろう。前に見たとおり、かれは重慶との和平ができると確信していた。だが、和平達成のためには、外交と統帥の全権をひとりが握らねばならぬと説いていた。駐華大使と支那派遣軍総司令官を兼任しなければならないというのが、かれの主張だった。もちろん、そのポストには、かれが就くということだった。

宇垣は自分が推測していたとおりだと思い、アメリカは蔣介石に無理難題を言っている、蔣は苦境に立っているとの情報にうなずいたのであろう。宇垣は十一月二十四日の日記に、自信に満ちた言葉を記した。

「蔣介石の日本に期待し居るものは、目下の処では自己地位の安全と、面子《メンツ》の保全と、権威あり信頼し得べき話相手を所望しあるものと推測し得る……」[23]

だが、スティルウェル更迭をめぐる騒ぎもやがて消えてしまった。市谷台や外務省の部課員たちの期待と興奮はいつかしぼんでしまった。アメリカは重慶への軍事協力を断ち切るつもりはないようだと参謀本部の作戦課員は考え、アメリカと蔣との関係はどうやら修復へ向かっている様子だと外務省の中国担当の係官は思った。

緒方竹虎はどうしていたのか。スティルウェル解任のニュースを知ったときには、かれは、宇垣と繆との会見がどうしてうまくいかなかったのかと残念に思ったのであろう。上海にいる部下に問い質しもしたにちがいない。そのあと、アメリカが重慶との関係改善の努力をつづけていることに、かれはやきもきしたはずであった。

そのようなとき、緒方のところに、上海から新しい知らせが届いたのではなかったか。重慶はまちがいなく和平を望んでいると告げてきたのである。だれかを派遣して、もういちど確かめてみようということになった。

今年一月、小磯は山県初男を中国へ行かせることにした。小磯は山県と親しい。二人は陸軍士官学校で同期だった。山県は大佐で現役を退いたあと、大冶鉄山の総弁をしたことがあり、中国と無縁ではない。

山県は上海のフランス租界にある繆の妻の実家を訪ね、繆に会った。清末の大政治家、李鴻章《りこうしょう》の住まいだったという三階建ての大きな邸である。

山県は繆と意見を交換し、その和平案の説明を受けた。山県は帰国して、小磯に向かい、繆の主張は重慶の意図を反映しているのはまちがいないと確信するから、繆を東京に招き、かれと協議すべきだと説いた(24)。

小磯は決意を固めた。かれは外務大臣と陸海両大臣の不承不承ながらの支持をとりつけ、繆を東京へ招聘《しょうへい》した。

重慶側はどう考えているのか。

蔣介石にとって、面倒な問題はなくなってしまった。もっとも嫌いな男、スティルウェルは追い払った。スティルウェルの部下、もっとも危険な男、ジョン・デイヴィス、そしてジョン・エマーソンも放逐した。

スティルウェルの後任のウェデマイヤーと米中合作所のボスのマイルズはしっかりと手を握り、ウェデマイヤー－マイルズ枢軸ができあがっている。アメリカが延安の共産党に接近する気づかいはもはやない。

残るのは日本の問題である。日本をソ連の腕のなかへ追いやってはならない。延安と取り引きをさせてはならない。日本をこちらへ引き寄せておかねばならない。和平回復の望みをもたせることだ。繆斌を使えばよい。蔣介石はこんな具合に考えたのであろう。

長い話になったが、はじめに述べた蔣の側の謀略とは、こういうことなのである。

小磯と緒方の失敗

さて、今日のことになる。三月二十一日、午前十時の首相官邸に戻る。

小磯はテーブルを囲む五人の構成員に向かって、繆斌《ミョウヒン》を通じての和平工作の説明をはじめた。会議室には、冷やりとする空気が漂い、どの顔も無表情である。陸軍大臣の杉山元《はじめ》は小磯の演説口調の話を聞きながら、つまらぬ嘘をついているなと思っている。繆に会ったのは緒方だと小磯は語り、かれ自身は繆と会っていないかのように喋っている。だが、杉山は次官柴山の報告から、小磯がすでに繆と話し合ったことを承知している。

なにを甘っちょろいことを言っているのだ、お粗末なかぎりだと外務大臣の重光葵《まもる》は思っている。繆斌に無電機を使用させ、迎賓館から重慶の意向を探らしめるつもりだと小磯が語るのを聞きながら、重光は杉山の顔を盗み見た。

世間では、杉山と小磯のあいだには、市谷台の士官生徒以来の長い友情があり、貴様と俺の仲だと思われている。だが、重光は、大将、元帥となっている二人の同期生の仲がうわべだけのものにすぎないことを承知している。

重光は杉山から、総理のやり方に不安を抱いている、総理の行動に注意しなければならぬと告げられてきた。それも会うたびに、小磯の軍務局長時代からの陰謀のかずかず、かれの謀略好きを聞かされてきた(25)。

どうして杉山は私に向かって、小磯への不信感をあおるのか。陸軍は小磯の対重慶和平工作に反対してきた。私もそれに反対している。だが、杉山は、私が反対をとりさげるのではないか、首相に妥協してしまうのではないかと恐れているのかもしれない。また杉山は海軍大臣の米内《よない》光政が小磯の支持にまわるのではないかと思っているのだ。小磯と米内の二人に組閣の大命がくだり、連立内閣が建て前なのだから、いよいよとなって米内は小磯に協力せざるをえなくなるのではないか。そこで杉山は私に向かって、小磯を警戒せよと繰り返してきたのだ。重光はこんな具合に思っているのであろう。

小磯の説明が終わった。杉山と重光は顔を見合わせた。杉山がまず攻撃の口火を切った。繆は重慶の回し者と考えられるから、この点を充分に突きとめたうえでなければ、このような重大問題の相手として選ぶのは考えものだと言った。

小磯の頬ににがにがしげな皺《しわ》が浮かんだ。緒方は杉山の顔を見据えた。この馬鹿者がと口のなかで言った。重慶の回し者であってこそ、和平の橋を架けることができるのではないのか(26)。

つづいて重光が発言し、小磯がやっていることを批判して、「これは補弼《ほひつ》上の大問題だ(27)」と強い言葉をはなった。

総理がやっていることは、外務大臣の私の権限に対する侵害だ、憲法第五十五条に違反しているとの警告である。「国務大臣ハ天皇ヲ輔弼シ其ノ責ニ任ズ」と定めているのが第五十五条の規定である。ぼんやり読めば、それだけのものだが、この規定があってこそ、首相は各大臣を指揮命令することができないのである。

怒りで顔を紅潮させた小磯が重光に向かい、「これはおかしなことを聞く」と応じた。二人のあいだで激しいやりとりがつづいて、会議室内は緊迫した雰囲気となった。

重光は、この工作について、外務大臣である私はなんの協議も受けていないから、責任を負わぬと言い張った。対重慶工作は南京の国民政府の手を通じておこなうと定めた昨十九年九月六日の最高戦争指導会議の決定に、この試みは違反していると、かれは主張した。

緒方は唇を嚙んだ。疑問や反対があるのは予期していた。だが、重光がそれほど頑強に反対するとは思っていなかった。手のうちに切り札は残っておらず、どうにもならなかった。

つづいて米内が杉山と重光の側に立った。和平が確立したとして、そのあとの中国の中立化の保証が問題だと言った。

梅津美治郎は最後に口を開いた。米内の主張に合わせた。日本軍が撤収したあと、中国大陸は米国の軍事基地になるのではないかと言った。

いらだたしげに椅子のなかで体をゆすりながら、小磯はとてもだめだと思った。会議がはじまって四十分になる。袋叩きに遭っているのも同じだ。所用を口実にして明日に継続しようと述べた。重苦しい沈黙のなか、かれが会議室を出て行った。梅津と及川も会議室を離れた。緒方も顔をこわばらせて席を立った。控え室に残った外相と陸海両相が顔を寄せ、なんとも無謀すぎる、審議継続の必要はないと語って、うなずきあった。

午後の閣議のあと、緒方は総理の部屋を訪ね、今夜の放送の打ち合わせをした。今日の正午、大本営の発表があり、三月十七日の夜半、硫黄島の総指揮官が総攻撃を敢行するとの電報をよせたあと、通信は杜絶したと伝え、硫黄島の守備隊が全滅したことを明らかにした。首相は午後七時に国民に奮起をうながす放送をすることにしている。

つづいて小磯と緒方との話は、午前中の会議のことになった。二人の憤りは重光に向けられた。

会議で重光は、南京駐在大使谷正之の意見書と書記官清水董三《とうぞう》の報告を読みあげた。二つともに繆斌とその工作は信用できないと批判したものだった。そして重光は、繆のような男が仕組んだ謀略的計画によって和平の目的は達成できないと説きたてたのだった。

小磯と緒方の会話はつぎのようなものになったのであろう。

〈だれも真剣でない。とりわけ悪いのは外務大臣だ。重光はこの半年、われわれの邪魔をしつづけてきた〉

〈国が破局の瀬戸際にあるにもかかわらず、外務大臣は自分の縄張りを守ることに汲々とし、自己保存のみを考え、なにやら一生懸命にやっているように見せかけているだけです。外務省の長老を顧問にして、ずらりと並べ、各部局員を動員し、いくつもの委員会をつくり、むやみと会議を開いている。ソ連との外交交渉をやると見せかけた。だが、やりはしなかった。なにもしていない。時間潰しをしているだけだ。そして重光は自分の無責任さにまったく気づいていない〉

〈重光をやめさせねばならない〉

〈だが、重光は内大臣と密接です。下手なことをすれば、前内閣の二の舞となる。岸信介をやめさせようとして、岸にごねられ、それを内大臣に利用されて、東条内閣は潰れてしまった。内府の了解を得ることが不可欠でしょう。だが、これが難しい〉

〈今夜の放送が終わったあと、内大臣と会おう。繆斌の問題は話さないで、根本の問題を説くことにしよう〉

〈私は米内海軍大臣に会い、繆斌工作を説いてみます。東久邇宮《ひがしくにのみや》から、内大臣、陸相、参謀総長を説得してもらうようにします〉

午後八時、小磯は赤坂新坂町にある木戸の私邸を訪ねた。

小磯は木戸に向かい、問題が三つあると言い、硫黄島を失い、敵の本土上陸が必至となった現在、このままの態勢では不充分だと語った。かれはつづけて、昨年七月の内閣発足にあたり、フィリピンで戦勢を決する計画をたてたが、これが実現せず、内閣の計画は大きく狂ってしまっていると述べた。第三に、人心がすでに内閣から離れているのだと言った。小磯はつづけ、この三つの理由から、議会終了後の適当な時機に、最高機関の強化を決意しなければならなくなっていると語った(28)。

最高機関をどのように強化するつもりか。小磯はそれについてはなにも語らなかった。だが、かれは匂わせることはした。

おそらく小磯は木戸に向かって、フィリピンの戦いに対する批判をもうすこし詳しく語ったのであろう。

〈昨年の七月、私は首相となって最初に軍首脳と話し合い、捷号《しょうごう》作戦に勝利を得て、和平を摑みたいと語って、かれらの了解を得た。

昨年の十月、敵軍がレイテ島に上陸した。軍部はレイテ島で決戦をおこなうと主張した。私は全国放送でレイテは天王山と強調し、天下分け目の決戦だと説き、国民の奮起を求めた。私は軍が要求する船舶の大増徴にも同意した。

ところが、軍はいつかレイテ決戦を打ち切ってしまった。私が不満を述べたところ、軍部は比島決戦には変わりがないと答え、ルソン島で決戦をやるのだと説明した。今年一月、敵軍はルソン島のリンガエン湾岸に上陸をはじめた。山下奉文《ともゆき》が率いるルソン軍はいっこうに決戦にたつ気配がなかった。

そこで二月中旬の最高戦争指導会議の席上、私は梅津参謀総長に向かって、どうして決戦をしないのかと迫った。ルソン作戦の実施は現地軍に任せていると参謀総長は答えた。いつのまにかルソン島の決戦はとりやめとなっていたのである。

首相と統帥部のあいだの意思の疎通がまったくない。首相はなにも知らない。これでは政府は重大な政策をたてることができません〉

小磯はこのように語って、陸軍大臣を兼任することが必要だと仄めかした。だが、外務大臣更迭の問題については、まったく触れなかった。ちょっとでも匂わせたら、木戸は警戒し、ガードを固めるだろう。今夜はここまでにしておこうと小磯は思った。

木戸のほうはどうだったのか。注意深く承った、だが、御返事を申し上げることはなにもないといった態度だった。首相が説くことは正しい。反対はできない。では、内閣を改造すれば、うまくいくのか。だめだ。小磯は指導力を欠いている。閣員のだれからも尊敬されていない。とりわけ、二宮治重を失ってから、ふらふらして、政治力の衰えが激しい。

小磯にはやめてもらうしかない。だが、私がそのための主導権をとりたくはない。倒閣は現内閣の関係者のだれかに任せたい。総理とやりあい、閣内不統一の責を負うてといった口上で、総理が退陣を決意するようにしむけてもらいたい。

木戸は小磯を送りだしたあと、こんなふうに考えているのである。

同じ今夜、三月二十一日のことだが、矢部貞治は日記をつけている。かれは四十三歳、東京帝大の政治学教授である。かれがかつて近衛文麿に協力し、新体制運動に参画したこと、海軍の政策立案に助言をしてきたことは、第1巻で述べた。

矢部の住まいも建物疎開の騒ぎに巻き込まれている。家は世田谷松原町二丁目にあり、京王線から近い。線路の両側が五十メートルの幅でひろげられることになり、矢部の隣近所は軒並み取り壊しの区画内に入ってしまい、かれの家が加わっている隣組も、戸数が減ってしまい、解散せざるをえなくなっている。

そして矢部のところでも、疎開をすることに決めている。矢部と母、一高に入学したばかりの長男の堯男と女学生の美智子が松原町に残り、妻の静子は下の子三人を連れて、鳥取の根雨《ねう》の兄の家へ疎開することに決めた。貞治は日記につぎのように記した。

「……転出証明書というものを区役所から漸《ようや》く貰って来たが、さて荷造りと切符と出発までが大変だ(29)」

切符は東亜交通公社に勤める友人に頼めばどうにかなるだろうと、かれは思っている。家財道具を送ることは諦めるしかない。衣類だけを託送小荷物にするつもりだ。だが、小荷物の持込み指定票をもらうためには二昼夜の行列に並ばねばならないと聞かされている。さてどうしたものかと、かれは思い悩んでいる。

亀井勝一郎も日記をつけている。

「彼岸、久しぶりにて砂糖なきおはぎを八つほど食う。……吉祥寺の町も物情騒然として、疎開の荷造りする人多し。荷物を地方へ運ぶ人、東京市内から荷物を運んで来る人、往来ともに激しく、結局出る人と入る人と平均して何事もないような感あり。面白きもの也。一種の流行にて、隣組で一軒動くや否や我も我もと動き、荷づくり、茶わん類の土埋め、右往左往、大変な混雑ぶり也。けだし古来の戦争みな然り、人間の実相なるべく、火宅無常の世とはよく言ったものである。……(30)」

かれと家族は井之頭公園に近い御殿山に住んでいる。公園内の赤松の梢を望むことができ、かれの家の裏庭にも二本の大きな赤松がそびえたっている。かれは六畳の書斎に坐って、仕事をしている。昨年二月に新潮社から「親鸞」をだした。

つづいて八月には「日本人の死」を、これも新潮社から刊行した。日本武尊《やまとたけるのみこと》から弟橘姫《おとたちばなひめ》、森鷗外、山本五十六まで二十一人の歴史上の人物の死を描いた。多くの若者たちがその本を読んだ。かれらが、青年がどのように死んだかを知ろうとしたのなら、その本は役に立たなかった。そのなかに花を盛りの青年の死はなかった。

歴史に残る若者の死がないわけではなかったが、勝一郎はそれらを選びだそうとしなかった。かれは若者の死を書くことがいやだったのである。そしてかれはいま聖徳太子伝を書いている。妻の斐子《あやこ》はつぎのような歌をつくった。

「乱れ世の人の悲願は昔にも太子伝書くひとのうち見ゆ(31)」

勝一郎は三十八歳だから、このさき召集令状がくるかもしれないが、兵隊検査は丙種だったから、いままでに召集されたことはない。妻の斐子と国民学校二年生の悠乃《ゆの》と昭和十八年に生まれた書彦《ふみひこ》の四人家族である。そして妻の両親がきている。二人は帰る家がない。斐子の生家でもある大塚坂下町の家は三月九日の夜に焼かれてしまった。

勝一郎は日記ではよそごとのように書いたが、疎開のことはかれの頭にたえずある。昨十九年十一月二十四日に空襲がはじまって以来、なんどか恐ろしい思いをしてきた。中島の武蔵製作所を狙いそこねた爆弾が明日にも頭上に落ちてくるかもしれない。家族を疎開させたいと考えつづけてきた。

かれ自身はここに残るしかないと思っている。書籍を移すすべがないからだ。妻の父も本を疎開することができなかった。糖業会社に勤めていた義父は本好きで、多くの本を持っていた。

木や瓦やガラスを焼き尽くすすさまじい音が消え、静かになったあとになっても、灰になったかのようにみえる本の山は、思いだしたようになんども炎をあげたのだと義父と義母はこもごも語ったのだった。勝一郎も書庫が灰になるのを覚悟している。だが、妻と子供を疎開させたい。

かれの郷里は函館である。母は早く死んだ。父にはずっと迷惑をかけつづけた。東大新人会への加入にはじまり、マルクス主義に傾倒していた時期、かれが捕らえられるたびに父は警察に貰い下げにきてくれ、起訴されてからは弁護士を頼み、かれら夫婦に生活費を送ってきてくれた。父は死んでしまった。そしてかれをかわいがってくれた祖母も亡くなった。家業を継いだのは末の弟である。函館に疎開する考えはない。

斐子は書彦を産んでから、ずっと体の具合が悪い。勝一郎は彼女には相談していないが、かれは高崎市に住む友人に手紙を書こうとしている。高崎市の郊外か、富岡の近くに、一室か二室を貸してくれる家はないだろうかと尋ねるつもりである。

小磯、内大臣の協力を得られず

二日あとになる。三月二十三日の夜、緒方竹虎は東久邇宮を訪ねた。緒方は繆斌工作のその後の経緯を説明した。二人のやりとりはつぎのようになったのであろう。

〈杉山元帥と梅津大将を再度説得しなければならないが、殿下からの口添えを重ねてお願いしたい〉

〈説いてみよう。だが、情勢がまことに悪い。陸軍省、参謀本部、省部ともに、今朝からはじまった沖縄への敵艦上機の大空襲でてんてこ舞いだ。敵機動部隊が兵員輸送の船団を伴っているのかどうかと気が気でない。また敵の来攻が予想外に早いので、九州の防衛を督促するのに大わらわだ。それにもうひとつ、陸海両軍を統合する問題がある。

いろいろと世論づくりをしてきたが、陸軍はいよいよ海軍に正式にもちだす肚《はら》だ。あれやこれやで陸軍の幹部は繆工作を真剣に考える余裕はない。だが、努力はしてみよう〉

〈なんといってもこの問題はお上の理解を得ることが大切ですが、そのためには内府を味方にひきいれなければなりません。だが、内大臣は重光と手を結んでいる。どうにかして内府の考えを変えさせなければなりません〉

〈木戸を呼んで話してみよう。繆斌と会うように勧めよう〉

三月二十四日、土曜日である。敵艦隊は沖縄の南の沖合いに姿を見せた。三十隻の敵艦船は沖縄本島最南端の喜屋《きやん》武崎と知念岬に艦砲射撃をはじめた。敵軍が沖縄に上陸を意図していることはいよいよ明白である。急がねばならぬと小磯は思った。

午後三時すぎ、小磯は木戸に電話をかけ、かれの在宅を確かめ、ただちに赤坂新坂町へ向かった。三日前の三月二十一日の話のつづきをするつもりだ。

木戸にどこまで語るか。木戸の出方しだいだが、小磯の考えははっきり決まっている。昭和十六年七月に近衛総理が、外務大臣の松岡洋右《ようすけ》を閣外に逐《お》った先例をまねるつもりである。

まずは総辞職し、つづいて大命再降下を仰ぐといった方式をとらねばならない。重光を閣外にほうりだし、あわせて何人かの閣僚を更迭して、大改造を断行するには、この方法しかない。

また、陸軍大臣を兼任するためには、現役復帰が不可欠である。だが、梅津や杉山がうなずく見込みはない。杉山や梅津に有無を言わせないためには、天皇の御言葉をいただかねばならない。米内光政が現役に復帰して、海軍大臣になった事例がある。難しいことではない。大命再降下になったときに、この問題は解決する。「陸軍大臣在官中特ニ現役ニ列セシム」の辞令をもらえばよい。これが木戸の邸に向かう小磯の考えである。

木戸の邸では、樺山愛輔が玄関をでようとしていた。樺山愛輔については第2巻で述べた。かれが昭和十八年十二月に木戸に会い、政府が牧野伸顕《のぶあき》を外交顧問にするように勧めたことは前に記した。

昨年も一回、樺山は木戸を訪ねた。六月だった。サイパンに敵が上陸する数日前のことで、東条を批判する声はまだ大きくなっていなかったが、だれもが不安を語るようになっていたときだった。

今日、樺山は木戸に向かって、沖縄の戦いについて尋ね、小磯内閣も長くないとの噂だがと語り、このさきのことを問うた。木戸はあいまいに答えたのであろう。電話で中座した木戸が戻ってきて、総理が来邸すると告げたので、樺山は席を立ったのである。

小磯は木戸に向かって、突然の来訪になったことを詫びた。そして、三日前の話のつづきを語りはじめた。内閣の大改造をやりたいと言った。だが、大命再降下の形をとり、内閣の大改造をやりたいのだとは言いだしかねた。大命再降下を考えているわけではないのだがと言葉を濁しながらも、自分が求めているものがなんであるかを相手に知らしめようとした。

木戸はそ知らぬ顔だった。総辞職・大命再降下の方式にはまったく触れなかった。内閣の大改造をやろうとすれば、閣僚中には、たとえば大達《おおだち》内務大臣のように好意をもっていない者もいるから、これに失敗すれば、野垂れ死にすることにもなりかねませんぞと言った[32]。

大達の名前がでて、小磯は瞬間戸惑ったにちがいない。

どうして木戸は大達茂雄の名をもちだしたのか。大達は寺内寿一と親しい。寺内元帥が総理になるのであれば、翰長《かんちょう》になって、犬馬の労をとるのだと語っているのだという。木戸もまた、寺内内閣の樹立を望んでいる。木戸は大達と組み、倒閣を企んでいるのだろうか。

いや、そうではなかろう。木戸は大達と組みはしない。広瀬久忠が大達と喧嘩したばかりだ。木戸は一の子分の広瀬をなおざりにして、大達と手を握るはずがない。木戸が大達の名前をだしたのは、例の一件をまだ根にもっているからだ。

小磯は木戸の顔を見ながら、こんな具合に考えたのであろう。ところで、例の一件とはどういうことなのか。

小磯は首相に就任して、田中武雄を内閣書記官長に据えた。田中が小磯の子分であることは、第2巻で述べた。小磯にひきあげられ、拓務次官をやったことはあったが、それ以前は長野県や朝鮮で警察畑をずっと歩き、中央とはまったく無縁であり、中央官庁の幹部たちに顔がきかなかった。小磯の威令が閣内にとどかないこともあって、なにかうまくいかないことがあれば、閣内の不満は田中に向けられ、仕事ができない、無能だと批判された。

とりわけ手厳しく田中を非難したのが、厚生大臣の広瀬久忠だった。やむをえず、小磯は田中をやめさせ、広瀬を内閣書記官長にした。そして小磯は広瀬の要求を容れ、かれを国務大臣兼任の内閣書記官長とした。広瀬を通じて、木戸との関係を強化しようと望んでのことだった。これが先月、二月十日のことである。

たしかに木戸は広瀬と昵懇《じっこん》である。つきあいのはじまりはゴルフ場だった。木戸が内大臣秘書官長、広瀬が内務省土木局長だったときのことである。ともに明治二十二年の生まれ、そのとき四十五歳だった。昭和十三年に厚生省が新設され、木戸が新大臣になったとき、かれは広瀬を次官にした。広瀬は内務省から優秀な若手を引き抜き、厚生省の骨格をつくった。つぎの平沼内閣で木戸が厚生大臣から内務大臣に横滑りしたとき、かれは次官の広瀬を大臣に推薦したのだった。広瀬はそのあと米内内閣の法制局長官をやり、小磯内閣でもういちど厚生大臣になったのである。

さて二月十日に内閣書記官長となった広瀬は、地方行政協議会長の任免権を内務大臣からとりあげ、内閣に移そうとした。

地方行政協議会長は、いうなれば大知事である。前にも述べたことだが、全国を六つに分け、六人の会長を置いている。会長には協議会の所在地の知事がなっている。

知事には内務省の中堅幹部を充てるのが通例だが、二年前に地方行政協議会長を兼任する知事を決めたときには、かつて大臣を経験したことのある大物をもってきた。それというのも、交通、通信が杜絶したときには、地方協議会長がブロック内の県知事たちに指揮命令できるようにしようという考えがあってのことだった。

広瀬がこの六人の大知事たちの任免権を内閣にもたせようとしたのは、首相小磯が望んでのことでもあった。だが、内務大臣の大達茂雄が広瀬のその申し入れをはねつけ、「検討も相談の余地もない」と一蹴した。知事は内務大臣の隷下におかれている。内務大臣のこの重大な権限を首相や書記官長に奪われてたまるかというわけだった。

小磯はたかをくくっていた。大達は怒るだろう、だが、かれが辞表をだして、そのいざこざは終わると思っていた。それは田中武雄の見通しだった。田中が北京で新民会の幹部だったとき、大達は北京の臨時政府の顧問だった。つづいて平沼内閣で、田中は小磯の下の拓務次官、大達は内務次官だった。そこで田中は大達の性格をよく知り、喧嘩早いが、さっぱりした性格だから、とことんまで争うことはしないと思ったのである。

小磯は大達が辞任するときめてかかり、大達の後任には読売新聞社長の正力松太郎をもってこようとして、ひそかに正力の意向を打診していた。

広瀬は重ねて大達を訪ね、首相の顔をたてて、妥協してくれと頼んだ。東大法学部では広瀬が大達の二年先輩、内務省入省も広瀬のほうがさきである。だが、大達は広瀬のたっての頼みを相手にしなかった。どうにもならなかった。閣議で決着をつけるしかなかった。広瀬と大達とのあいだで、火花を散らす論戦となった。

首相がとめに入った。かれは大達の肩をもった。広瀬は顔色を変え、首相を睨みすえた。その日、ただちに辞表をだした。書記官長となってわずか十日目、二月二十一日のことだった。小磯はしまったと思った。木戸を訪ね、広瀬を慰留してもらいたいと頼んだ。木戸は断った。怒りを抑えていたが、かれもまた堪忍袋の緒がきれんばかりだったのである。

これが一カ月前に起きた事件である。

小磯はこれはまずいぞと思った。私が広瀬久忠をかばわなかったことを、木戸はいまだに怒っているのだ。私が総辞職・大命再降下の方式を匂わせたにもかかわらず、木戸は内閣改造の話にすり替えた。しかも、それは難しいだろうと大達茂雄の名前をもちだす意地の悪さだ。攻め方を変えよう。正攻法でいくことにした。

「私の後任についてあれこれ考えるのに、忠誠心において真に信頼しえる人を物色することはすこぶる難しく思われます[33]」

小磯はつぎのように考えている。私がやめれば、陸軍は後任に梅津美治郎を推すだろう。だが、梅津ではだめだ。重臣会議で、近衛公と平沼男爵が反対する。梅津はけっして首相にはなれない。

では、海軍から首相候補がだせるか。私がやめれば、米内大将は私と一蓮托生だ。では、米内のほかにだれかいるのか。連合艦隊を失ってしまって、海軍から候補者がだせるはずはない。

ほかにだれかいるか。噂される名前は相変わらず宇垣一成大将と鈴木貫太郎大将である。宇垣大将では陸軍がうんと言うまい。木戸にしても、内心は反対であろう。耳の遠い、慶応生まれの鈴木大将ではしようがない。私のほかに総理たるべき者はいない。小磯はこう考えているのである。

真に忠誠心をもっているのは私だけだと真正面から小磯に言われ、木戸はぐっと詰まった。及ばずながらあとのことは考えていると言いはしたものの、実際には後継首相の準備はなにもしていない。寺内寿一元帥をぜひとも首相に望むといったムードをつくることを、まだやっていない。時間稼ぎをするしかあるまい。

「内閣進退の問題はいましばらく他人に話さず、二人だけで考えてみましょう」と木戸は小磯に言った。

「内大臣を替えろということか」

小磯は木戸の家をでた。車のなかで、かれは機嫌の悪い顔をし、顔の皺はぐっと深く刻まれたのである。

私の頼みに木戸はついに応じようとしなかった。今日だけではない。木戸はこれまでずっと私に嫌がらせをし、敵意さえ見せてきた。重慶との和平工作の妨害をしてきたのも、木戸である。宇垣大将の上奏を木戸は潰した。つづいて二宮治重を大東亜相にもってこようとしたとき、これを潰したのも木戸である。

宇垣一成の上奏とはこういうことだ。昨十九年十一月九日、小磯は天皇に向かって、宇垣一成大将の中国視察の報告を聞いていただきたいと述べた。天皇は即答しなかった。侍従長藤田尚徳を呼び、木戸の意向を尋ねてきてもらいたいと言った。

翌十一月十日の朝、藤田は木戸の私邸を訪ねた。木戸の次女笑子がその三日前に病死して、かれは家に籠っていた。宮廷に勤める者は、近親者の死にあたって服忌の期間が長く、そのあいだは自分の家に遠慮していなければならない。昭和に入って、服忌の期日はずっと縮められたが、それでもその慣習はまだ残っている。木戸は藤田に語った。

「侍従長、どうか、この問題は陛下からご返事をなさらず、ほっておいたほうがよいと思うので、その旨お伝え願いたい(34)」

そして木戸はつぎのようにつけ加えた。

「和平のことは、陛下がいちど、お言葉になさると重大な影響がある。慎重を要するから、いましばらく時期を選ぶべきでありましょう」

和平とはなんのことか。宇垣が中国視察の報告をするのであれば、和平とは重慶との和平のことのはずである。重慶との和平であれば、政府の既定方針がある。いちおう秘密となってはいるものの、あたりをはばかり、小声で語る問題ではない。天皇の耳に入れてもべつにどうということはなく、木戸の取越し苦労など必要はないはずであった。

木戸の考えはべつにあった。宇垣が小磯に頼まれ、南京、上海へ行き、帰国して、重慶との和平は可能だと説いていることを、木戸は承知していた。そして小磯が宇垣の上奏を利用し、かれの計画に反対する重光を抑えつけるつもりであることも、木戸にはわかっていた。木戸は小磯のその意図を潰し、重光を援護したのである。

宇垣は上奏できなかった。小磯は木戸が妨害したなと思った。十二月になって、小磯はべつの手を打とうとした。文部大臣の二宮治重を大東亜大臣にしようとした。重光の干渉を排し、重慶との和平工作を二宮にやらせようと考えてのことだった。

小磯は二宮と親しい。二宮はこの二月十七日に他界してしまっているのだから、親しかったというべきであろう。

小磯と二宮は陸軍士官学校で同期だった。この二人に杉山元と畑俊六を加えて、十二期の四人男といわれたことがあった。ところが、先頭を走ると思われていた二宮が昭和九年にいきなり予備役に編入されてしまった。明らかにはされなかったが、昭和六年三月の未発のクーデターに関係していたとみられたことが、かれの軍歴を師団長で終わらせたのだった。

それなら、ほんとうは小磯がいの一番に予備役にまわされて、当然なはずであった。いわゆる三月事件に加担し、宇垣大将擁立のクーデターのすべての秘密にタッチしていたのは、参謀次長の二宮ではなく、それこそ陰謀好きな軍務局長の小磯だったからである。小磯はそれが心のとがめになったのであろう。二宮と個人的な交際を深め、二人のあいだの友情はつづいた。

昨年七月、小磯は首相となって、二宮の手腕力量を借りようとした。二宮は満洲拓殖公社の総裁だった。二宮は文部大臣となり、この一月に病気になって辞任するまで、小磯を助けてきたのだった。

そこで昨年十二月のことに戻るが、小磯は二宮を大東亜大臣にしようとした。大東亜大臣を兼任している外務大臣の重光が、小磯の申し入れに首を横にふった。

昭和十七年に首相の東条が大東亜省をつくろうとしたとき、外務大臣だった東郷茂徳が激しく反対した。木戸は首相の側に立ち、東郷の耳に入るようにつぎのように言った。「外務大臣が反対をつづければ、内閣総辞職とならざるをえないが、このようなときに総辞職となることを天皇は望まれていない」こうして東郷が辞任し、大東亜省が誕生した。

東郷がやめたあと、谷正之《まさゆき》をはさみ、重光が外務大臣になった。木戸は重光とうまが合い、かれを信頼するようになった。昨年七月に東条内閣が倒れたあと、重光は外交一元化を唱え、大東亜大臣を兼任してしまった。木戸の支持があってのことだった。

小磯は二宮を大東亜大臣にしたいと望み、天皇の裁定を求めた。天皇は小磯に向かって、外交一元化の原則を尊重しなければならぬと告げた。またも木戸が差し出口をしたと小磯は怒った。

重慶との和平工作を妨害しただけではないと小磯は思っている。木戸はことごとに私の邪魔をし、掣肘《せいちゅう》を加えてきた。いましがた木戸は大達茂雄の名を口にして、嫌がらせを言った。大達に絡むごたごたも、その原因は広瀬久忠にあり、木戸にあるのだ。

広瀬久忠は厚生大臣だったときに、閣議のやりとり、政府部内の出来事を細大もらさず木戸に報告していた。小磯はこのように思っている。そして広瀬は内閣書記官長の田中武雄を非難しつづけた。やむをえず広瀬を国務大臣兼任の内閣書記官長とし、田中を厚生大臣とし、二人のポストを入れ替えようとした。

ところが、広瀬は自分の子分である次官の相川勝六を厚生大臣にしたいと身勝手な要求をした。やむをえず田中に因果をふくめ、広瀬の言い分をいれた。

内閣書記官長となった広瀬は、地方行政協議会長銓衡の実権を自分の手に握ろうとした。広瀬は内務省をでて、厚生省をつくったために、内務省幹部から憎まれている。そこで広瀬は大知事の任免権を手中に収め、内務省ＯＢに影響力をもとうとしたのだ。内務大臣が反対した。私が筋の通った裁定をくだした。ところが、広瀬は曲解し、逆に私を恨み、私に対する面当てに、内閣書記官長の椅子をほうりだすことになった。

そして小癪な広瀬は新聞記者に向かい、「私は辞表を提出した。しかしこれによって辞職するのは私ひとりでなく、内閣総辞職をきたすものだと思う」(35)と力瘤をいれてみせる有様だった。

広瀬は虎の威を借りてそんな不遜な態度をとったのだ。黒幕の木戸はばかなことをするなと広瀬をたしなめようとせず、それどころか、かげで広瀬をあおっていたのだ。広瀬が捨てぜりふを残してやめたあと、石渡荘太郎が大蔵大臣をやめ、内閣書記官長をかってでたのも、木戸一派の不遜きわまりない態度に憤慨したからだ。小磯はこのように考えている。

石渡は内閣書記官長となって、閣内の緊張状態を鎮静化した。このさき述べる機会もあろうが、石渡は率直であけすけな性格であり、飾るところがない。だれからも信頼され、内閣の車輪の軋みを抑える潤滑油的な存在である。

そこで小磯が石渡の顔を思い浮かべれば、かれの語った言葉が小磯の耳に聞こえてきたはずである。

二週間前の大空襲の夜のことだ。防空壕の一室で、小磯は石渡と話し合った。小食堂から階段を降り、官邸南側の庭園の地下に防空壕はある。二人の話題は内大臣のことになり、かれに対する批判となった。

石渡は東条内閣の末期に大蔵大臣だったから、その内閣を倒した木戸のやり口をよく知っている。それだけではない。それ以前に石渡は米内内閣で内閣書記官長だったから、そのときにも木戸が内閣を倒すのに手を貸した事実を知っている。

石渡は小磯に向かって言った。

「大体が木戸は東条内閣の奏薦者として責任をとるべきなのに、東条内閣の打倒の殊勲者然として自省するところがありません。しかもかれは寺内寿一内閣ができなかった腹いせもあって、この内閣に対しても辞めよといった態度をとってきています」

小磯はそのとき語った石渡の結びの言葉を忘れていない。

「内大臣を替えねば、歴代の内閣は迷惑するばかりです。陛下の信任のある木戸のことだから、下手なことはできないが、まことに困ったものです[36]」

小磯は赤坂乃木坂の木戸の邸から総理官邸へ戻る車のなかで、石渡荘太郎のその言葉を反芻したのであろう。執務室に坐って、なおしばらくかれは思案をつづけた。

議会の終了後に内閣大改造をおこなわねばならないと私は木戸に告げた。議会が終わるのは明日の日曜日であり、月曜日が閉院式だ。いましばらく二人だけで考えようと木戸は言った。木戸に返事を迫れば、大改造はうまくいかないだろうと同じような逃げ口上を言うつもりにちがいない。総辞職・大命再降下の方式でいこうとはけっして言わない。私に協力するつもりはまったくない。自分と仲間のことしか頭になく、危殆《きたい》に瀕《ひん》した日本のことを考えようとしない。体のなかに緊張感が張ってくるのを小磯は感じたであろう。

小磯は宮内省に電話をかけた。かれはふたたび官邸をでた。坂下門へ向かった。黒い冠木《かぶき》門から吹上御苑に入り、杉を交えた松林を抜け、車は御文庫《おぶんこ》に到着する。

かれは天皇に向かって、政務上奏をした。それが終わって、内閣の大改造をしなければならないとかれは言上した。三つの理由を挙げたのであろう。三日前に木戸に説いたのと同じ内容である。そして小磯は、大改造ができないならば、進退を考えねばなりませぬと申し述べた。

天皇は、内大臣と協議をしたのかと尋ねたにちがいない。小磯は、内大臣があいまいな態度をとりつづけているのだと答え、いまは一日として無為に過ごすことができない状態にございますと述べたのであろう。そしてつぎのようにつづけた。

「ことすこぶる重大な時局でもありますので、側近にはよほどしっかりした人物をお置き遊ばれることが望ましいと存じます(37)」

天皇は明らかに当惑した。内大臣の更迭を求めているのだ。かつて耳にしたことのない進言である。

じつはこの三月はじめに、木戸を更迭せよと大声をあげた者がいる。朝香宮《あさかのみや》である。だが、その声は天皇の耳には入っていなかったのであろう。

それはこういうことだ。陸海軍を合同することによって、海軍の軍需物資を放出させ、本土決戦の準備をしなければならぬと陸軍は考えている。これについては第2巻で述べた。市谷台の中堅幹部は軍事参議官の朝香宮をかれらの代弁者とした。五十七歳、陸軍大将の朝香宮はぜひとも陸海軍は合同しなければならぬと考えている。そして朝香宮は天皇が陸海軍合同の問題にさっぱり乗り気でない様子にいらだち、すべては木戸が悪いのだと思っている。

朝香宮は木戸を嫌っている。昨十九年九月、陸軍大臣の杉山元をやめさせねばならぬと木戸にねじ込み、木戸に逆襲をくったことがあるのは、第1巻で述べた。その恨みもある。この三月初め朝香宮は今度は杉山に向かって、木戸を激しく非難し、かれは天皇に陸海軍合同の必要性と緊急性を申し上げていないのだと言った。そしてかれは、木戸が近侍者としての補弼の責任をはたしていない、内大臣を更迭すべきだと息巻いたのである。

もっとも、天皇が朝香宮のその言葉を耳にしたとしても、それほど驚きはしなかったにちがいない。なにごとにつけ、むやみと騒ぎたてる朝香宮の性格は天皇がよく承知するところだからである。しかし、総理大臣が真っ正面から宮廷の最高責任者を批判し、その更迭を求めたとなれば、話はべつである。公職に就いているとはいっても、軍事参議官の閑職にある一皇族が陸軍大臣を相手に不平をこぼしたのとは、まるっきりちがう。

天皇は驚きを隠そうとして、深々と息を吸い込んだにちがいない。「それは具体的にいうと内大臣を替えろということか」

そうでございますと小磯が答えた。天皇は一言、二言語り、小磯の内奏は終わった。

内大臣秘書官長、松平康昌

翌三月二十五日、日曜日である。三月十日未明の空襲から二週間がたつ。東京中が引越しをしているようだとは、昨十九年十一月の末に空襲がはじまって、十二月に人びとが語った言葉だ。いまから考えれば、いささか早すぎた。東京中が引越し騒ぎのさなかにあるのはいまなのである。

徳川夢声の家では、明日の朝、夢声と子供たちが出発する。嫁にいった長女の俊子と赤ん坊、そして娘たちとはるかに年の離れたひとり息子の国民学校二年生の一雄が長野県上伊那郡の田畑村に向かう。夢声はつきそって行くことにしている。かれは日記に書いた。

「切符入る。やれやれこれで信州にやっと行ける訳だ。坊やが遠足にでも出かけるように浮々としている。あわれである。信州の味は一度しめているので、大変私たちも楽である。

晩餐の卓は、坊やの壮行会みたいなものだ。さて坊やが信州から帰れるのは何時の日のことか。多少の感慨に襲われつつ日本酒の盃を舐めた[38]」

矢部貞治は、日曜日の今日、いちども机に向かわなかった。家族の疎開が終わらなければ、気持ちが落ち着かないと自分に言い訳をした。かれは日記に記した。

「今位、そして疎開の件について位、政府の信用を失っていることはない。

隣りの原田さんでは九州に疎開するとて漸く昨日出発したら、夜の名古屋空襲で今日引返してきた由。時間と労働力の無駄だ[39]」

矢部貞治は日記をつけながら、今夜あたり空襲があるのではないかという考えがしつこく脳裡にまとわりついて離れない。敵は東京下町の焼き打ちの成功に味をしめ、夜間の焼夷弾攻撃をつづけてきている。名古屋を二回、大阪、神戸の町を一回ずつ襲った。今夜あたりは東京を狙おうとするのではないか。

平岡公威《きみたけ》も敵の攻撃の中絶を気味悪く思っている。かれは自分の不安な気持ちを三谷信に書き送った。公威が土曜通信と名づけたとおり、それを書いたのは昨夜の土曜日である。公威は群馬の小泉製作所に戻っていない。学校の授業がはじまるまで東京にとどまるつもりである。

「御葉書きょう頂戴しました。今の君の最大関心事は御家族の疎開のことと推察しますが、御安心あれ。僕が横からおすすめする迄もなく、この二十八日か九日に軽井沢へ御疎開の由。勿論そちらへも御報告が行っている事と思います。十日未明のヤツ以来、大きいのが絶えて来ず、もう二週間の余になります。こんなことは去年十一月以来あまりないことです。一寸キミがわるくもありますが、むこうも何か来られぬ事情があるのでしょう。

若菜は野火のもえつきたあとから萌えます。焼野はまた百花繚乱たる五月の約束でもあります。東京を焼きつつあるのは春の野火でありましょう。花の都はその野火のあとから、爛漫と咲きかおるであろうが、それにしても去年《こぞ》の花、去年の薔薇やすみれは、なかなか忘れがたいものではあります。下町一帯の焼失によって震災以来一脈保たれていた江戸文化の移り香は、二度と再びかえらないことでしょう。明治文化の名残も、近くは大正時代、昭和初年の浅草の雰囲気も再現するに由ないものとなりました。――加藤完治氏は戦後の東京の田園都市化を叫んでいるが、――今までの銀座が象徴していたような都会の幻影とそれへの憧憬はいつの世にも人の心を去らぬことと思います。『都会』とは真夏の寝苦しい夢のように、文化人をとらえてはなさぬ表象であって、田園の景慕は永久にその副次作用たるにすぎません。戦後の東京の花のごとくあらんことを祈ります。御身御大切に。草々(40)」

前情報局総裁の天羽《あもう》英二は赤坂青山南町の自宅にいる。かれの家では疎開するつもりはない。大空襲のあとの三月十二日、かれは妻の美代子、娘の広子、和子と相談して、疎開はしない、罹災したら、そのときには鎌倉の別荘へ移ることにしようと決めた。

今日は長男の大平が帰宅した。学徒出陣で昭和十八年十一月に召集された大平は二十三歳である。国府台、相模原と移って、いまは赤坂の陸軍中央通信調査部にいる。まずは安全なところでよかったと英二は安心している。かれの心配はこのところずっと微熱がつづいていることだ。一日四回の検温を日記に記すようにしている。

「三六・五　三六・九　三六・八　三六・七　身体依然調子不良　大平帰宅　庭前穴掘り　衣類其他地中埋蔵　暫く空襲はなし　沖縄に集中の為か(41)」

木戸幸一も今日の日曜日はずっと家にいた。じつは珍しい。空襲警報がでれば、休日でも出仕することになっているために、二月下旬からの毎日曜日、終日家にいたことはいちどもない。二月二十五日の日曜日には警報がでて、朝八時に出仕した。三月四日の日曜日にも朝八時すぎに家をでた。三月十一日の日曜日は午後一時半に警報発令になり、ただちに出勤した。

三月十八日には天皇の災害地巡幸のお伴をした。潮見橋、東陽公園、錦糸町、駒形橋を回った。恐ろしい光景だった。お上が感想をもらし、関東大震災の焼け跡は大きな建物がなかったせいか、それほどむごたらしいとは感じなかった。今度はビルの焼け跡が多くていちだんと胸が痛むと語った。

そして今日三月二十五日、かれが一日家にいるのは一カ月ぶりである。朝九時に秘書官長の松平康昌が来た。木戸が呼んだのである。木戸は松平に向かって、小磯首相が述べた話を語った。内閣大改造の問題は二人だけの秘密にしておこうと首相小磯に語ったのは木戸である。だが、木戸は松平には秘密にしておくつもりはない。木戸は重要な問題について松平の考えを尋ね、自分がやることは、すべてではないが、だいたいのことは松平に告げるようにしてきている。

松平康昌について述べておこう。

松平は木戸より四歳若く、五十一歳である。髪を真ん中できれいに分け、なかなかの美男子である。もっとも、美男子というのなら、かれの三番目の弟の康亀《やすひさ》が飛び抜けた美男子である。軽井沢のテニスコートで、かれがラケットを握れば、パビリオンの娘たちは胸をときめかせたものだった。もっとも、それも一昔前の話である。康亀は現在、召集されて鳥取県の境港にいる。

康昌のことに戻れば、かれは木戸と同じく侯爵だが、家格ははるかに高い。康昌は松平春嶽の曾孫であり、国持大名十八家のひとつ、越前松平家の正系である。かれの妻の綾子は公爵徳川家正の妹であり、長男の慶愛の妻は公爵徳川慶光の妹である。徳川家門第一の門閥であり、越前家と徳川家の縁組は昔から珍しいことではない。

そして康昌の一族は、三条、徳川、広橋、松平、戸田、伊達、三井、毛利といった爵位をもった上層家族と縁組をしており、その血縁をたどれば、その網の目は上層華族階級をあますところなくおおいつくす。

華族階級といったから、ついでに述べておけば、かれらは自分たちが他と区別された存在であるといった強い階級意識をもってはいるが、かれらはとっくに指導階級ではない。かれらの多くは貴族院に籍をおき、いくつかの社交ないし政治クラブに所属しているが、その多くは無気力であり、超然たる傍観者にとどまり、喋ればどこかピントのはずれた者もいる。

昨年秋のことになる。近衛が訪ねてきた明石元長男爵と話し合った。明石の父は陸軍大将、台湾総督をつとめ、大正八年に没した。貴族院の有爵議員の消極さぶりが話題になって、三十八歳の明石は言った。「戦後は華族も多くできる故、貴院改革を殊更せずとも、自然と貴院の質が向上する」(42)

華族階級のなかで重要政策の決定過程に加わっている者は、ほんのひとり、ふたりだ。実業界、軍人社会でも同じである。財閥の当主や大富豪はいても、一流会社の重役はいない。元帥となっている皇族はいるが、陸海軍の重要ポストをつぎつぎと占めてきた華族は数えるほどしかいない。

上級華族のなかで、政策決定の中枢にいたことがあり、いまもいるのは、第1巻で述べたとおり、近衛文麿と木戸幸一の二人だけである。

松平康昌は木戸の首席補佐官にすぎない。松平の支持者のなかには、木戸のあとを継いで、かれが内大臣になることを望む者もいる。家柄は申し分なく、知性があり、鋭敏である。だが、木戸がやめないかぎり、かれの出番はない。そして木戸がやめる気配はない。

内大臣秘書官長の重要な仕事は、情報の収集である。これまで見てきたとおり、内大臣は内閣の存続、内閣の退陣に大きな影響力をもち、内閣退陣のあとの後継首班の選定に、これまた大きな発言権をもっている。その内大臣を補佐する秘書官長の役目は、議会や世論の動きに強い関心を払い、政府各部門をつねに新鮮な目で眺め、集めた情報を内大臣に伝え、かれが完全に事態を掌握できるように努めることだ。

松平の情報網は木戸のそれよりずっと広い。ときには暗殺を企む過激な男と会い、山師とも接触する。木戸も怪しげな男と会わないわけではない。このさき述べる機会もあろうが、ずっと裏街道を歩いてきた男を情報係にして、定期的に会っている。

それでも、それは例外で、木戸は曰《いわ》くのあるような男とは会わないようにしている。知らない人とはまず会わない。内大臣の権威のある椅子に坐っているからだが、ほんとうは人嫌いなのであり、尊大に見えるのは、生来の人見知りのためであり、はじめての人に会うのは億劫なのである。

松平は数多くの助言者をかかえ、広い交友網をもつ。政財界、新聞界のさまざまなサークルに顔をだす。各省の中堅幹部、政策グループとも接触がある。高木惣吉、加瀬俊一、松谷誠とも連絡をとっている。かれらが戦争終結の方法を探ってきていることは、第1巻で述べた。

その加瀬に頼まれてのことだが、松平は三年会の集まりで話をしたこともある。三月七日に開かれた第五回の定例会で、田中耕太郎、山本有三、志賀直哉らに向かって、松平は現状を語り、将来の予測をして、いささか月並みな話をした。松平が述べたことを、メンバーのひとり富塚清が、日記につぎのように記した。

「今後の方針として『日本は、米ソの間にはさまって、工業力や武力では競争ができない。で、農と、軽工業とで立つべきではないか。その方に目を向けて行くのが、生きる道ではないでしょうか』と」[43]

松平の広い交友網のなかで、かれがいちばん親しくしているのは福井県出身者である。重臣のひとり、元首相の岡田啓介は福井出身であり、松平とかれの紐帯は強い。岡田だけではない。松平は福井県人会の会長である。福井生まれのおもだった官吏、成功した会社の重役、高級軍人、県内の役人、議員、校長、地場産業の役員たちにとって、かれは昔ながらの殿様である。

こうして松平は多くの人から情報を集め、今後の見通しをたて、それらを木戸の耳に入れてきた。だが、松平は木戸の子分ではない。かれは内大臣に盲目的に従ってきたわけではない。木戸がやろうとしたことを、松平はそっと背後にまわって潰してしまったこともある。

昨十九年七月のことだ。松平は首相東条の懐刀である赤松貞雄に向かって、内大臣と岸信介がひそかに会ったと語り、その協議の具体的内容を告げた[44]。木戸が東条内閣を倒そうとして、岸に協力を求めたという事実を知らせたのである。

どうして松平は赤松にそんなことを喋ったのか。それを語る前に、松平と赤松の関係について述べておこう。

松平は赤松と親しい。もっとも、赤松が首相秘書官となってからはじまった交際であり、互いに情報を交換し、相互に利益があってのつきあいだった。それでもけっこう気が合い、すぐに親密な仲になり、二人は新橋の料亭でよく飲んだ。利用したのは、松平お気に入りの築地の山口だった。

余計な話をつけ加えておけば、憲兵隊はずっと以前から山口に出入りする客のリストをつくってきていた。高級官吏、政党政治家、高級将官、財界人のだれとだれが酒を飲んだのかを知れば、かれらの会話を耳にすることができなくても、どのようなグループが存在し、それがどのような性格の集まりなのか、およその見当がつくからである。

憲兵隊は、山口だけでなく、瓢亭、金田中、新喜楽、星ヶ岡茶寮、どこにも情報網を張りめぐらしている。つけ加えるなら、これら高級料亭は昨年の二月に閉鎖されたが、やがて政府機関、大会社の寮となり、今はやり言葉となっている「分室」に化け、商売をつづけてきている。もちろん、このさき焼けてしまうまでのことだ。

そこでその憲兵隊のリストの使われ方だが、赤松が毎晩のように新橋で遊んでいるといった話は、東京憲兵隊長の四方諒二《しかたりょうじ》の妻から首相東条の妻に伝えられ、東条からは深く信頼されている赤松だったが、東条夫人からは落第点をつけられることになったのである。

内大臣と国務大臣の岸が倒閣のための協議をしたと松平が赤松に語った話に戻る。

木戸は自分のしていることが東条の耳に入ってもいいと思っていたのか。そんなことはなかった。内大臣の力をもってしても、東条内閣を支えることができないといったことにしたかった。内大臣が先頭に立って東条内閣を倒そうとしているのだと暴露されるのは、木戸が望むところからはるかに遠いことのはずであった。

内大臣が岸を使って倒閣しようとしているとリークしたのは、秘書官長の松平が自分の考えでやったことだった。では、松平は東条内閣の存続を望んでいたのか。政府側に対応策をとらせようとしたのか。

そのとき起きていたことを述べておこう。

連合艦隊は敗退してしまい、サイパン島は見放すほかになくなってしまったときだった。そうした情報を聞き知った人びとの胸中には、日本は負けるのではないかという不安が湧き起こり、筋道をたてて考える余裕もないまま、近衛の勢力、少なからぬ国会議員、海軍省の中堅幹部、新聞記者たちまでが、東条内閣に反対の声をあげるようになった。

木戸は決意した。東条を突き放そうとした。木戸は東条に向かって、大臣と総長を分離するように求め、海軍大臣の更迭、軍需大臣を専任とすること、そして重臣を入閣させるようにと要求した。要求といった形をとってはいたが、東条がしてきたことのすべてを批判したものであったから、木戸はまちがいなく東条が辞任するとみたのである。

はたして東条は総辞職を決意した。ところが、かれの部下の陸軍次官、参謀次長、軍務局長らがかれにやめないようにと強く求めた。東条も考え直した。内大臣の要求に従うことにした。

東条は参謀総長の兼任をやめ、参謀総長に梅津美治郎をもってきた。嶋田繁太郎は海軍大臣をやめ、呉鎮守府司令長官の長谷川清を後任に据えた。軍需大臣には国務大臣の藤原銀次郎になってもらおうとした。重臣二人、阿部信行と米内光政を国務大臣にしようとした。

木戸は東条からその計画を聞いて、狼狽した。統帥部の新陣容が決まり、内閣改造が終わってしまえば、それで東条は公約を果たしたことになり、内閣は存続することになってしまう。東条を非難し、東条を退陣させよと叫んでいた人びとは、ふりあげた拳を私に向けるだろう。東条を首相にして、ずっと東条と馴れ合ってきたのは木戸なのだ。そして木戸は東条をいまも支えつづけている。こんな悪罵の声が一挙に高まるだろう。木戸はこうなることを恐れた。

かれは岸信介とひそかに会い、東条からやめてくれと言われても、やめるな、居坐ってくれと言った。岸が単独辞職に応じないなら、東条の公約は反古《ほご》となり、かれは総辞職せざるをえなくなるからだった。

国務大臣の椅子は四つと定められている。そのとき国務大臣は大麻唯男《おおあさただお》、後藤文夫、藤原銀次郎、それに岸信介の四人だった。藤原には軍需大臣になってもらう考えだったから、国務大臣の椅子はひとつ空く。大麻と後藤は議会の代表だからどちらもやめさせることができない。そこで岸にやめてもらって、国務大臣のポストをもうひとつ空ける。これが東条と部下たちの考えたことであり、木戸も知っていたことだった。そこで岸がやめないとがんばれば、阿部信行と米内光政のどちらかを坐らせる椅子がなくなる。木戸が倒閣のためにやろうとしたのはこういうことだった。

　ところで、戦局の急転悪化を利用し、東条内閣を倒そうとして、すべての糸を引っ張っていたのは、近衛文麿と岡田啓介の二人だった。かれらは松平康昌から木戸のその計画を聞いた。岸はがんばりきれるのか。だいたいが岸にがんばる意思があるのか。かれらは岸を疑い、結局は辞任してしまうだろうと思った。米内に入閣を断らせ、東条を行き詰まらせようとした。だが、米内には入閣を断るための大義名分がなかった。

　そこで米内が国務大臣就任を承認してしまう前に、重臣会議を開き、人心を新たにすることが望ましい、一部の改造のごときではなにもならぬとの総意をまとめ、天皇の耳に入れることにした。七人の重臣のうち、阿部信行は内閣更迭に反対し、広田弘毅は賛否の言明を避け、かれら二人と米内光政はなんのために会議を開いたのか、会議が終わっても知らなかったのだが、そんなことはまったくおかまいなしだった。重臣の総意なるものは、はじめから決まっていた。岡田は木戸の手を通じて、それを上奏した。

　そこで松平康昌がやったことに戻る。なぜ、かれは東条の秘書官の赤松貞雄に向かい、木戸と岸がやろうとしていたことを告げたのか。岡田啓介が先頭に立ってやろうとしている倒閣工作を目だたないようにさせようとしてのことだったのか。そして、陸軍の怒りがもっぱら岸と木戸に向かうように仕向けたのか。

　松平の狙いはそこにあったのかもしれない。だが、かれの意図はそれだけではなかったのである。

松平は赤松に向かって、木戸と岸の陰謀の話をし終えて、赤松からの質問を予期していたはずであった。いったい、内大臣は東条内閣を倒して、後継内閣首班にだれを推そうとしているのか。それに答えて、松平はもうすこし喋ったのであろう。内大臣は後継首班に寺内寿一元帥を推す考えのようだ。松平はこう語ったのである。

東条と寺内はたいへんに仲が悪い。そのことについては松平が知り、赤松が承知し、だれもが知っている。父親の代からの確執があって、二人はあんなに嫌い合うのだろうと言う者さえいる。

木戸と岸が倒閣を企て、しかもその二人が寺内内閣の樹立を意図しているという情報が東条の耳に入れば、かれがなにをするかはわかりきっている。いよいよ総辞職となってしまったら、東条は寺内を首相にさせまいとするだろう。前線にいる司令官だからだめだと言えば、それまでである。

松平は寺内内閣をつくらせまいとしていたのである。それだからこそ、松平は赤松に向かって、木戸と岸がやろうとしていることを喋ったのにちがいない。では、松平は寺内を嫌って、そんなことをしたのか。そうではなかった。

康昌は、長州人がひそかに組み、かれらだけのインナー・サークルをつくるのを警戒したのであろう。松平春嶽の曾孫であれば、当然ながらかれはそんな警戒心をもっているはずである。

康昌は曾祖父を尊敬している。春嶽は没後、明治二十四年に佐佳枝廼社《さかえのやしろ》に合祀されている。ところが、康昌は春嶽公を祀る神社を新たにつくることにした。福井市の御屋形町に福井神社をつくり、春嶽公の分霊を祀った。昭和十八年九月のことである。

康昌は曾祖父のどういうところを尊敬しているのであろうか。明治維新をなしとげたのは、西郷隆盛、木戸孝允《たかよし》、大久保利通《としみち》の三人の力だとは、だれもが言うことだ。そうかもしれない。だが、曾祖父の存在があってこそ、大きな混乱がなく、もっとも少ない犠牲で徳川から明治への転換ができたのだ。康昌はこのように思っているにちがいない。

安政から文久、慶応まで、春嶽が政治活動をつづけたあいだ、かれは一貫して開国路線を主張した。そしてかれは勤王家だった。無知と頑迷、駈け引きとマキャベリズムが渦巻いているさなか、ずっと開国を説き、皇室への尊崇心をもっていた人物は数少なかった。大々名ではかれひとりといってよかった。

ある者は本心を隠し、べつの者はころりと主義主張を変え、味方が敵になり、敵が味方に変身する複雑、険悪な状況のなかで、春嶽公がいちばん警戒していたのは長州の活動家の一群だった。康昌はこのように思い、つぎのように考えているのではなかったか。

長州の連中は鎖国を説き、攘夷を叫んで、幕府を追い詰めようとした。開国を主張する春嶽を朝敵と非難し、攻撃目標ともしたのである。すべては革命的な状況を醸成しようと望んでのことだった。そして長州自身は、攘夷の戦いをやって、たちまち負けてしまい、慌てて休戦を申し入れたばかりか、ひそかに下関を開港したいと言いだすでたらめさ加減だった。

康昌は考えていよう。大政奉還と王政復古を成功させたのは、偽善者の謀略や、巧みな演技者の虚勢や威しではなく、終始一貫その主張を変えなかった曾祖父の熱意と誠実さ、「私に才略なく、私に奇なし」と唱った曾祖父の真正面からの説得の力があってのことだったのだ。

そして康昌が長州人のグループに抱いている警戒心は、かれ自身の経験が加わってのことにちがいない。長州人の秘密の集まりがあって、かれらの決めたことが国を断崖に導いてしまったのだとかれは思っているであろうからである。

昭和十五年に木戸は内大臣に就任した。対米戦がはじまるまで、木戸は二人の長州人と定期的に会合を開いていた。二人の長州人とは、第1巻で述べたとおり、鮎川義介と伊藤文吉である。情報通が疑ったとおり、松平もまた、鮎川と伊藤の助言があって、木戸は昭和十六年に東条英機を首相にしたのだと思っていよう。

そして康昌はつぎのように考えているのではないか。内大臣のインナー・サークルのメンバーは、アメリカとの戦争を回避しようとして、東条を首相に選んだ。そんなことを内大臣は言った。ほんとうはそうではなかったのではないか。起こるかもしれない戦争に備え、東条を首相に選んだのではなかったか。それだからこそ、戦争を引き寄せてしまったのだ。

こうしたわけで、康昌は長州人がひそかに組んでやることに強い不信感と警戒心を抱いてきたのであろう。それだからこそ、昨年の七月、松平は、二人の長州人がもうひとりの長州人を首相にしようとした計画を潰してしまおうとして、赤松に向かい、内大臣と岸が倒閣を企んでいると語り、かれらは寺内元帥を後継首相に推そうとしていると告げたのではなかったか。

はたして東条は木戸の裏切りに怒った。どうにもならず、総辞職をすることになった。だが、参謀総長を正式辞任する一時間前のかれは拒否権をふるった。南方軍の総司令官の寺内の更迭をしてはならないと侍従武官に伝えた。天皇はうなずき、木戸の寺内内閣樹立の夢は消えてしまった。

さて、今日、三月二十五日のことに戻る。

松平は木戸の話を聞き、かれが小磯の内閣大改造の計画に協力するつもりのないことを確認した。では、小磯内閣退陣のあと、だれを後継首相にするつもりなのか。今度こそ寺内寿一をと考えているのであろうか。木戸はなにも言わなかった。

松平は、岡田啓介とともに、ひそかにつぎの首相に枢密院議長の鈴木貫太郎を推そうとしている。そこで、集まりがあれば、それとなく、鈴木のことを話題にし、鈴木の売り込みを図り、まだまだ気力もあれば、体力もある、頭の回転も以前と変わりない、耳がすこし遠いだけだと語ってきている。

だが、小磯内閣はまだ倒れないだろうと松平は考えている。だれもが小磯内閣は明日にも潰れるようなことを言ってきてはいる。三月十日の大空襲、そして疎開騒ぎがはじまって、政府に対する信頼感は地に堕《お》ち、小磯の評価はいよいよ低い。それでも小磯内閣はまだしばらくつづくだろう。

松平、そして木戸も、このように考えている。

木戸家の疎開

今日、木戸の邸には、松平康昌が来ただけだった。明日、三月二十六日には、和田の夫婦と児玉常雄・八重子の夫婦が来る。母が疎開するので、ささやかな送別会を開く予定だ。

母の寿栄子は明治四年の生まれ、七十四歳である。幸一、和田小六、児玉八重子の母である。寿栄子は山尾庸三の娘である。庸三は文久三年に横浜からひそかに英国へ留学し、帰国して、工部省、工部学校をつくったことは、第1巻で述べた。寿栄子は東京生まれ、品川御殿山の育ちだが、父の庸三は長州出身であり、孝允と親しかったことも、前に語った。

幸一の代になっても、結婚の相手は長州人である。幸一と弟、妹たちは同じ社会的地位の長州人の娘や息子を選び、互いの家系の基礎を強化し、同族恭敬の情を強めようとしてきた。幸一の妻の鶴子は児玉源太郎の娘である。源太郎は周防《すおう》の国、徳山藩の出身だった。周防はかつては大毛利の領域であり、周防、長門はあわせて防長と呼ばれ、周防出身者は当然ながら長閥の成員である。

源太郎は慶応・明治初年の戦いに参加したことにはじまって、明治陸軍の指導者となり、日露戦争では満洲軍総参謀長だった。戦いが終わったあと、明治三十九年に没した。かれの死を聞き、大将の前に大将なく、大将のあとに大将なしと嘆じたのは新渡戸稲造だった。

明日招く児玉常雄は源太郎の四男であり、鶴子の兄である。かれは大佐で現役を退き、そのあと満洲航空の社長、つづいて中華航空の総裁となり、昭和十八年からは日本航空の総裁である。

陸軍航空の草分けであり、航空に縁があったから、国策航空会社のボスとなっているのだが、なんといっても内大臣木戸の個人的影響力があってのことなのである。幸一は妹、八重子のつれあいの常雄と親しい。

ついでにいえば、鶴子、常雄のいちばん上の兄が児玉秀雄である。父源太郎の勲功によって伯爵の称号を授けられている。寺内正毅が首相だったときに、かれは書記官長をやったことがある。そのあと満洲の関東州や朝鮮の高官を歴任し、岡田内閣の拓務大臣となり、昭和十五年には米内内閣の内務大臣となった。

もっとも児玉秀雄の世間の評価はそれほど高くはない。政治評論家の山浦貫一がかれを評し、自分で思っているほどの大物ではない、木戸の身代り入閣だと述べたことがある。

じつをいえば、児玉秀雄は現在も国務大臣である。木戸とのあいだに友好関係をつくろうとして、首相となった小磯がやったことなのである。だがほんとうは、木戸と児玉秀雄との仲はそれほどよくはない。当たり前だろう。木戸より十三歳年上、六十八歳の秀雄にとって、木戸系の一員だと言われておもしろいはずがない。

つけ加えるなら、児玉秀雄の妻のサクは寺内寿一の妹である。寺内は伯爵、かれもまた長州人であることはすでになんどか述べた。寿一の父の正毅は大正八年に没したが、かれがもっとも親しくしていたのは児玉源太郎だった。ともに嘉永五年二月生まれの二人は、明治陸軍が大きくなるとともに出世し、寺内が参謀総長のときに、児玉は陸軍大臣だった。

もうひとつつけ加えておこう。幸一の弟、小六の妻の春子は吉川《きつかわ》重吉の娘である。旧周防国岩国藩主の一族である。防長人だ。現在、吉川家を継いでいるのは、春子の弟、四十三歳になる重国である。宮内省の役人であり、式部官だ。男爵である。

木戸家の疎開のことに戻れば、木戸の親類のなかでいちばん最初に疎開したのは、幸一の叔母である。母の妹の広沢亀子である。目黒区鷹番《たかばん》町に住んでいたが、昨十九年八月末に岡崎へ疎開した。

六十一歳になる亀子の夫はすでに死亡した。広沢金次郎である。金次郎の父が広沢真臣《さねおみ》である。真臣は長州藩士であり、孝允とともに活躍した。長州から出兵上京し、明治元年の明治天皇の東京行幸に従った。新政府の参議となったが、明治四年に暗殺された。広沢家を継いでいるのは、金次郎の長男の真吾である。海軍軍人であり、四十六歳だ。現在、サイゴンにいる。伯爵を襲爵している。

その叔母のお別れ会を開いたのが一族の疎開の最初だった。この三月五日には幸一の妹の送別会を開いた。木戸のすぐ下の妹の時乗《ときのり》治子である。山口県に疎開することになった。児玉常雄・八重子夫婦、和田夫婦が木戸の家に集まった。翌日、幸一は妹の一行を東京駅に見送った。治子は五十三歳、夫の寿は昨年四月に他界していた。陸軍中将だった。

木戸の家でも、どこへ疎開するかを話し合ってきた。逗子へ移るのがいちばんではないかという話もでたにちがいない。逗子には別荘がある。

別荘は逗子の新宿の海岸にある。海に向かって、別荘の右隣にあるのがなぎさホテルである。かつて週末には、英国やドイツの大使館員が逗留したものだった。

余計な話をすれば、そのホテルは大震災のあとに岩下家一《かいち》が建てた。スイスでホテルの経営を学んだかれは、レマン湖畔にあるようなリゾート・ホテルを建てたいと願ってのことだった。岩下は子爵である。祖父の岩下方平が鹿児島藩士だった。文久二年の生麦事件のあと、かれは正使として英国公使と交渉したことがあり、慶応年間には、西郷隆盛、大久保利通とともに京都、大阪で活躍、奔走した。木戸孝允は岩下方平をよく知っていた。

なぎさホテルの岩下だけではない。松林のあいだ、砂丘に建てられた洋館の住人のなかには、かれらの父の代、祖父の代に木戸の祖父とかかわりをもった者が何人もいる。木戸の別荘の左手のさきには周布《すぶ》家の広い別荘がある。明治三十年代に神奈川県知事だった周布公平が建てた。

萩からでてきたばかりの年若い公平の面倒をみたのが孝允である。かれは公平の父の政之助《まさのすけ》と親しかった。元治元年に政之助は自殺した。幕府軍との戦いを回避しようとする恭順派の主張が通ったことに責任を痛感してのことだった。京都での蜂起に失敗して、孝允は京都を脱出し、但馬《たじま》に潜んでいたときのことだった。

周布家の当主は公平の長男の兼道である。男爵であり、六十三歳だ。貴族院議員である。会えば挨拶はするが、木戸と周布とのあいだに互いの往き来はない。

木戸の別荘の左隣には大倉喜七郎の別荘がある。六十二歳になる喜七郎は大倉組頭取であり、大倉財閥の総帥である。幸一の祖父は喜七郎の父の喜八郎とパリ、ローマのホテルでしばらくのあいだ一緒だったことがある。

明治五年に孝允がヨーロッパを巡遊していたときのことだ。孝允は不眠症だった。だれもが眠くなって引き下がると、大倉を呼べと命じ、夜明けまで孝允はかれを話し相手にさせたのだった。帰国して、孝允は喜八郎が「大倉コンパニー」をつくるのを助けてやった。

大倉組といえば、じつは大倉組の副頭取だった門野重三郎が木戸の別荘の前の持ち主なのである。木戸家は昭和六年からその別荘を借りていたのだが、昭和十一年に買い取った。

門野重三郎は慶応三年の生まれ、七十七歳である。現在は小田原の別邸に隠棲しているが、数年前までは現役だった。

かれは三田で福沢諭吉に学び、そのあと東京帝国大学をでた工学士だった。山陽鉄道、つづいては大倉組のロンドン支店に十年間勤め、大倉喜八郎に見込まれて、明治四十年に副頭取に就任した。目から鼻へ抜ける商売人と想像する人もいようが、そんなところはみじんもない。正直で、人に好かれる性格なのである。多くの会社の重役となり、財界活動もして、明治からの財界指導者のだれをも知っていたし、第一次大戦あとのゼノア会議にはじまり、多くの国際会議に随員、顧問として出席した。木戸とは、この十年のあいだ、年に一、二回はかならず会っている。

三重県鳥羽出身の門野家は孝允とはなんの関係もない。門野は赤坂新坂町の木戸の邸の隣に邸をかまえている。つきあいは門野の妻と木戸の妻とのあいだではじまったのである。木戸は門野から逗子の別荘を譲ってもらった翌年、もうひとつ頼みごとをした。門野の邸内へ抜けるトンネルをつくらせてもらうことだった。昭和十二年の末にその秘密のトンネルは完成したが、今日まで使ったことはない。

それでも昭和十六年の夏には、木戸がひとり執務室にこもれば、トンネルの存在がかれの脳裡をかすめたことがあったはずである。そのとき木戸が懸念していたのは、近衛の中国からの撤兵の主張であり、かれの頂上会談の計画だった。近衛がアラスカへ行き、ルーズベルトに譲歩して、中国からの撤兵を約束したりしようものなら、焼けただれるような憎しみの感情が沸騰し、流血騒ぎが起き、国は内乱の瀬戸際までいくかもしれないと木戸は恐れたのである。

木戸は胸中のその大きな不安を口にはださなかったが、その恐怖感があったからこそ、近衛に向かって、臥薪嘗胆策《がしんしようたん》をとるように勧めたのである。これらのことは第1巻で述べた。近衛が退陣し、中国撤兵案も葬られてしまえば、木戸の頭から臥薪嘗胆策は消えてしまった。トンネルの奥の闇がかれの脳裡に浮かぶこともなくなったはずであった。

かれがふたたびトンネルの存在を思いだすようになったのは、それから二年あと、昭和十八年の夏になってであろう。私はたいへんなことをしてしまった、日本は負けるのかもしれないと思い悩むようになったときである。極度の精神的圧迫を感じ、眠れない夜がつづいて、トンネルへ向かう暗闇の階段を手探りで降りていく自分の後ろ姿をスローモーションで見たこともあったにちがいない。

そしていま、トンネル内の壁につかまりながら、小走りに走ることはとうとうなしに終わるとかれは思っていよう。敵の手で邸を焼かれてしまうのがさきになると、かれは覚悟を決めているにちがいないからだ。

逗子の別荘のことに戻れば、以前には、木戸家の子供は夏休みにはきまって逗子で過ごしたものだった。幸一はクラブの理事を仰せつかっていたから、一夏に二、三度は逗子へ行くことにしていた。クラブとはシングル・スカルの同好会だった。別荘の子供たちから大人までがスカルを漕ぐのに熱中した。スカルはテムズ川の本場仕込みの東龍《あずま》太郎が先生だった。かれは東京帝大医学部の教授である。

幸一は自分で漕いでみようとスカルを持ちだしたことがあった。その軽いスカルを抱え、二本の小さなオールを持つと、かけ声とともにクルーたちとボートを高々と持ちあげ、川べりに降りていった昔を思いだした。そしてスターターが赤い旗を振りおろしたときの緊張の瞬間が記憶によみがえり、コックスのかれがクルーに向かって、声を限りに叫んだ少年時代の日々が思い浮かんだのである。

レガッタの日には、木戸の別荘の二階のベランダが見物席となった。次女の笑子の黄色いスカルがスタートラインについたときには、かれの握ったてのひらはじっとりと汗ばんだ。翌月曜日の朝、子供たちが漕いでいるスカルの群れを眺めながら、かれは逗子駅へ向かった。そして笑子が勝ったことを、かれは前日の日記に忘れずに記した。笑子は昨年十一月に夫と子供を残し、他界した。

昭和十六年に別荘を増築した。幸一はそのときに行ったきりで、それから今日まで逗子へ行ったことはないが、妻や娘たちは夏冬かかわりなくでかけている。逗子への疎開なら、気軽に東京へでてこられるから都合がいいとは、家族のだれもが考えたことだった。だが、逗子は安全であろうか。敵は相模湾に上陸するのではないか。もっとも、それを恐れるのなら、大磯に住んでいる和子のことを心配しなければならない。和子は木戸家の三女であり、結婚してそこに住んでいる。

相模湾に敵が上陸するときまで、戦争を継続することなどあろうはずがない。木戸は自分にそう言いきかせたのであろう。心配することは、空襲の危険があるかないかということだ。海岸の別荘のいくつかは、横須賀や追浜《おっぱま》に通う工員の宿舎となり、なぎさホテルと養神亭は水交社の分室となり、海軍士官が出入りしている。

そんなことは問題ではないが、不安なのは海軍の弾薬庫があることだ。別荘から二キロほど奥の池子《いけご》の田圃が埋め立てられ、弾薬庫の建設がはじまったのは、昭和十二年のことである。弾薬庫はそれ以来、年々拡張をつづけている。

逗子線の神武寺《じんむじ》駅から引き込み線が三百ヘクタールの広さのある弾薬庫の構内に入っている。八つ手の葉のようにひろがっている谷戸《やと》のひとつひとつに瓦葺きの作業所があり、ベトンで固めた崖に二重の鉄扉があって、地下トンネル内が航空機用爆弾の倉庫となっている。昭和十八年に逗子町が横須賀市に編入されたのも、その巨大な弾薬庫があることから、横須賀鎮守府が望んだのだった。

池子に弾薬庫があることは敵側も承知していよう。敵は池子を爆撃しようとするにちがいない。敵機はそこらじゅうに爆弾を落とすだろう。木戸家ではこんな話し合いがあって、逗子への疎開はやめにしようということになったのであろう。

木戸の家で真剣に疎開の相談をしたのは、三月十二日である。次男の孝彦が帰ってきて、疎開を急がねばならない、嫂《あによめ》と小さな子供は一日も早く疎開する必要があると説いた。孝彦は二十二歳である。召集されているが、経理部にいて、時間もあり、融通もきくから、しょっちゅう赤坂新坂町の家に立ち寄っている。かれの兄の孝澄は二十七歳、日本銀行に勤めていたが、海軍に召集されている。昨十九年九月に築地の経理学校に入学した。主計科士官を養成するためのいわゆる短現の十二期生である。来月には卒業の予定だが、休みはなく、今年になってからはいちども帰ってこない。妻の舒子《のぶこ》とのあいだには二人の娘がいる。下の娘は生後九カ月である。

孝正の代、幸一の代のファミリー・ロマンスの輪郭に触れたのだから、子の代についても述べておこう。舒子は小松輝久の娘である。輝久は北白川宮能久《よしひさ》親王の第四子である。分家して小松家をつくり、侯爵である。幸一より一歳年上、五十六歳、海軍中将であり、海軍兵学校の校長である。

木戸の長女の由喜子は、昭和十四年に阿部信男と結婚した。信男は現在、三十四歳、住友金属工業に勤務している。かれは阿部信行の長男である。念のためにいっておけば、その結婚から半年あとに、信男の父が首相となったのは、由喜子の父親である幸一の応援があってのことではなかった。だが、昭和十六年十月に、東条を首相に指名したのは、由喜子と信男のそれぞれの父親が協力してのことだった。重臣会議で木戸は阿部の助けを借り、他の重臣たちの異議、反対を抑え、東条を首相としたのである。

つぎに木戸の三女の和子だが、昨年九月に結婚して、大磯に住んでいることは前に触れた。夫は井上五郎である。井上と聞けば、井上馨の曾孫ではないかと思う人もいるにちがいない。念のためにつけ加えるなら、井上馨は木戸孝允らとともに幕末から活躍した長州の活動家だった。明治に入ってからは、各省の大臣を歴任し、明治の後期には、かれは伊藤博文、山県有朋と並べられ、長州三尊と呼ばれたものだ。星の数ほどもいた長州系の官吏、軍人たちのなかで、元老クラスはこの三人だったからである。

木戸孝允を筆頭に据え、長州四尊と呼ばれることがなかったのは、孝允が明治十年、西南の役のさなかに没してしまったからである。孝允に実子はなかったが、権勢を誇った長州三尊もまた実子がなく、養子にあとを継がせた。それがひとつの理由であったが、伊藤と井上は互いに複雑な姻戚関係を結び、かれらの家系を守ろうとした。だが、木戸家は、前にも見たとおり、山県、井上、伊藤の三家とは縁組を結んでいない。それも孝允が早く没したからであり、養子の孝正は宮内省勤務、大正天皇の東宮時代の東宮侍従長にとどまり、もうひとつ政治力をもたなかったからである。そして幸一が農商務省に通っていたときには、華族たちのあいだで、木戸家の三代目も哀れなことだと同情の声もでたのである。

もちろん、長州三尊は昔の話だ。長州系はいまは木戸幸一が中心である。長州三尊の子や孫たちのなかで、いささかの政治的野心をもつ者は木戸に近づくことになる。井上馨の孫の三郎はそんなひとりで、木戸に接近している。井上三郎は五十八歳、侯爵であり、貴族院議員である。もともとは軍人だった。陸軍少将で予備役となった。同期の優秀な者は現在も現役である。

そこで木戸の娘と結婚した井上五郎だが、井上三郎とはなんの関係もない。井上準之助の息子である。二十五歳、海軍の技術大尉である。井上準之助は日銀総裁、蔵相を歴任し、政財界の巨頭だったが、昭和七年に右翼の血盟団に暗殺された。かれは山口県の出身ではなく、大分県の生まれだった。幸一の子の代になれば、もはや木戸家の縁組は山口県内に限定されていない。由喜子の夫の信男の父は石川県の出身である。

三月十二日の木戸家の疎開の話し合いに戻れば、孝彦に言われるまでもなく、幸一と鶴子も家族の疎開を急がねばならぬと考えていた。それより二日前の大空襲で、麴町三番町の官邸は焼かれてしまい、焼け跡を見てきた夫婦の印象は強烈だった。だが、孝彦に深川や向島の惨状を聞かされ、それこそ人間の肉が焼ける匂いを嗅いだような気持ちになったのであろう。

幸一は決意を固めた。内閣書記官長をやめたばかりの広瀬久忠に電話をかけた。翌三月十三日、かれは広瀬と会った。一日おいて、三月十五日の正午、幸一は新宿駅で舒子と二人の子供を見送った。彼女たちの疎開先は山梨県の塩山《えんざん》町である。

広瀬久忠の郷里が塩山町である。久忠の祖父の久光は県会議員、父の久政は衆議院議員であり、山梨の政友会支部を支配した。そして厚生大臣、国務大臣となった久忠まで三代政治家がつづいて、広瀬家は人口一万人の塩山町の名門、いや山梨を代表する名門である。塩山の広瀬の居宅は於曾《おぞ》屋敷と呼ばれる。鎌倉時代の豪族だった於曾氏の館《やかた》跡であり、五千坪の広さがある。それをいまに伝えているのが、邸の周囲に築かれた二重の土塁である。

幸一の母がそこへ行くのは、明後日、三月二十七日である。

第12章　硫黄島の戦い（三月二十五日～二十六日）

地下陣地の栗林忠道

同じ今夜、三月二十五日の夜のことだが、硫黄島の北端にある地下洞窟では、栗林忠道と部下たちが出撃の準備をしている。いよいよ最後の戦いである。

東京では、栗林中将はすでに戦死したと思われている。一週間前の三月十八日の午前零時、栗林から訣別電報が市谷台に届いた。そのあと通信は絶えた。それから三日あとの三月二十一日の午後三時のニュースで、硫黄島守備部隊の玉砕を放送した。硫黄島の二万人の将兵の出身地は、関東、九州を中心にして、全国に及んでいる。遠からず全滅する、もう戦死してしまったのかもしれないと、母親が息子のことを諦め、妻が夫の死を覚悟していたのだが、公式の発表を聞けば、だれもの握りしめた手、噛みしめた唇が震えた。工場から帰ってきた娘が泣き伏し、兄の写真に手を合わせた。お悔やみにきた人に向かって、倅が背を向け、黙ったまま縁側に坐っていたのだよと老母が繰り返し語った。夫もこの月を見ているにちがいないと思い、月に話しかけることにしていた妻は、竹藪のなかでひとり泣き疲れるまで泣いた。

栗林忠道の妻のよしゐはなにものかに体を激しく揺さぶられるような気持ちだった。二カ月前、よそに転任になることはないのだろうかと書き送ったのにたいし、夫はつぎのように書いてきたのだった。

「次に私がどこかに転任するだろうなんて思うことは夢のような話で、この戦局上からして絶対にあり得ないことです。敵が攻めてくるかこないか分からない時期や場所なら転任することもあるいはあろうが、もう目の前に敵がきて上陸の機を窺っているような際どい所では誰一人転任はさせないもので、ましてその地の最高指揮官を換えることなど絶対にありません。どうかその覚悟でいて戦況の進むに従い、いつも申す通り生きては帰らぬことを観念していて下さい。満洲、支那を除いた戦場はどこでも皆そうです。馬場さんも今度南方某地の軍司令官に栄転されたが、晩《おそ》かれ早かれ同じ運命でしょう。牛島さん、貴島さん、佐藤さん、渡辺、北村みんなそうです。それから高橋も今度台湾辺の島の大隊長になったそうだが、これだってそうでしょう。何しろこの大戦争ですからやむを得ません。

次に貞岡から手紙がきて、荷物の疎開を手伝うため帰郷を見合わせているとのことだったが、ずいぶん親切なことだと思います。

では今日はこれだけにしますが、どうかくれぐれも丈夫で元気に過ごして下さい。くよくよしたところで何にもなるものではありませんから。

ではさようなら　良人より」(1)

その手紙が最後になり、夫からの手紙はとだえた。そして硫黄島に敵が上陸した。毎日の新聞をひろげるのがつらく、毎日が長く、とうとう三月二十一日の玉砕の放送となったのだった。

それから四日あとの今夜、栗林はまだ生きている。

一週間前の三月十七日の夜、栗林忠道は司令部の小部隊とともに、司令部の洞窟を出て、六十メートル離れたべつの洞窟に移った。いよいよそこから出撃する予定だった。大本営宛ての最終電報は午前零時に発信するようにすでに命じてあった。ところが、かれは出撃をとりやめるようにと命じた。敵の包囲が厳重だと感じたからである。

怖じ気づいたのか。そんなことはない。栗林は部下に向かって、ひとりでも多く敵を斃《たお》せ、最後は敵とさしちがえよと説き、「苦戦に砕けて、死を急ぐなよ」と訓示し、玉砕攻撃をしてはならぬと繰り返し言ってきた。部下たちはすでにあらかた戦死してしまった。だが、かれ自身も、死に急いではならぬ、最後には敵とさしちがえねばならぬとの硫黄島の戦いの鉄則を守るつもりでいるのである。

硫黄島はVの字を右に少し倒したような形をしている。扇を三分開きにした形状である。扇の要《かなめ》にあたるのが百六十メートルの高さの摺鉢《すりばち》山である。摺鉢山につづいて、千鳥ヶ原地峡の火山灰の砂浜がある。地峡の一方が南海岸と呼ばれ、もう一方が西海岸と呼ばれる。ここが荷揚げ場であり、敵が上陸すると予想された海岸であり、事実、敵が上陸した海岸である。

その千鳥ヶ原地峡の北が台地となっている。三分開きにした扇の地紙《じがみ》の部分である。夜明けの薄明かりの船上で、瀬取りの上陸用舟艇を待つ兵士たちのなかには、なぜか故郷を思いだした者がいる。海から二十段近くも重なる海岸段丘の黒い輪郭が、裏山の棚田を思い浮かべさせたのである。水を張ったばかりの田圃、黄金色が山の頂きまで重なる稲田を思いだした兵士たちもいまは死んでしまった。この海岸段丘に囲まれた台地は、昇ってしまえば平らである。洗面器を伏せた形をしている。元山《もとやま》と呼ばれている。

扇の要にあたる摺鉢山、千鳥ヶ原地峡、そして扇の地紙の部分の元山まで、これが硫黄島のすべてである。広さは二十平方キロメートル、三月十日の空襲の焼失面積が四十平方キロメートル、その半分にしかすぎない。もっともそんな具合に語ったのでは、三月十日の空襲被害の大きさを示すだけのことになろう。硫黄島の広さは、麴町、神田、日本橋、京橋の四つの区を合わせたほどしかない。摺鉢山の麓から、現在、兵団長の栗林がいる島の北端の洞窟まで、要するに扇の要から扇の尖端まで、歩いて二時間で行くことができる。

栗林忠道はこの小さな島で戦ってきた。自分の戦法をしっかりと定め、そのとおりに戦ってきた。栗林の戦法といったが、敵の上陸部隊をどのように迎え撃つかしごくあいまいであって、はっきり定まっていない。本土の戦いに備えねばならないいまでも、それは同じである。もちろん、現在、陸軍の幹部たちは決戦をおこなうと説いている。本土を守る戦いは決戦にきまっている。そのための計画書をつくり、命令書をだしている。第2巻で述べたことだが、先月、二月の二十六日、市谷台の幹部たちが出席しての会議で、本土決戦完遂基本要綱を定めもした。

その要綱を決めた会議でのことだ。会議の終わり近く、参謀次長の秦彦三郎が口を切った。本土上陸の第一波の撃摧《げきさい》に全力を傾注しなければならないと説き、もしも第一波の撃摧に失敗すれば、そのあと計画の遂行は不可能になると念を押した。ずらりと並んだ部局員たちに向かって、決戦をしなければならぬ、その戦いを成功させねばならぬと、秦は言ったのである。

そのとき、だれもが多くの問題で頭がいっぱいだった。満洲から火砲と戦車を本土に持ってくる仕事があり、新たに百五十万人を大動員する問題があり、陸海軍合同を海軍に説得する厄介な宿題があった。いずれもが本土で決戦をおこなうための準備であったが、はたしてうまくいくのかどうか、第一部長、軍務局長、それらの問題に取り組む部局員たちは喉まで不安でいっぱいだった。だが、ほんとうはそれらはいずれも小さな不安だった。部分的な問題を解決できるかどうかという不安にすぎなかった。秦次長のその言葉こそが、だれもが恐れているほんとうの不安である。攻撃をおこなうことができるのか。ずるずると持久戦になってしまうのではないか。持久戦になってしまったら、日本はそれでおしまいだ。決戦をしなければならない。攻撃をおこなわねばならない。

だが、その攻撃によって勝利を収めることができるのか。

攻撃をおこなうことができず、決戦ができず、持久戦になってしまったのが、ルソン島の戦いである。昨十九年十月にレイテ島に敵軍が上陸した。市谷台はフィリピンを防衛する第十四方面軍に命じ、レイテで決戦をおこなわせようとした。準備もなければ、成算もなかったが、決戦をおこなった。海軍も決戦をおこなった。たちまちのうちに水上戦力と航空戦力のすべてを失ってしまった。地上部隊はといえば、これまたあっというまに、破片と残りかすになってしまった。敵軍はさらにルソン島を狙う構えをみせた。第十四方面軍はルソン島で持久の戦いをおこなうことにした。攻撃を敢行する力がなかったからである。だが、持久戦の準備もできてはいない。結局は絶望的な戦いをつづけることになっている。フィリピンの戦いだけではない。沖縄の戦いがいまはじまろうとしている。ところが、市谷台はどのように戦えとはっきり命じることができない。

「敵ヲ水際ニオイテ撃滅」

レイテ島、ルソン島、そしてこのさきはじまる沖縄、本土の戦いまで、すべては上陸する敵軍を迎え撃つ戦いである。一年ちょっと前には、対上陸防禦の戦法ははっきり定まっていた。上陸する敵軍を水際で撃滅すると決めていた。昭和十八年十一月八日、陸海軍のあいだで協定がまとまり、マーシャル群島、マリアナ諸島、カロリン諸島に陸軍部隊を派遣することになった。それから一週間あとのことになるが、陸軍中央はかれらのための戦法を発表した。島嶼《とうしょ》守備隊戦闘教令を示達したのである。

重要な箇所はつぎのようなくだりだった。

「敵ヲ水際ニオイテ撃滅シ　若シクハ敵ガ島嶼ニ地歩ヲ確立スルニ先立チ　果敢ナ攻撃ヲオコナイ　ソノ撃滅ヲ期スル」⑵

水際でどのようにして敵を撃滅するのか。敵の上陸用舟艇が射程内に入り、さらに目の前に近づくのを待つ。敵軍艦からの砲撃はやむ。いよいよチャンスだ。敵上陸用舟艇に砲火を浴びせる。速力の遅い水陸両用車は池に浮いた鴨も同じだ。海岸近くの巻き波と揉みあい、前進できない水陸両用車や上陸用舟艇がでてこよう。砲手の恰好な餌食となる。砲火を逃れた舟艇が岸辺までくる。舟の前面の傾斜板が開く。機関銃手が待ち構えていた瞬間である。銃火を集中する。敵兵が舟の両舷から海に飛び込んだら、これをも狙い撃ちする。こちらの水際の陣地が損害を蒙り、上陸してしまう敵の中隊もあるだろう。迫撃砲弾、臼砲弾を浴びせかければよい。小銃を失い、ショック状態の敵兵は砂浜の砲弾穴に伏せ、上陸用舟艇から降ろされた補給品のかげに隠れ、膝を震わせている。敵将兵の士気は完全に喪失してしまっている。いよいよ白兵突撃だ。これが上陸しようとする敵軍を水際で撃滅する戦いの筋書きだった。

ところが、その島嶼守備隊戦闘教令を発表するまで、敵軍を水際で撃滅できたことはいちどもなかった。その年の二月には、昭和十八年のことだが、ガダルカナル島から残存部隊が撤退した。五月には、アッツ島の守備隊が全滅した。ずっとつづいていたソロモン群島と東部ニューギニアの戦いでは、多くの戦死者をだすばかりで、敵軍の前進をくいとめることができず、敵軍の上陸を阻止できたことはいちどもなかった。

市谷台では、しかたがなかったのだとだれもが思っていた。二百人か、三百人の警備隊がいるだけの防備の手薄な海岸の基地を狙って、一個師団の敵軍が上陸してくる。多勢に無勢で、警備隊は全滅してしまう。敵上陸部隊から遠く離れたところにいるこちらの主力部隊が攻撃をしようとする。百キロ、百五十キロの密林を徒歩で前進しなければならない。そのあいだに、敵は基地建設部隊を上陸させ、飛行場を拡張し、補給船がつぎつぎと錨をおろし、戦車を揚陸し、弾薬と燃料を積みあげる。やっとのことで主力部隊が敵陣地に近づいたときには、敵軍の航空活動と砲兵活動は万全である。これでは勝負にならない。

だが、マーシャル群島、カロリン諸島が戦場となれば、小さな島なのだから、充分な守備隊を置き、堅固な陣地をつくりさえすれば、敵軍を波打ち際で攻撃でき、撃滅できると市谷台は説き、島嶼守備隊戦闘教令を発表したのである。

ところが、その教令が示達されて五日あと、ギルバート諸島のタラワ島とマキン島が敵艦隊に包囲された。

ギルバート諸島は赤道にまたがり、広く分散した島からなっている。島と呼んでいるが、珊瑚礁からなる環礁である。タラワ島はほんとうはタラワ環礁であり、マキン島はマキン環礁である。タラワ環礁のベティオ島、マキン環礁のブタリタリ島が敵軍に強襲され、三日間の血戦がつづいて、両島の守備隊は全滅してしまった。

ギルバート諸島を失ってから二カ月あと、昨十九年の一月末、今度はマーシャル群島のクェゼリン環礁が敵艦隊に攻撃された。ギルバート諸島のおもだった島は時計の十時を指す短針の方向に並び、マーシャル群島はその短針のさきにつづいて、おもだった島はこれまた十時を指す短針の方角に並んでいる。クェゼリンはその十時を指す短針の尖端にある。敵側からいちばん奥にある島だから、クェゼリン防衛の準備はなにもできていなかった。七百機からなる敵の空母航空隊には敵うべくもなかった。わずかな航空隊はたちまち潰滅し、クェゼリンの守備隊は全滅してしまった。

それから二十日たらずあと、トラック島が敵空母部隊に襲われた。トラック島はマーシャル群島の西にひろがるカロリン諸島の中心基地、というよりは中部太平洋の心臓だった。連合艦隊が敵艦隊を迎撃するための作戦発起点となる最重要の基地だった。だが、トラック島が敵艦隊に襲われる前、じつはそれより以前、マーシャル群島のクェゼリン環礁が襲われた直後、連合艦隊はトラック島を撤収し、はるかに後方のパラオ島とスマトラのリンガ泊地に後退してしまっていた。

それというのも、連合艦隊は航空戦力を失っていたからである。空母航空部隊は、トラック島のはるか南にあるソロモン群島を北上してくる敵の進撃をくいとめようとして戦い、消耗に消耗を重ねていた。母艦機がなければ、連合艦隊はまったくの無力である。そして基地航空部隊である第一航空艦隊はまだ完成していなかった。トラック島は見捨てるしかなかったのである。

敵機動部隊のトラック島への来襲があってはじめて、陸軍側も連合艦隊が迎撃する力、反撃する力をもたないことを知った。首相兼陸相の東条は内大臣木戸の助けを借り、参謀総長の杉山と軍令部総長の永野をやめさせ、かれと海軍大臣の嶋田はそれぞれ統帥部総長を兼任した。そして東条は大急ぎで中部太平洋の島々を守るための第三十一軍を新設することにした。満洲、中国、朝鮮、内地から、師団、連隊、大隊を引き抜いた。ボーキサイト、鉄鉱石、食糧の輸送を中断した。輸送船は船艙に弾薬箱、米俵を積み重ね、その上に戦車、トラックを乗せ、さらに兵士たちを詰め込んだ。これらの輸送船が駆逐艦に守られ、サイパン、グアム、トラック、パラオ、硫黄島へと向かいはじめた。

参謀総長の東条を助け、中部太平洋防衛布陣の指揮をとったのが、参謀次長の後宮《うしろく》淳だった。

参謀次長はそのとき二人になっていた。ひとりは後宮、もうひとりは秦彦三郎である。後宮は秦より陸軍士官学校は七期上だ。参謀次長を二人にしたのは東条だった。総理大臣、陸軍大臣、軍需大臣を兼ね、そのうえ、参謀総長を兼職することになって、東条は手がまわりかねると思ったのであろう。新たに高級参謀次長の椅子を設け、参謀本部に自己の分身を置くことにした。士官学校で同期、自分と親しい後宮をもってきたのである。後宮は、中部太平洋に送り込んだ守備隊の戦法を考えることになった。ギルバート諸島とマーシャル群島の守備隊はたちまち全滅してしまったが、それらの島を守っていたのはわずかな海軍部隊だった。陸軍部隊を送り込みはしたが、それは敵来襲の一カ月たらず前のことであり、ようやく陣地構築にとりかかったばかりのときだった。後宮は、水際撃滅の好機を逃してしまったのがうまくいかなかった原因だと述べることになった。そして昨十九年四月、かれは前線部隊に向け、「島嶼守備隊戦闘教令ノ説明」と題する指示をだし、水際撃滅に徹するようにと重ねて強調した。

東条と後宮は水際撃滅を叫び、自信にあふれた態度をとっていた。じつをいえば、かれらを含め、市谷台の幹部たちは敵がこれ以上突進してはこないだろうと予測していた。中部太平洋の島々には、軽火器を持つだけのわずかな海軍の警備隊が駐屯するだけだった。だが、陸軍の大部隊がそれらの島々を守備するようになれば、敵は多大の出血を恐れ、中部太平洋への攻撃を断念するにちがいない。東条、後宮はこんな具合に考えたのである。

敵は西部ニューギニアからミンダナオへ進撃しようとするだろう。その空間と引き替えに、六カ月、一年の時間を稼ぎたい。そのあいだに海軍は母艦航空隊を再建できるだろうし、第一航空艦隊を完成させることができるだろう。陸軍首脳はこのように望んだのである。

そこで東条や後宮は、自分たちが海軍を支援する作戦をおこなっているのだと考えていた。ところが、実際には海軍の突っかえ棒となるどころか、かれら自身が海軍に大きくもたれかかり、それを当たり前と思っていたのである。メレヨン島から硫黄島までに陸軍部隊を送り込むにあたって、東条と後宮は後方補給線の問題を真剣に考えようとはしなかった。兵站《へいたん》線の確保は海軍がやることだし、当然、海軍がやってくれることと決めていた。

東条や後宮の胸中には、海軍への大きな依頼心が伏在していた。かれらだけではなかった。

硫黄島の摺鉢山を横に見て、千鳥ヶ原の第一飛行場に降り立った将校、満洲の厳寒の大平原を出発し、波のうねりのあいだからメレヨン島の椰子の緑をはじめて見た兵士たち、だれもが海軍を心の頼りにしていた。

昨十九年四月十二日、四千人の将兵を乗せた松江丸がメレヨン環島に到着した。環島内のマレヨン島を守る中隊も、その松江丸で輸送されてきた。中隊長の桑江良逢と部下たちのことについては、第1巻で述べた。

川端克二とかれの中隊も、松江丸に乗っていた。川端は一等兵だった。満洲、朝鮮を貨車で南下し、釜山《ふざん》から門司、澎湖島《ほうことう》、高雄《たかお》、パラオを南に下り、そのまままっすぐメレヨンへ向かうことができず、東へ向かってサイパンへ行き、それからメレヨンまで、むせかえる暑さのなかで四十日間の船旅をつづけた。二千人を乗せるのが精いっぱいの船艙に四千人を詰め込み、仮設の居住区では手足をのばして眠ることもできなかった。

おまけに緊張の連続だった。敵潜水艦が迫ってきた。夜中に退船準備の警笛が必死の声をあげ、喇叭《らっぱ》が急調子で鳴った。鉄帽をかぶり、救命胴衣をつけた兵士たちは甲板にでて、うずくまった。護衛の駆逐艦が発射する爆雷の音が、かれらの腹に響いた。波の音を聞き、大きく左右に揺れる頭上の星を仰ぎ、生きて帰れたら、ぜひとも星の本を読もうと克二は考え、夜の明けるのを待った。サイパンを出港した夜には、並ぶ僚船がやられ、真っ赤な火柱があがるのを、克二と仲間の隊員たちは茫然と見つめた。メレヨン到着の一日前の夜には、魚雷が船底を突き抜けた。幸いなことに不発だった。

川端克二、そして松江丸の陸軍の将兵が忘れられず、門司出航以来なによりも嬉しかったのは、かれらを乗せた船がパラオ環礁のなかに速度を落として入った泊地に、巨大な軍艦を見たときだった。あれが連合艦隊の旗艦だ、連合艦隊司令長官が乗っているのだといった囁きは川端の耳にまで伝わってきた。かれは三月二十七日の日記に、つぎのように書いた。

「……何よりも我々の眼を奪ったのは、碇泊中の帝国艦隊の堂々たる雄姿であった。俊敏隼のような駆逐艦、闘魂そのもののような巡洋艦、特異な姿をした工作船、そしてまだ写真に見たこともない戦艦の小山のような巨体。磐石の頼もしさ――それだけでは形容できない気持である。日本の有難さ――そういった感情が胸に迫ってくる」

そして克二はメレヨンに上陸した四月十二日、そして翌十三日にはつぎのように書いた。

「久振りで背負った装具が、ギリリと肩にこたえる。膝頭まで潮に濡らして、我々は上陸した。砂を踏む一と足に生甲斐を感じる。……広い飛行場には、海軍の爆撃機、雷撃機、そして虻のような戦闘機が十数機待機し、中には出動準備の爆音をあげているものもあった。敵機が毎日やってくるということが、まるで嘘のような頼もしさである。……飛行場には、ひっきりなしに飛行機が発着し、けたたましい爆音がひびきつづけている。

颯爽たる若い海鷲連中が、しゃくしゃくたる余裕を見せて、愛刀の手入れをしたり、演芸に興じたりしている(3)」

昨年の四月十七日、小笠原地区集団長の大須賀応《ことお》は父島から硫黄島へ行った。島内の防衛陣地を視察したあと、かれは将校たちに向かって、「敵を水際で撃滅せよ」と説き、上陸してくる敵を逐次に各個撃破するのだと言い、「上陸防禦は形は防禦だが、実際には攻撃である。陣地はつくっても結局は攻勢である」(4)と演説した。敵上陸地点に向かって、全兵力が攻撃できる態勢をとるようにしておかねばならぬと説き、「第一線にあるものは死守を覚悟しなければならぬ」と語った。

つづいて大須賀はべつの話をはじめた。「友軍機で敵を洋上遠距離に制するのが上の上である」と説いた。「飛行場建設に協力するときには、自分の陣地をつくる覚悟でおこなわねばならない」と強調した。部下たちのだれもが聞きたがっていること、大須賀自身が信じたいと思っていることを、つぎのように語った。「飛行機を活動させるのがわれわれの陸上部隊の任務である」(5)

「決して水際にでてはならぬぞ」

サイパン島とその周辺の島々が敵の水陸両用機動部隊に襲われたのは、昨十九年六月十一日のことだった。サイパン島は爆撃と艦砲射撃を四日にわたってつづけられ、六月十五日の早朝には敵軍に上陸されて、足掛かりを築かれてしまった。市谷台の幹部たちは敵軍のサイパンへの侵攻などありえないと思っていた。かりに敵がサイパンへ上陸しようとしても、その島は狭くなく、だからといって広すぎることもなく、守備隊の装備は充分であり、海軍航空部隊の支援がなくても、水際撃滅ができると確信していた。それだけに、敵軍を上陸させてしまったとの電文に、市谷台ははかりしれない衝撃を受けたのである。

混乱とあわただしさの二週間が過ぎた六月二十九日、出撃した連合艦隊は大敗してしまい、サイパン島の残り少ない守備隊は島の北端に追い詰められ、最後の戦いをつづけていたときである。陸軍大学校の教官をやめたばかりの小林修治郎が大本営へ申告に赴いた。大本営といっても、そのための特別な設備や建物があるわけではない。小林は参謀本部に行き、高級参謀次長に会い、第十四軍の高級参謀として、フィリピンへ出発すると申し述べようとしたのである。

会議を抜け、後宮がでてきた。かれは小林に向かい、サイパンの戦訓を語り、水際陣地は敵の艦砲に叩かれ、敵軍の上陸に先立ち、こちらの戦力を失ってしまったのだと説き、水際に陣地をつくってはならぬ、線で戦うのではない、面で戦うのだと言った。別れを告げる小林に、「決して水際にでてはいかんぞ」(6)と後宮はもういちど言った。

そして同じ日、六月二十九日のことだが、後宮は東条の承認を得て、小笠原、トラック地区の集団長に電報を発した。後宮はパラオ地区集団長にも電報を送った。集団長は井上貞衛である。

「連日ノ御奮闘ヲ謝ス　水際ニ敵ヲ尽殺スルノ決意ハ壮トスルモ　優勢ナル敵ノ砲爆撃下ニ於テ　過早ニ兵力ヲ水際に配置シ　敵上陸ニ先ダチ半身不随ニ陥ルガ如キハ　大イ

ニ考慮ヲ要ス
寧《ムシ》ロ敵上陸ノ当夜　其ノ橋頭堡固カラザルニ方《あた》リ　計画統一アル夜襲ヲ以テ　一挙ニ敵ヲ撃滅スルヲ可トセズヤ　最近ノ戦績ヲ十分玩味セラレ度　又如何ナル場合ニ於テモ飛行場ヲ制圧シ得ル拠点ハ十分堅実ニ確保スルニ努メラレ度
以上当方指示事項ハ十分隷下部隊ニ徹底セラレ度　第十四師団長ハ『ヤップ』派遣隊ニモ伝エラレ度[7]」

敵軍が上陸したその夜に、後方に位置した主力部隊が前進し、上陸した敵軍を水際で殲滅できるなら、それこそ万々歳だった。そんな具合にうまくいかないのは、後宮が知り、東条が承知していることだった。唱えつづけていた水際撃滅をいきなり引っ込められないために、ごまかしを並べただけのことだった。

そして東条と後宮は、水際配備ができなくなった理由を、艦砲射撃のせいにした。かれらだけではなかった。市谷台の幹部たちは、戦艦の艦砲射撃の威力を知らなかったのだと口を揃えた。弁解をしているようであったが、じつはそれだけではなかった。かれらは海軍を横目で睨んで、喋っていたのだ。「艦砲射撃の力を知らないはずがない、なんども助けてやったことがあるではないか、と言うことができるなら、言ってみよ」と言外に語って、構えてみせたところがあったのである。

それというのも、かれらは海軍側に水際撃滅はどうなったのだと非難されたことで、激しく怒っていたからである。サイパン島に敵軍が上陸した日、市谷台は守備隊が敵軍の上陸を二度撃退したのだと発表しようとした。その発表に待ったをかけたのが海軍側であり、軍令部次長の伊藤整一だった。二度はおろか、一度も撃退できなかったではないかと言って、かれは一歩もひかなかった。市谷台の幹部たちは、陸軍が自慢をしつづけた水際撃滅はどうなったのかと詰問されたように受けとり、地団太を踏んだのである。

それだからこそ、市谷台は艦砲射撃の威力を知らなかったのだと言って、連合艦隊の戦艦はなにをしているのだとの非難を言外に込めることになったのである。

戦艦がなんの役にも立たないことに気づいたのは、もちろん、陸軍が最初ではない。戦いがはじまってまもなく、空母の飛行機乗りは、戦艦部隊を柱島艦隊だと言って嘲笑したものだった。マレー半島、フィリピン、ビルマ、蘭《オランダ》領東インドへ進攻がつづいているあいだ、大和《やまと》以下の海軍主力の戦艦群はずっと柱島の泊地にいたからである。

笑いごとではなかった。なにか不吉な影が漂った話だった。アメリカの六隻の戦艦を真珠湾フォード島周辺の水域に沈めて、アメリカとの戦争を開始したのだが、こちらもまた、アメリカの空母機部隊に七隻の戦艦を柱島水道で沈められ、戦いに踏みきったのと同じだった。

容易ならぬことだと思った者もいたにちがいない。軍事戦略から戦術指導方針、海軍の全機構、はじまったばかりの戦争のすべてを再検討しなければならないと考えた軍人が、軍令部、連合艦隊司令部にいたはずであった。

それはともかく、その時期に戦艦が働く場所がまったくなかったわけではない。バターン半島、シンガポール、コレヒドールの戦いに戦艦が出撃し、その主砲をもって零距離射撃をおこなったのであれば、シンガポールの英軍を降伏させるのに、地上部隊を上陸させる必要はなかったのだし、一週間の戦いも不要だった。バターン半島とコレヒドールの戦いに六カ月もの時間をかけることもなければ、歩兵第二十連隊を全滅させることも、一万人の戦死傷者をだすこともなかったのである。

だが、陸軍は海軍に艦砲射撃を頼むつもりなどまったくなかった。前線の司令官から市谷台の幹部までが、そんな支援を海軍に求めて、海軍に威張られ、手柄を横取りされてたまるかと思っていたのだし、艦砲射撃などたいした役に立ちはしないと小ばかにしていたのである。そして海軍側も、陸地の小さな海岸砲や木造の兵舎なんかに、戦艦の砲門を開いてたまるかと思っていたのである。

連合艦隊司令長官の山本五十六が大和に座乗してはじめて出撃したのは、昭和十七年六月のミッドウェーの作戦である。思いもかけず、四隻の空母を失ってしまった。大和以下、七隻の戦艦はなんの役にも立たなかった。山本五十六は、作戦を中止し、引揚げ命令をだそうとした。ここでむざむざ引き揚げることは部下たちにはできなかった。戦務参謀の渡辺安次《やすじ》が司令長官に向かって言った。「ミッドウェーの飛行場を、大和以下の艦砲で射撃して使用不能にし、陸戦隊を上げれば、占領は可能です。攻撃させていただきたい」上陸支援部隊が十二隻の兵員輸送船を伴い、後方の水域にいたのである。

山本は渡辺を制した。それに反対する理由はいくつもあった。だが、それらを説いて、弱気になったととられるのがいやだったのであろう。山本の口からでたのは、ごくごくつまらない言い訳だった。

「戦務、島に向かって大砲を射つのは、海軍の戦法として、もっとも馬鹿な方法とされているじゃないか(8)」

それから四カ月あと、昭和十七年十月、山本五十六は考えを変えることになった。戦艦を投入して、ガダルカナル島の敵飛行場に集中砲火を浴びせようとした。ところが、部下の指揮官たちが煮えきらない態度をとり、やろうとしなかった。山本が怒った。「だれも行かないなら、おれが大和、陸奥《むつ》を直率してとびこむ。おい、戦務、二人でいこう(9)」と戦務参謀の渡辺安次に言った。戦艦戦隊の指揮官が慌てた。

どうして山本は部下の反対を抑え、戦艦を出撃させることにしたのか。山本にはその責任があった。ソロモン群島の最南端の島、ガダルカナルに飛行場をつくったのは海軍だった。陸軍には知らせないで、やったことだった。ところが、昭和十七年八月はじめ、敵一個師団一万人がガダルカナルに奇襲上陸をおこない、その飛行場を奪ってしまった。

海軍は陸軍に支援を求めざるをえなくなり、陸軍はガダルカナルに地上部隊を投入した。敵味方双方が救援兵力を送り込む戦いとなった。だが、敵の航空部隊に妨害され、こちらは思うように増援ができず、補給ができないようになった。勝敗の帰趨《きすう》を決するものは、ガダルカナル所在の敵の九十機にのぼる迎撃戦闘機と急降下爆撃機だった。

敵空軍が使用している飛行場を破壊しなければならなかった。むろんのこと、空母が出撃し、基地航空部隊が攻撃した。だが、いずれもうまくいかなかった。そこで山本は夜間艦砲射撃を決意したというわけだった。金剛《こんごう》と榛名《はるな》の二隻の戦艦がその飛行場の沖合いに突進し、飛行場を砲撃した。日本側には詳しくわからなかったが、与えた損害は大きかった。九十機の飛行機のうちの四十八機を破壊し、貯蔵してあった航空燃料を燃やし、弾薬集積所を爆破してしまった。敵の重爆撃機はエスピリトゥ・サント島へ逃げ帰った。

エスピリトゥ・サントはニューヘブリディズ諸島内にある。アメリカ軍の海空基地があり、反攻のための中心基地であり、日本側のラバウル基地と同じ役割を果たしていた。そしてラバウルとエスピリトゥ・サントのちょうど真ん中にあるのが、日米両軍が激突したガダルカナル島であり、どちらからも六百キロのところにあった。

戦果ははっきりわからないながら、あと一押しだとは、山本と幕僚たちにも見当がついた。ところが、戦艦比叡《ひえい》と霧島《きりしま》による二度目のガダルカナル砲撃は失敗に終わってしまった。巡洋艦と駆逐艦を引き連れたその二隻の戦艦は、敵艦隊と正面衝突した。猛烈な海戦となった。比叡は集中砲火を浴び、航行不能となった。味方の駆逐艦の魚雷によって沈めざるをえなくなった。戦争がはじまって最初の戦艦の喪失だった。

つづいて三度目の飛行場砲撃をおこなおうとした。戦艦は霧島一隻、巡洋艦と駆逐艦が従った。またも、敵艦隊とぶつかった。比叡の敵討ちはできなかった。敵戦艦のレーダー利用の砲撃にあい、わずか七分のあいだに五十発の命中弾を浴び、霧島は行動不能となった。やむをえず味方の駆逐艦が魚雷をはなった。

その三回の戦艦出撃が起きたのは、昭和十七年十月から十一月にかけてのことだった。戦艦が砲門を開いたことは、そのあとない。戦艦は国の命だと多くの国民が信じてきたのは、まさしくほんとうのことなのである。戦艦が最後に攻撃した昭和十七年十一月、戦争の局面は大きく転回し、日本の攻勢はそのときに息が切れ、終わってしまい、敵側は、まだわずかな力ではあったが、はじめて攻勢に転じたのである。

もちろん、なにも知らない人びとは、そのあともずっと戦艦の出撃を待ちつづけてきた。

パラオ泊地に錨をおろした輸送船の甲板で、陸軍一等兵の川端克二が武蔵《むさし》を望み、日記に「磐石の頼もしさ……日本の有難さ」と記したことは、前に述べた。それについて、もうすこし記しておこう。それが昭和十九年三月二十七日だった。二日あとの三月二十九日の朝、川端らを乗せた松江丸と他の四隻の輸送船があわただしく出港した。松江丸はメレヨン環島へ向かわず、北方へ進路をとった。同じ日の午後二時、連合艦隊司令長官の古賀峯一《みねいち》と幕僚たちは旗艦武蔵を降り、パラオに上陸した。つけ加えるなら、山本五十六はすでに戦死していた。武蔵が山本の遺骨を持ち帰り、木更津沖で、その遺骨を胸に抱いた参謀の渡辺安次が武蔵の舷梯を降り、駆逐艦に乗り移ったのは、昭和十八年五月二十三日のことだった。

武蔵は三隻の駆逐艦を伴い、午後五時にパラオを出港し、北へ向かった。じつは武蔵も、松江丸も、退避行動をとったのだった。前日の正午、哨戒機がメレヨン南方に敵の艦隊を発見していた。敵空母群が警戒のために飛ばせている戦闘機部隊の追跡をふりはらっての偵察飛行だった。空母十一隻と戦艦六隻を中心とした敵の大艦隊は、カロリン諸島のあいだを抜けるのを避け、南を大回りして、ラバウルに日本の哨戒機がないのを承知して、ラバウル沖を進み、そっと南からパラオ諸島へ近づこうとしていたのである。

武蔵が退避のためにでてくるのを敵潜水艦が待ち伏せしていた。艦首左舷に魚雷があたった。七人が戦死したが、船体の傷はとるに足りなかった。それでも修理しなければならず、武蔵は呉へ向かうことにした。武蔵は就役して、トラックの泊地に一年、つづいてパラオの泊地に投錨して二カ月、まったくなにもしないでいただけだった。

パラオの泊地にはまだタンカーや輸送船が残っていた。三月二十九日の日暮れまでには退避ができず、翌三十日に出航しようとした。だが、間にあわなかった。朝から敵空母機に襲われた。タンカー六隻、海軍輸送船七隻、陸軍輸送船六隻が沈められ、十数隻の艦船が損傷を受けた。二百機を超す飛行機を失い、多くの戦死者をだした。そしてパラオを脱出しようとした古賀峯一の一行は遭難してしまった。

サイパン島に敵軍が上陸したのは、それから二カ月半あとのことだった。繰り返すなら、戦艦が砲門を開いたのは、昭和十七年の十月と十一月だけだった。陸軍幹部は戦艦の艦砲射撃の威力を知らなかったのだと語り、味方の戦艦はなんの働きもしていない、海軍航空隊はなんの役にも立たないのだと匂わせることによって、水際撃滅ができなかったことの言い訳とし、自分たちのいくらかの気休めとした。だが、水際での撃滅ができないのなら、どうしたらいいのか。

「不準備燥急ノ大逆襲ハ……慎ムヲ要ス」

敵軍がサイパン島に上陸して二十三日目、七月七日の払暁、その島の最後の三千人の将兵が総攻撃を敢行した。二キロ近く前進したが、そこまでだった。サイパン島の組織的抵抗は終わった。翌七月八日、近衛文麿は富田健治から話を聞いた。近衛はそれを秘書の上野福松に口述した。

「参謀本部の酒井中将の伝言として、東条首相が陸軍要部の人々を集め、驚くべき命令

をなしたることを報告す。以下、酒井中将の言葉

東条総長は『敵が本土上陸の場合には、フランスにおける独軍の如く、艦砲射撃の射程外に引込み防衛するから、その準備をなせ』と命令した。

(註、此の日午後、東久邇宮殿下に拝謁《はいえつ》したる際、首相の此の命令を御報告申上げしに、殿下は事実なるべし、とのお話なりき)

そうなれば、海岸地帯はことごとく占領せられ、敵は新占領地に新政権を樹《た》てるかも知れぬ。そうなったら容易ならぬ事態となる[10]」

占領地に敵が傀儡《かいらい》政権をたてるぞといった話は、酒井のおどしだった。近衛と他の重臣たちを不安におののかせることで、倒閣を決意させようと図ってのことだった。酒井が言わんとしたほんとうの話は、水際撃滅ができないからといって、後方に引きさがって陣地をつくり、そこで抵抗して、勝てはしない、戦争に勝てる見込みは、いまやまったくないということだった。近衛文麿は酒井の主張にうなずいたのだが、小さな疑問が残ったにちがいなかった。後方にさがってしまってはどうにもならない。だが、ドイツ軍の場合は、後方にさがって、勝つことができるのだろうかということであった。

フランスのノルマンディ海岸に米英軍が上陸したのは、サイパン島が強襲攻撃を受ける五日前の六月六日のことだった。

市谷台では、だれもが「大西洋の壁」の存在を信じ、強力な防衛線を構えているもの

と思っていた。ドイツ軍の反撃がただちにはじまるだろう、侵攻軍を海へ突き落とすにちがいないと想像していた。ところが、一日たち、二日がたっても、ドイツ軍が敵軍を粉砕してしまう気配はなかった。

それから数日あとになれば、市谷台はノルマンディの戦いどころではなくなった。緊張と焦燥の日々がつづくあいだに、サイパン島はすさまじい砲爆撃を受け、敵軍に上陸されてしまい、出撃した連合艦隊は大打撃を受け、増援部隊を送ることもできなくなり、サイパンを見捨てる以外になくなってしまった。

まことに呆気《あっけ》なくサイパンの戦いが終わってしまったとき、ドイツ軍はノルマンディに上陸した侵入軍を取り囲み、立ち往生させていた。市谷台の作戦計画担当者は、ドイツ軍が敵側の艦砲射撃を警戒して、主力部隊を海岸に置いておかなかったのだとうなずき、ドイツ軍の反撃はまもなくはじまるだろうと思った。

事実はちがっていた。ドイツ軍が主力の装甲師団を海岸に置いていなかったのは、艦砲射撃を避けてのことではなかった。たいがいの出来事と同じように、この対上陸阻止の戦いも、もう少し事情はこみいっていた。じつはドイツでも、「敵ヲ水際ニオイテ撃滅シ　若シクハ敵ガ……地歩ヲ確立スルニ先立チ　果敢ナ攻撃ヲ行イ……」と説く主張が支配していた。その筆頭は、日本でもその名をよく知られているロンメル元帥だった。かれはフランス海岸の防衛を受け持っていたB軍集団総司令官だった。かれは水際で敵を叩かねばならないと主張し、「最初の二十四時間ですべては決まる」と説いていた。

だが、敵軍がどこに上陸するかわからなかった。デンマークからオランダ、そしてフランスまでの長い海岸にびっしりと並べる兵力はとてもなかった。汀線《なぎさ》で敵軍を撃滅するためには、敵軍の上陸地点を予知し、そこへ戦力を集中しておかねばならなかった。米英軍はイングランドの南部に集結していることがわかった。そこでフランスへの上陸を意図していると見当がついた。だが、フランス大西洋岸のどこへ上陸するかを予測して、ドイツ軍幹部の意見は分かれた。

そのとき西方総軍総司令官だったルントシュテット元帥は、ドーバー海峡のいちばん狭いところ、カレーからソンム河口までの百キロの海岸線に敵は上陸すると思った。カール・ゲルト・フォン・ルントシュテットはドイツ陸軍の最長老であり、これまた日本でその名をよく知られている将軍である。

ドイツ海軍は、敵軍の上陸地点をもうすこし西と見た。セーヌ河口の近くにあるルアーブルと予想した。フランス第二の港がある都市である。ヒトラーは、セーヌ河口よりさらに西、ノルマンディ半島を警戒せよと言った。ロンメルもまた、ノルマンディ半島の百五十キロの海岸線に敵は上陸すると予測した。

昨年の六月はじめ、ドイツ陸軍は西部に五十九個の師団を置いていた。けっして多くはなかった。それより五年前、ドイツ西部の国境に集結した兵力の総数が百三十五個師団だった。ベルギー、オランダ、フランスの三国を攻撃しようとしたときのことだ。それから五年あとには、その二分の一の兵力を西部戦線に置いていただけだった。ところで、その五十九個の師団のうち、機動力と戦力をもっていたのは、十個の装甲師団だった。残りの師団は、あらかたが、警備師団、それとも訓練中の師団であり、ベルギー、オランダ、南フランスの地中海沿岸までにばらまかれていた。野砲は馬で牽引し、機動力を欠き、装備は悪く、鹵獲《ろかく》した兵器がまじり、兵員も高齢者が多かった。

ルントシュテットとロンメルが頼りにしていたのは十個の装甲師団だった。じつは五年前に西部戦線に配備した百三十五個師団の戦力にしても、そのうちの十個の装甲師団による電撃戦が、戦いの帰趨を決したのだった。五年前と同じだった。十個の装甲師団が敵上陸部隊を粉砕するための切り札だった。

ルントシュテットは、十個の装甲師団を後方にさげ、どこへでも行けるようにしておかねばならぬと主張した。敵が上陸すれば、沿岸防備の師団は蹴散らされるだろう。敵の上陸を許してしまうのはやむをえない。だが、敵が力を増強しないうちに、反撃する。敵が上陸してから数日以内に決戦にもちこみ、海辺拠点を分断し、粉砕する。こんな作戦構想をルントシュテットは描いた。敵がどこに上陸するかわからないのだから、ルントシュテットの戦法を採るしかなかった。

ところが、ロンメルが反対した。戦車部隊は海岸に配置しなければならぬと説いた。

装甲師団を海岸からはるか内陸にさげてしまっては、万事が手遅れになるとロンメルは主張した。敵が制空権を握っていた北アフリカで戦ったことのあるロンメルは、敵のわずかな飛行機のために戦車隊が動けなくなってしまった経験をもっていた。敵軍が上陸し、それを迎え撃つために装甲師団を前進させようとしても、敵のP51戦闘機に邪魔をされ、昼のあいだは動けなくなる。戦車部隊がやっと前線に到着したときには、敵はこちらよりはるかに多くの戦車を揚陸させてしまい、勝ち目はなくなる。ロンメルはこのように説いた。

ところで、西方総軍総司令官のルントシュテットとB軍集団総司令官ロンメルとのあいだの指揮関係はあいまいだった。南方総軍司令官の寺内寿一と第十四方面軍司令官の山下奉文との関係に似ていたといってよかろう。山下は寺内の命令を聞き流し、自分の考えどおりにやってきた。

ロンメルも自分の主張を押し通した。機甲師団一個師団を自分の指揮下に入れた。機甲師団を海岸に置いてしまっては、その地域全体の予備戦力として使えなくなるといった反対意見を無視して、ノルマンディの海岸に近い都市、カーンの郊外にそれを配備した。だが、その一個師団だけではどうにもならなかった。ノルマンディにはほかに五個師団を置いていたが、戦車中隊を持った空挺師団がひとつあるだけで、残る四個師団は脆弱な沿岸防備師団だった。装甲師団をもう二つ置かなければ、上陸してくる敵軍を海中に突き落とすことはできなかった。ロンメルはヒトラーに向かって、機甲師団をもうひとつか二つ、手許に置きたいと訴えた。ノルマンディを警戒せよと説いていたヒトラーだったが、それができなかった。それどころか、残る九つの装甲師団のうちの三個師団をノルマンディから遠く離れたロワール川の南に置いたままにしていた。ロワール川はフランスの中央部を流れ、大西洋に注ぐフランス最長の川である。

ヒトラーがもっと大きな迷いに落ち込んだのは、いよいよ敵軍がノルマンディに上陸したときだった。かれとロンメルの予測は当たった。ところが、ヒトラーはそれが陽動作戦にちがいないと思い込んだ。セーヌ川の東側のカレー地域に、敵は第二のほんとうの上陸作戦をおこなうにちがいないと考えた。そこで、その地域の後方に配置していた三つの装甲師団をノルマンディの戦線へ投入することを許さなかった。

敵の上陸地はノルマンディだけだとヒトラーが気づいたときには、もはやすべてが手遅れだった。セーヌ川とロワール川の橋は敵航空機によって破壊されてしまい、機甲師団は足踏みをさせられ、前線への到着はさらに遅れた。ロンメルが危惧したとおりの事態となり、ルントシュテットの早期反撃の機会は完全に失われた。

サイパン島の最後に残った守備軍が全滅した日、ドイツ軍はノルマンディに上陸した侵入軍をいぜんとしてぴたりと押さえ込んでいるかのように見えた。ベルリン駐在の大島大使からは、楽観的な予測が届いていた。それだからこそ、参謀総長の東条は「フランスにおけるドイツ軍の如く」と言い、後方配備にしなければならぬと説き、ドイツ軍の反撃を期待した。だが、そうはいかなかった。ノルマンディの侵入軍は、すべての面で、向かい合っているドイツ軍の力を上まわってしまっていた。だれかが語った形容を借りれば、ドイツ軍が守る広がりすぎてしまったダムは、米英軍がつぎつぎと大兵力をつぎ込み、その重みだけで決壊しそうになっていた。

艦砲射撃の射程外へ引きさがらねばならないと東条が説いてから一週間あと、東条内閣は総辞職した。そしてそれから二週間たらずあとの七月三十一日、アメリカ軍の戦車部隊がドイツ軍の防衛線を突破した。ドイツ軍の必死の防衛線は崩れ、米英軍の大攻勢がはじまり、つづいてドイツ軍の大潰走となった。

市谷台の幹部たちは後方配備も結局はだめだったのかと落胆した。だが、ドイツでの水際配備と後方配備の争いは、見てきたとおり、上陸した敵の機甲部隊にたいしては、迎え撃つ機甲部隊が必要であり、味方の戦車師団をどこに置いたらよいのかという論争だった。歩兵部隊を水際に置くか、後方にさげるかといった問題ではなかった。そしてノルマンディの戦いの教訓は、上陸後数日のあいだに侵入軍を粉砕してしまわないかぎり、勝利の機会はないということだった。

八月十九日、参謀本部は南方軍、台湾軍、支那派遣軍に宛てて、対上陸防禦の新戦法を示達した。「島嶼守備要領」である。島嶼と名づけられていたが、末尾の第十二項で、

「沿岸防禦ニ於ケル守備部隊」に準用されるものであることを明示していた。

サイパンの戦い、あるいはノルマンディの戦いから学び、その要領が説いたのは、火力の恐るべき威力を無視してはならぬということだった。陸軍の通弊となってきた火力の無視を斥け、これまでの戦法を否定する由々しい内容であった。サイパン、ノルマンディの戦訓を学んでのことというより、その二つの負け戦の衝撃が参謀本部をどのように大きく揺さぶったかを明らかにしたものであった。

要領は後方配備を命じ、つぎのように述べていた。「第三　主陣地帯ノ前縁ハ……敵ノ砲爆撃等ニ依ル損害ノ減少ヲ図ル等ノ為　海岸ヨリ適宜後退シテ選定スルヲ可トス」[11]

要領にはさらに重要な項目が二つあった。「第二　……諸種ノ手段ヲ尽シ　敵戦力ノ減殺ヲ図リ　機ヲ見テ攻撃ニ転ジ　一挙ニ敵ヲ撃滅スルヲ要ス　此ノ際我海空軍攻撃ノ機ヲ利用スルコト緊要ナリ」「第九　……不準備燥急ノ大逆襲ハ昼夜ヲ問ワズ通常甚大ナル損害ヲ招キ　防禦全般ノ指導ヲ危殆《キタイ》ニ瀕《ヒン》セシメ　或ハ将来ニ於ケル攻撃ヲ不可能ナラシムルヲ以テ　之ヲ慎ムヲ要ス」

守備隊に向かって、海空軍の攻撃とあわせて攻撃をおこなうようにと指示し、「不準備燥急ノ大逆襲」をやってはならぬと述べたのは、サイパン、テニアン島における戦法を批判したものであった。サイパン、テニアンで、守備隊は敵上陸軍に攻撃をおこなったが、友軍機による爆撃の支援がなく、味方の砲兵の援護がなかった。肉弾戦法による攻撃は、敵砲兵の火力と艦砲射撃、そして戦車によって阻止され、みるみるうちに戦死者の山を築き、そのあと態勢を立て直すことができないまま、両島の守備隊は全滅してしまったのだった。

じつをいえば、「不準備燥急ノ大逆襲」をおこなったのは、サイパン、テニアンの戦いだけではなかった。ガダルカナルの戦い以来、ずっと繰り返してきた戦法だった。ガダルカナルで、東ニューギニアの戦いで、こちらには航空機の支援がなく、火砲はわずかで、おまけに兵力も少なかった。それでも攻撃を敢行し、白兵戦にもちこもうとした。敵は弾幕射撃で応じた。この弾幕を強行突破しようとしたが、前進する兵士たちはたちまち砲火に倒れた。指揮官は予備隊を繰りだし、他の部隊を引っ張ってきて、二回、三回と攻撃を繰り返した。開始した攻撃は貫徹しなければならなかった。もういちど攻撃をおこないさえすれば、敵の弾幕を突破でき、混戦乱闘の白兵戦にもちこめると指揮官は信じていたのである。

それも当然だった。「不準備燥急ノ大逆襲」は、将校、兵士たちが教え込まれ、叩き込まれてきた陸軍の金科玉条の戦法だった。不準備はだれもが百も承知のことだった。それを補ってあまりあるのが、精神力であり、訓練であり、必勝の信念だった。燥急ではなかった。迅速だった。速戦だった。

ところが、速戦も、必勝の信念も、厖大な火力に粉砕されてしまった。「不準備燥急ノ大逆襲」をやってはならないと言わざるをえなくなった。参謀総長の梅津、参謀次長の秦、作戦部長の真田は、本物の攻撃がべつにあるかのように説いて、気が重かったに相違ない。八月のその要領には、攻撃の文字はいくつもあり、攻撃するのだと説いていた。だが、実際には「不準備燥急ノ大逆襲」以外に、実行できる攻撃などありはしなかった。しいてあげれば、「不準備遅慢ノ大逆襲」があるだけだった。

水際にでてはならぬとの指示につづき、八月に島嶼守備要領が配布され、似た内容の上陸防禦教令が十月にだされ、どこの守備隊も陣地を後退させるようになった。北千島や奄美大島、済州島、どこの海岸でも、波打ち際につくられてあった機関銃陣地や対戦車砲陣地は放棄されてしまった。海岸につくられた対戦車壕や掩蔽《えんぺい》壕はいまでは砂に埋もれてしまっている。そして、北海道でも、四国でも、海岸から遠く離れた台地の崖で、兵士たちが鶴嘴《つるはし》をふるい、地下坑道を掘っている。

「後方配備」を命じられ、「不準備燥急ノ大逆襲」をやってはならぬと指示されたことで、戦法はおのずと決まってしまっている。ルソン島のような大きな島では、前にも述べたとおり、指揮官や参謀たちは永久抗戦を説き、専守防禦の戦いをやるようになっている。ルソン島だけではない。支那派遣軍、台湾軍の参謀たちはアメリカ軍の上陸に備えての作戦を考えているが、専守防禦の計画をたてている。しかし、小さな島の守備隊は、後方に配備することができず、永久抗戦を唱えることもできないから、戦法はひとつしかない。迅速な決戦、すなわち「不準備燥急ノ大逆襲」をやらざるをえない。

こうして市谷台の幹部たちは、各地の守備隊が持久戦の気構えとなっていることを深く懸念するようになっている。参謀次長の秦彦三郎が市谷台の部課長たちに向かって、本土の戦いを持久戦としてはならぬと述べたことは前に記した。そしてかれらのもうひとつの心配は、東部ニューギニアの戦いまでは、指揮官も、兵士たちも、白兵戦にあふれる自信を抱いて攻撃をおこなったのが、いつか攻撃は戦闘打切りの自殺攻撃となってしまっていることだ。陸軍の伝統ある攻撃と攻撃精神は瓦解しようとしているのである。

アメリカ第五艦隊

敵の側はどうか。アメリカ軍はずっと同じ戦法をとってきている。念のためにいっておけば、これは海軍の戦いの方法、第五艦隊の戦法である。

第五艦隊の司令長官と幕僚、麾下部隊の指揮官たちは、タラワ上陸作戦で使った戦術に手を加え、つぎの上陸作戦をおこない、そしてまたつぎの上陸作戦をおこなってきた。その戦法は目新しいものではない。前にも述べたとおり、上陸作戦を開始するに先立ち、上陸予定の島の周辺の島々に先制攻撃をおこない。日本の航空部隊を撃滅するのが、定型の戦法である。

タラワを攻めたときには、周辺の島々への攻撃は爆撃だけだった。つぎにマーシャル群島を攻撃しようとしたときには、空母機部隊が周辺の島々を爆撃したあと、戦艦部隊が突進し、飛行場に艦砲射撃を実施し、滑走路を使用不能とした。

サイパン島を攻略しようとしたときには、小笠原諸島を爆撃、硫黄島を叩いた。硫黄島の航空部隊を絶滅し、日本側がさらに硫黄島に送り込んだ百十機の爆撃機と戦闘機を撃滅し、飛行場に艦砲射撃を浴びせた。

ところで、タラワの戦いで、アメリカ側は一千人の戦死者と二千人の戦傷者をだした。想像をはるかにこえた死傷者の数だった。タラワにたいする砲爆撃は三時間だった。マーシャル群島を攻撃するときには、その砲爆撃量を大幅に増やすことにした。クェゼリンにたいしては、三日間爆撃をつづけ、さらに二日間にわたって砲撃と爆撃を加え、そのあと上陸した。

地上の戦いのためには、圧倒的な数の戦闘部隊を投入することが、不可欠な原則のひとつだった。そして万一に備え、沖合いには予備部隊を満載した輸送船を待機させていた。タラワの戦いでは、水陸両用の装甲車がめざましい働きをした。その装甲車は実質的には戦車と変わりがなく、三七ミリ砲と機銃三梃、それとも火焔放射器を装備している。強力な攻撃力と機動力をもっている装甲車は、上陸してしまえば、たちまち戦場の主導権を握ってしまう。ノルマンディ上陸作戦を成功させたのも、この水陸両用装甲車の活躍があってのことだった。タラワの戦いのあとの上陸作戦では、水陸両用装甲車を増やした。戦車揚陸船を増やし、戦車の数も増やした。

もっとも肝心なことは、空母の数を戦いごとに増やしてきたことである。ギルバート諸島を攻略したときに、輸送船団を護衛するための空母は八隻、正規の攻撃型の空母は六隻だった。サイパン島を攻略したときには、護衛空母は十二隻、攻撃型空母は十五隻となった。

空母や戦車揚陸船、水陸両用装甲車を増やしただけではない。洋上補給部隊をつくりあげ、戦闘部隊に伴わせるようにした。空母、戦艦、巡洋艦、駆逐艦は基地に戻ることなく、作戦水域を離れ、避退水域に向かうだけですむようになった。ひとつの戦隊は油槽船からホースをとりつけ、給油をおこない、弾薬船から弾薬を運び入れ、人員の補充をおこない、重傷者を病院船に移し変え、ふたたび作戦水域に戻り、他の戦隊と交代する。こういった仕組みで、空母、戦艦、駆逐艦の一隊は、一週間でも、二週間でも、攻撃する島の沖合いにとどまっていることができるようになった。

第五艦隊はタラワの戦いを原型として、クェゼリン、サイパン、硫黄島への上陸作戦を実施してきたのだが、それも当然だった。作戦計画をつくり、作戦命令をくだし、タラワから硫黄島までの戦いを指揮してきた司令官が同じ顔ぶれだった。ターナーとスミスの二人である。ケーリー・ターナーは、上陸部隊を輸送して、上陸させ、支援する艦船の総指揮をとる上陸作戦部隊の司令官である。かれが「上陸開始」を命令したあと、陸上の戦いの総指揮をとってきたのがホランド・スミスである。

かれら二人の上に立つのがレイモンド・スプルーアンスであり、第五艦隊の司令長官である。中部太平洋の戦いの全指揮をとってきたのがかれである。かれは幕僚、各部隊の指揮官たちと協議し、タラワにはじまり、マーシャル群島、トラック島、マリアナ諸島、硫黄島までの戦いの作戦計画をたて、作戦命令のひとつひとつを検討してきた。

そしてもうひとりいる。スプルーアンスの上官である太平洋艦隊司令長官のチェスター・ニミッツである。かれが真珠湾に着任したのは、日米戦争がはじまって八日目、沈められた戦艦から浮きあがった屍体が波間に漂っていたときである。それ以来、かれは真珠湾を見下ろすマカラバの丘の官邸にいた。今年一月から、かれはグアム島に司令部を前進させている。

ニミッツがやってきたもっとも重要なことはといえば、つぎの作戦計画をたて、弾薬、燃料、航空機、艦艇を揃え、攻撃の間《ま》をあけず、日本軍にたいして攻勢をつづける力を維持してきたことである。タラワにはじまり、マーシャル群島、トラック島、マリアナ諸島、フィリピン、そして硫黄島への上陸作戦をつぎつぎと実施し、日本側がその態勢を建て直す時間的余裕を与えないようにしてきたのである。

もういちど、二月十四日に戻ってみよう。第2巻で述べたとおり、その日、海軍の哨戒機がサイパン西方の海上に敵の艦船群を見つけた。硫黄島の第百九師団の参謀として父島に派遣されている堀江芳孝が、敵艦隊はどこへ向かうのだろうか、硫黄島を襲うのだろうか、それとも沖縄へ向かうのだろうかと考えたことは前に述べた。

敵の大艦隊のうち、高速空母部隊は一路北上をつづけた。二月十五日の夜、日本本土に近づいた。各艦は無線を封止し、レーダーの使用をやめ、真っ暗な海上を二十五ノットの全速力で進んだ。そして翌十六日の夜明け、各空母から艦載機の第一波が飛びたった。硫黄島に接近している輸送船団と護衛艦隊の安全を図るために、関東地方の空軍基地と航空機工場を攻撃する作戦だった。

空母機の関東地方空襲開始から数分遅れて、六隻の戦艦が硫黄島に近づき、艦砲射撃を開始した。房総沖の空母機群は東京周辺の飛行場、航空機工場にたいする攻撃を、二月十七日の午前中もつづけた。正午前にその航空攻撃を中止し、空母と戦艦の部隊は硫黄島へ引き返した。

硫黄島にたいする砲撃は、二月十七日、十八日とつづけた。硫黄島の大縮尺の地図は碁盤の目に分けられ、砲兵陣地、小要塞、対空砲火陣地のすべての目標に番号がつけられていた。砲撃担当部隊の旗艦からの命令によって、戦艦、巡洋艦、駆逐艦の各艦はそれぞれの砲撃目標を定められ、弾着観測機が各艦の測的班と連絡をとりながらの砲撃だった。たとえば戦艦アイダホは一日中、摺鉢山の山麓にある重砲陣地に砲撃をつづけていた。爆撃もつづけた。サイパンから四十二機のB24が飛来し、島の上に破片爆弾を落とした。艦砲射撃の合間には、母艦機が飛び、銃撃を加えた。

　二月十九日の夜明け前、夜のあいだ硫黄島の沖に移っていた数百隻の艦艇は、それぞれ定められた位置に戻った。関東地方を攻撃した空母群と行動をともにした第五艦隊の旗艦であるインディアナポリスは、島を包囲している艦艇を押し分け、上陸予定の海岸の沖合いにとまった。上陸予定地は千鳥ヶ原地峡の南海岸である。

　いよいよ上陸日の砲撃の開始である。各砲が一斉に火を吹きはじめた。旗艦インディアナポリスも艦砲射撃に加わった。砲撃の火の玉は大きな弧を描いて真っ暗な空を飛び、大きな塊となってぼんやりと見えるだけの島のいたるところで、ピカッピカッと閃光を発した。空に半円を描く数限りない赤い弧はしだいに色を弱め、空が白みはじめるにつれて、黄に変わり、ついには見えなくなった。午前六時二十分、太陽が水平線にあがった。島は砲煙と砲煙のなかに沈み、摺鉢山も煙のなかに姿を隠していた。

　上陸準備のほうは、いよいよ忙しくなった。戦車揚陸船の船首の扉が開いて、つぎからつぎと水陸両用トラックや水陸両用装甲車を吐きだし、輸送船はハッチを開き、クレーンが伸び、上陸用舟艇を海面におろしていた。輸送船の舷側には縄網が張られ、重装備の兵士たちがそれにつかまって降り、上陸用舟艇に乗り移っている。

　千鳥ヶ原の南側海岸から三・五キロ沖合いには、水陸両用トラックと水陸両用装甲車が一列に並びはじめた。両端に司令艇がいて、それが目安になる。第一の列のうしろには第二の列、第三の列をつくることになっている。

午前七時、雷が鳴りつづけているような轟音がやんだ。代わって爆音がとどろき、急降下爆撃機の編隊が二列縦隊で島の上空を飛び、爆弾を落とした。さらにべつの一隊がナパーム弾を落とした。海岸線に沿って火焔がいくつもあがった。渦を巻いた火焔は三十メートルの高さにまで達した。

ナパーム弾は、東京をはじめ、大阪、名古屋に投下している油脂焼夷弾と成分は同じである。落下タンクにナパーム液を入れ、信管をとりつけただけのものだが、一千平方メートル以内にいる人を焼き殺し、窒息させる力をもつ。昨年八月、テニアン島の戦いではじめて使用した。砂糖きび畑のひろがる平坦なその島では、ナパーム弾は恐るべき威力を発揮した。アメリカ海軍はこの兵器を秘密にしてきた。太平洋艦隊司令長官の命令によって、従軍記者は、ナパーム弾と日本軍の特攻機について書くことを許されていない。

つぎにヘルキャットの一隊が火の尾を曳くロケット弾を発射した。二十分あと、七時二十五分、砲撃が再開された。戦艦の主砲は海岸線を砲撃した。一団の駆逐艦は榴霰弾《りゅうさん》を発射した。地上五十メートルの高さで黒煙をたてて炸裂し、鉄片の雨を降らせた。

午前七時三十分、砲艦がロケット弾の発射をつづけながら、海岸へ向かって進み、横一線に並んだ水陸両用トラックと水陸両用装甲車が前進をはじめた。砂浜の交通指導をおこなう指揮班の艇がそのあとにつづいた。二百メートルの間隔をおいて第二波、さらに第三波と上陸用舟艇がつづく。一時間あとには砂浜は大混乱になる。通信機と発電機、拡声器を持ち、沖の輸送船と連絡をとり、海岸の交通整理をするのが、指揮班の任務だった。

最初の水陸両用装甲車が波打ち際から四百メートルのところまで近づいたとき、上空の観測機がそれを砲撃担当部隊の旗艦に告げた。艦砲射撃は元山の台地に狙いを移した。海上で待ちかまえていたコルセアの編隊が低空を飛んで、浜辺に機銃掃射を開始した。

午前八時五分、海岸の上空に白い閃光がつづいて光り、大きな抛物線《ほうぶつせん》をいくつも描いた。最初の一隊が上陸に成功したことを告げる信号だった。後続の上陸用舟艇がつぎつぎと浜辺に着いた。夕刻までに、千鳥ヶ原地峡の三千メートルの海岸には、三万に近い兵員が上陸し、百輛以上のシャーマン戦車、七五ミリ砲と一〇五ミリ砲、百二十門を揚陸させた。

昼のあいだ、日本軍は攻撃をしかけてこなかった。四日間の砲爆撃が守備隊に大きな損害を与えたからか。まったくわからなかった。艦砲射撃の激しい弾幕のために、日本軍が動こうとして、動けないのが、まちがいのないところと思えた。

迫撃砲弾、ロケット砲弾が海岸で炸裂したが、いずれも散発的だった。戦死者は五百人ほどだった。砂浜の兵士たちは、そこここに散乱する屍体が海兵隊員ばかりで、日本兵の屍体がないことを不思議に思った。日本軍は夜襲をしかけてくるのだと参謀たちは考えた。

かれらは、航空写真から判断して、守備隊がおよそ八千の予備兵力を持っていると推定していた。その予備隊をくりだして、かならずや夜襲をしかけてくると思った。

暗くなって、駆逐艦は星弾を射ちあげはじめた。黄色の光がするすると立ちのぼった。マグネシウム落下傘は海岸堡とそのさきまでを真昼のように明るくした。そして沖合いの巡洋艦、駆逐艦は北の台地に向けて砲撃をつづけた。

午後十時ごろ、迫撃砲弾の炸裂がそこここではじまった。いよいよ日本軍の夜襲がはじまる。ところが、待ちかまえていた攻撃はなかった。午前四時、橋頭堡の中央部で迫撃弾の炸裂音と真っ赤な閃光が激しく交錯して、砂浜をたえまなく震わせはじめた。黎《れい》明《めい》攻撃がはじまるとだれもが思った。上陸している砲兵部隊の七五ミリ砲と一〇五ミリ砲が弾幕射撃を開始した。海上からはロケット弾と榴霰弾が弾幕を張った。日本軍の攻撃はなかった。夜は明けた。戦車や蛸壺のなかの将兵たちは狐につままれたような気持ちだった。

じつは硫黄島に上陸した大隊長クラスの将校から下士官たちは、歴戦の古強者《ふるつわもの》なのである。スプルーアンス、ターナー、スミスとともに、かれらもまたクェゼリンで戦い、つぎにサイパン、テニアンで戦い、日本軍の戦法を承知していた。

栗林の戦法

敵第五艦隊はいまにも硫黄島を押し潰さんばかりだった。そして千鳥ヶ原の海岸に上陸した海兵師団の師団長や連隊長は、今度の敵は少々勝手がちがうと思いながらも、五日で守備隊を押し潰すことができると思っていた。だが、栗林忠道は相手側が想像していたような戦いをする考えはまったくなかった。

かれは二月十九日の夜に攻撃を命じなかった。夜明け前にも攻撃を許さなかった。「不準備燥急ノ大逆襲」をやる考えは、かれにははじめからなかった。かれの目的はひとつ、敵の戦闘員をひとりでも多く殺すことだった。

栗林がやろうとしたこと、やってきたこと、敵に大きな損害を与えること、じつはこれが他の戦場ではできなかった。多いのはこちらの戦死者ばかりだった。もういちど振りかえってみよう。

香港、マレー、蘭《オランダ》領東インド、フィリピン、そしてビルマまでの広大な地域を攻略するのに、支払った犠牲は一万五千人だった。少なかった。だが、ほんとうはもっと少なくすることができた。前に述べたことだが、陸海軍のあいだに最低限の協力があって、艦砲射撃の支援があったのであれば、戦死者はその三分の一、五千人ですんだはずであった。

それはともかく、敵の反攻がガダルカナルではじまって、半年間にわたるガダルカナルの戦いで、二万五千人が戦死した。戦う双方が悪戦苦闘をつづけたのだから、敵の戦死者は二万人、少なくとも一万人に達しているとだれもが思うだろう。敵の戦死者数を聞いて、人は聞き返すにちがいない。アメリカ側の戦死者数は一千五百人だった。

昭和十八年五月のアッツ島の戦いでは、二千六百人の守備隊員が全滅した。アメリカ軍の戦死者は六百人だった。同年十一月のタラワの戦いでは、三千人が戦死した。前にも述べたとおり、相手側に与えた損害は大きかった。一千人にのぼった。双方の戦死者の比率は三対一だった。昭和十八年十二月、マーシャル群島が攻撃を受け、クェゼリン、エニウェトクが失陥した。戦死者の総計は一万二千人に達した。では、三千人、あるいは四千人の敵兵を殺すことができたのか。敵の戦死者は六百人だった。こちらの戦死者数と比べて、敵の戦死者はあまりに少なかった。

ニューギニアとその近辺の戦いでも、多いのはこちらの戦死者ばかりだった。昭和十八年十二月、ニューブリテン島の最西端に敵軍が上陸した。敵は南西太平洋方面軍、すなわちマッカーサーの部隊である。ニューブリテン島のその西端は重要な戦略拠点だった。その島は四国と同じ大きさだが、四国を横にひきのばした半月の形をしている。東の端にラバウルがあり、これまた戦略的要衝だった。西の端は七十キロの海峡を挟んで、対岸がニューギニアである。その海峡をしっかり抑えていることができれば、マッカーサーの南西太平洋方面軍をソロモン海に閉じ込めておくことができた。

だが、多勢に無勢だった。マッカーサーの部隊は、アメリカ軍とオーストラリア軍合わせて、十五個師団あった。こちらはその半分以下だった。機動力を欠いた六個師団がニューギニアとその周辺地域に散らばっていた。そして海空戦力はアメリカ側が圧倒的に優勢だった。ニューブリテン島西端の戦いで、わが方の戦死者は五千人だった。敵は五百人を失っただけだった。そしてマッカーサーの部隊はソロモン海から太平洋にでてしまった。

つづいて昨十九年二月に敵が狙ったのは、その海峡から三百キロ北にあるアドミラルティ諸島だった。そこの最大の島はマヌス島である。沖縄より大きい。四千人の駐留部隊は全滅した。敵の損害は二百人だった。敵はアドミラルティ諸島を一大海空基地にしてしまった。敵はラバウルをほうりっぱなしにしておいてよく、トラック、メレヨン、パラオの島々への偵察と爆撃、ニューギニアへの攻撃は思いのままとなった。

四月に、敵軍はニューギニア北岸に攻撃をしかけてきた。ニューギニアは巨大な亀を横から見た形をしている。その亀の背にあるホーランディア、アイタペに上陸した。こちらの戦死者は二つの戦場でそれぞれ四千人に近かった。アメリカ軍の戦死者はどちらも四百人だった。

五月、敵の南西太平洋方面軍はビアク島を攻撃した。ビアク島はニューギニアの亀の首の上にある島である。わが方は五千人が戦死した。敵の死者は五百人だった。

陸海軍の統帥部は、敵の第五艦隊がマッカーサーの南西太平洋部隊を支援し、ビアク島に攻撃に向かうだろうと予測していた。ところが、敵艦隊が襲ったのはマリアナ諸島だった。サイパン、テニアン、グアム三島の敵軍の戦死者は五千人だった。こちらの損害は惨憺たるものだった。じつに六万人だった。

九月に、敵第三艦隊はペリリュー島を攻撃した。二カ月にわたる戦いで、こちらの戦死者は一万人にのぼった。敵戦死者は一千六百人だった。十月に、マッカーサーの部隊はレイテ島に上陸した。無惨な戦いだった。こちらの戦死者は五万人に達しているにちがいない。それ以上かもしれない。アメリカ軍の戦死者は三千五百人である。

現在つづいているルソン島の戦いでも、こちらの戦死者の数が圧倒的に多い。とりわけひどかったのが、この二月末のバターン半島沖のコレヒドール島の戦いである。十二日間の戦闘だった。六千人が戦死した。その代償を敵に支払わせることはできなかった。敵の戦死者は二百人たらずだった。

ガダルカナルの戦いにはじまって、コレヒドールの戦いまで、こんな深刻な負け戦を繰り返してきていることを、大臣が知らず、国会議員が知らず、新聞の論説委員、大学教授、だれも知っていない。こちらは少数なのだし、支援をつづけることができないのだから、全滅してしまうのはやむをえない。だが、わが方は夜襲をかけ、挺身斬り込みをやり、敵にも大損害を与え、敵を震えあがらせているのだ。敵兵の殺傷一万人以上、敵に与えた損害五千人と毎日の新聞に載っているではないか。だれもがこんな具合に思っている。

人びとをしてこのように信じさせ、事実をひた隠しにしてきたのは、言わずとしれた市谷台である。もちろん、参謀総長も、参謀次長もこれらの恐るべき数字を承知している。アメリカ側は自分たちの戦死者の数を軍の機密として隠すことなく、公表してきているからだ。

そして作戦部長の真田穣一郎や作戦課長の服部卓四郎は、わが方の戦死者の数ばかりが多い理由をいまは承知している。昨年八月に島嶼守備要領をつくろうとしたとき、かれらが検討した問題である。前にも見たとおり、陸軍の幹部将校は劣弱な火力装備に慣れてしまっているがために、火力を無視し、火力の実体をしっかり捉えることができなくなっていた。だからこそ、敵の弾幕を容易に突破して、敵陣地を潰滅できると思い込んだのだし、海岸に構築した掩蔽壕が艦砲射撃にも生き残ると信じることになり、戦死者の山を築くことになったのである。

そこで栗林忠道のことに戻れば、かれはしっかりとした火力認識をもち、自分の戦法を定め、前にも触れたとおり、部下たちの意見に妥協しない強さをもっている。かれは攻撃や大逆襲する意図ははじめからなかった。かれは地下で戦う計画をたて、地下要塞をつくった。兵士たちをすべて地下に入れ、迫撃砲、対戦車砲、ロケット砲、重機関銃はすべて地下洞窟陣地に据えつけた。そして陣地と陣地を結ぶトンネルの交通路を構築した。それだからこそ、敵上陸に先立つ三日間の艦砲射撃、その前の二カ月にわたる爆撃に、守備隊員はじっと堪えることができたのである。

そして敵軍が上陸してからも、砲爆撃がつづくあいだは、守備隊員は地下深く潜んだ。毎日、敵の一五五ミリ砲と一〇五ミリ砲は二万五千発をこちらの前線にぶち込み、爆撃機が爆弾を落とした。その弾幕をとりはらったときに、守備隊員は地下から陣地に戻り、罠《わな》に近づいてくる敵歩兵の一隊を待ち、迫撃砲弾を射ちあげ、機関銃弾を浴びせた。こうして敵が一日に前進できたのは、一千人以上の死傷者と引き替えに、百メートルから二百メートルまでだった。

二月の末、敵軍はとうとう元山飛行場に到着した。硫黄島には三つの飛行場がある。いずれも海軍の飛行場だった。千鳥飛行場、これが第一飛行場である。千鳥ヶ原地峡にあり、敵上陸のつぎの日に占領されてしまった。つぎに元山飛行場、これが第二飛行場である。元山台地の中央にある。そして元山飛行場のすぐ北にあるのが建設中だった北飛行場であり、これが第三飛行場である。

飛行機がないのだから、これらの三つの飛行場はいよいよというときになって、なんの役にも立たなかった。栗林が無念に思ったのは、海軍側から頼まれて、拡張のために兵員を投入した第二飛行場が敵軍の進出路となってしまったことだった。元山飛行場の滑走路はV字型にのび、ひとつは一・二キロ、もうひとつは一・五キロの長さがある。元山台地は東西、南北いずれもいちばん長いところで四キロしかない。一キロ以上の平坦な滑走路は、敵戦車隊にとって絶対の進撃路となった。

もちろん、滑走路には地雷を埋め、滑走路を見通せるところに速射砲の洞窟陣地をつくっておいた。元山飛行場の滑走路に入ってきた敵戦車九輛をたちまちのうちに擱坐《かくざ》させ、戦闘不能とさせた。だが、敵側にこちらの対戦車砲の所在が知られてしまっては、あとは火力の差が勝負を決めた。敵の砲撃観測機が頭上を飛び、砲爆撃を集められ、こちらの対戦車砲陣地はひとつ、またひとつと破壊された。獅子奮迅の勢いで戦った独立速射砲大隊の大隊長と砲手たちは歯噛みしながら、戦死した。

敵戦車隊は各砲口から火を吐きつつ、元山飛行場を火力とスピードで突破し、攻撃の進路を切り開き、兵員輸送車がそのあとをつづき、元山台地の中央に大きな突出部をつくってしまい、さらに戦車の一隊は北飛行場の一端にまで前進した。

これが敵軍上陸後十日目、二月末の戦況だった。元山台地の防衛線はまだつながり、司令部は全体を掌握していた。だが、元山飛行場を敵の手に奪われてしまっては、五、六日のちには、守備隊はいくつにも分断されてしまい、ひとつひとつが摺鉢山の陣地になってしまうのは目に見えていた。扇の要のところにある摺鉢山の陣地は包囲され、孤立した戦いをつづけ、山の形が変わってしまうほどの艦砲と野砲の砲弾を浴びながら、五日間の戦いをつづけたのだった。

市谷台の幹部たちは、硫黄島の守備隊が総反攻する時機だと見た。攻撃することの危険性はわかっていたが、攻撃しなければ、消耗しつくして終わるだけではないか。そして栗林の司令部の部下と第一線の大隊長たちは、だれもが攻撃したいと考えていた。なんといっても、絶対のものだと叩き込まれた攻撃第一主義がかれらの頭にあった。そして堪えられないのは、彼我の力の差がひろがるばかりだということであった。

死者と瀕死の重傷者は増えつづけていた。迫撃砲、ロケット砲、そして弾薬、食糧と水は減りつづけていた。それにひきかえ、敵側は充分な補給があり、人員の補充ができた。十数人の将校と九百人の兵士が戦死し、戦傷した敵の大隊があった。一個大隊の全滅である。だが、新しい将校、兵士をつぎつぎと入れていたから、一個大隊の人員は変わっていない。

そして守備隊員たちの気持ちの奥底には、すべてを終わりにしてしまいたいという衝動があった。物凄い砲撃音が壕内いっぱいにはねかえり、壕全体が揺れ動いた。壕内は息苦しかった。かつては硫黄の匂いだけだったのが、硝煙とナパーム弾の匂い、さらに焼けた肉の匂い、屍体、汚物、そして石炭酸の匂いが充満していた。なによりも水のないのが苦しかった。夢のなかにでてくるのは、水と水音だった。

壕のなかの兵士は銃眼の縁にとまった無数の蠅をぼんやりと眺め、自分は蠅の糞ほどの存在なのだと思った。かれにとって、時はもはやなんの意味ももたなかった。死ぬことなどなんでもなかった。飢えと疲労の極限から逃れたかった。だれもがいちかばちかの決戦をしたいと思っていた。

だが、三月一日、二日、栗林は攻撃命令をださなかった。かれは戦闘打切りのバンザイ突撃を許さなかった。攻撃をしかければ、敵の不意をつくことができるかもしれない。だが、敵はすぐに立ち直るだろう。数時間のうちにこちらは全滅する。このままがんばりつづければ、向こうしばらくのあいだは、一日に三百人、四百人の敵を殺し、傷を負わせることができる。かれはこのように考えていた。

生き残っている守備隊員はそれぞれの部署で最後まで戦った。三月十一日には、島の最北端の被郭《ひかく》陣地が残るだけとなった。谷がいくつもあり、斜面には地下洞窟と機関銃陣地、小銃陣地が数多くある。陣地から近づく敵兵を狙撃し、敵の側はこちらの陣地をひとつ、またひとつと破壊する戦いがつづいた。

今夜、栗林忠道は三十五日間の戦いを振りかえり、自分の義務を果たしたと思っていよう。二万人の守備隊員のあらかたは戦死してしまった。だが、一万人に近い敵兵を殺したと栗林は推定している。戦傷者を加えれば、まちがいなく二万人以上の損害を与えているはずだ。それがただひとつの慰めである。サイパン、テニアン、グアムのマリアナ諸島の三島、そしてレイテ島で敵に与えた損害の総計と、この小さな島で与えた損害が同じなのである。

栗林は考えつづけたのであろう。他の戦場でも、硫黄島と同じように戦ったら、アメリカは戦法を変えざるをえなくなり、それどころか、アメリカ国内で政府にたいする批判が強まり、無条件降伏の方針も揺らぐことになったかもしれないのだ。そう思ってみようとしたのだが、そうはいかないのだということもかれは承知している。硫黄島の戦いは硫黄島だからこそできた戦いだった。レイテ島でできず、ルソン島でできはしなかった。そしてこのさきのことになれば、本土の戦いになって、硫黄島の戦法はとても使うことができないのだ。

われわれは地下にもぐって戦ってきたが、本土を守るのに、こんな戦いをしてもしようがない。女子供を地上に残し、ナパーム弾や機銃弾の浴びるにまかせ、兵士たちだけが山腹の洞窟陣地にとじこもってどうなるか。硫黄島の守備隊は、自分たちが「太平洋の防波堤」になるのだと思ってきた。だが、女子供をほうりっぱなしにしておいて、自分たちが本土を守っているのだという気持ちにはたしてなれるか。絶望感がひろがり、コレヒドールの戦いのように無気力な戦いをすることになってしまうのではないか。

だいたいが日向灘沿岸や九十九里浜で戦って、地下にもぐり、敵に出血を強要するといった戦いをやって、それでいいはずがない。攻撃し、敵を殲滅しなければならない。

ところで、そんな戦いができるか。それこそレイテの戦いの二の舞となり、敵の戦車と火砲によって、たちまち全滅させられてしまうことになるのではないか。

栗林は自分が考えているこのような懸念を市谷台宛ての電報に記したことはない。だが、三月十七日の深夜に発信した訣別電報の末尾に、つぎのような和歌を載せたのだった。

「醜草《しこぐさ》の島にはびこるその時の皇国《みくに》の行手一途《いちず》に思う」

黎明の総攻撃

三月二十六日の午前二時すぎとなっている。栗林忠道は部下たちとともに洞窟陣地をでた。十一夜の春の月が天高くある。

最後の戦いに加わる者たちは三百人を超す。海軍部隊の最高指揮者である市丸利之助がいる。兵団参謀長の高石正、作戦担当参謀の中根兼次がいる。

中根兼次は四十二歳、剣道五段、歩兵戦闘が専門であり、陸軍士官学校三十五期の出身である。市谷台の主要機関に坐り、電報を読み、会議を主宰し、訓電を書き、計画書をつくってきているのが、同じ三十五期の俊才たちだ。荒尾興功《おきかつ》、榊原主計、美山《みやま》要蔵、晴気《はるけ》慶胤《よしたね》、佐藤裕雄、松谷誠といった三十五期生は、いずれも市谷台の課長クラスである。かれらがすべての政策をつくり、かれらの主張に軍高官たちをも従わせてきている。

もちろん、本物の戦いの指揮をとってきたのはかれらではない。中根兼次のような男たちである。中根は実行力があり、先頭に立ってなんでもやるから、第一線の五十三期生を中心とした大隊長の全幅の信頼を集めてきた。自殺に近い安易な攻撃をやってしまうことをせず、最後まで苦しい戦いをつづけることができたのは、中根の指導力があってのことなのである。そしてかれの存在があって、硫黄島の司令部はひとつにまとまってきたのである。それというのも、すべてを自分で決めたがる栗林のような司令官は幕僚たちのあいだで人気がなく、いざこざが起き、司令部のシステムは機能しなくなってしまうものだからである。

地下から外へでて、兵士たちの足がよろけた。新鮮な空気の爽快さに酔ったのである。久しぶりに吸った煙草のせいもあろう。もちろん、だれもがひどく疲れているからだし、水を充分に飲めず、食べるものは偏り、栄養不良のせいなのである。

闇のなかに浮かびあがった影絵は見慣れない形をしている。爆薬と抜き身の銃剣を背負った兵士がいる。帯剣を腰に下げたのでは、音がするからだ。将校も軍刀を背負っている。履いているのは地下足袋である。分捕ったバズーカ砲を手にしている者がいるし、米海兵隊のM6小銃を持っている兵士がいる。機関銃の弾帯を肩から斜めにかけ、手に弾倉を持った者がいる。革ケースに入った四五口径の拳銃をぶらさげた者もいる。

将校、兵士たちの顔は不精髭が伸びきり、目は落ちくぼんでいる。暗くてよく見えないが、だれもが汚れている。頬にも、手の甲にも、泥と脂が厚くついている。服も同じだ。いくつも穴があき、鉤裂《かぎざ》きができ、黒い血がこびりついている。着ている服がいかにも大きすぎ、肩からだらんと下がっているのは、戦死した米海兵隊員のものである。それでも、だれもが背筋をしゃんとのばした。

攻撃の主目標は二キロ南にある元山飛行場である。三月はじめから、これまでに見たことのない型の戦闘機が姿を見せ、頭上を旋回して、ロケット弾を発射し、機銃掃射をしてきている。千鳥飛行場を利用するようになった米陸軍戦闘機のP51である。元山飛行場でも拡張のための工事がおこなわれ、滑走路の脇には、建設部隊の緑色のテントが並び、搭乗員と整備員たちの幕舎が立ち並びはじめた。そして三日前から、元山飛行場にもP51が発着するようになった。

そこを攻撃する。敵の包囲部隊はすでに引き揚げている。部隊は島の西岸沿いに進む。洗面器を伏せたような形の元山台地と前に述べたが、部隊は洗面器の縁の海岸段丘を分かれて進む。兵士たちは故郷の段々畑を思いだしたと、これも前に述べたが、それは夜明け前の海上からの島の最初の印象にすぎない。島の北端の海岸段丘には、びっしりとタコノキが密生している。タコノキは二メートルほどの高さだが、林のなかに入ってしまったら、明るい空は見えても、見通しはまったくきかず、方角がわからなくなってしまう。

敵軍が上陸する以前の話だが、兵士たちのなかには、タコノキの林のなかで青空を見上げ、子供のときのことを思いだした者がいた。母や姉のあとを追って桑畑へ入り、桑の葉とはるかに遠い空以外になにも見えず、ひとり取り残されたように思って、泣きべそをかいた記憶である。兵士たちがそれを思いだしたのは、タコノキの細い枝についた葉が桑の葉に似ているからだった。島の北の防衛を担当していたのは第百四十五連隊であり、鹿児島生まれの現役兵たちだった。三月に入ってからの戦いで、連隊のあらかたの者は戦死した。故郷の桑畑を思いだした青年たちも、すでに死んでしまった。

八丈島や硫黄島で、タコノキと呼ばれているのは、楮《こうぞ》の一種、姫楮である。この姫楮の原生林も焼かれてしまい、木は吹き飛ばされ、根こそぎ倒され、大きな穴があいている。

タコノキの林をでて、部隊の歩みはさらに慎重になった。月夜のなかに浮きあがって見える、ひっそりと静まりかえった丘の輪郭は、まったく見覚えがなかった。かつてあった林や目じるしになった大きな岩はなくなってしまい、崖は崩され、広い自動車道路ができてしまい、まるっきり見当がつかなくなってしまっている。

午前四時すぎ、攻撃部隊は元山飛行場の西側に忍び寄った。ピアノ線に注意しなければならない。敵は露営地の周りにピアノ線を低く張りめぐらしている。侵入者が足をとられ、ピアノ線を強く引っ張れば、照明弾に点火する。あかあかと姿をうつしだされ、監視哨の敵兵に狙い撃ちされる。

鉄条網を切り、飛行場へ入り込んだ二人の兵士は駐機場へ向かおうとした。ピシッ、ピシッと鞭を鳴らすような鋭い銃弾の音が耳もとをかすめた。監視哨の兵士に見つかってしまった。どこかに聴音装置が仕掛けてあったのだ。べつの二人は目の前が突然ぱっと明るくなって、足がとまった。巡邏《じゅんら》隊の小型自動車がこちらに近づいてくる。身を隠すところがない。手榴弾を握りしめ、間合いを測った。

幕舎に近づき、飛行機の破壊を告げる爆発音を待っていた一隊の将兵は、銃撃の連続音を聞き、しまったと思った。敵兵に見つけられてしまったらしい。攻撃をはじめねばならない。テントの入口に駈けよった兵士は手榴弾の安全ピンを抜いた。垂れ幕のあいだからそれを放り込み、身を伏せた。

こちらでも、あちらでも、銃撃、爆発の音、悲鳴と叫び声が聞こえだした。手榴弾を投げ、暗闇のなかでの撃ち合いがつづいた。敵の人数は増え、弾が雨のように降りそそいできた。多勢に無勢であるうえに、戦いがはじまってからは、こちらは互いに連絡がとれない。敵は携帯無線機を持ち、互いに交信しながら、防衛線を形づくり、こちらの分断を図り、機関銃火で包囲しようとする。敵の自動火器の閃光がそこら一帯を埋め、敵戦車の火焔放射器の長い焔が流れる。

東の空が白みはじめ、あたりはしだいに明るさを増してきた。射撃音はいぜんとしてつづいた。暁の日ざしが雲のあいだから射した。午前七時すぎ、自動火器の射撃音はやんだ。攻撃した全員が戦死し、あるいは自決した。

第13章

内府対総理

（三月二十六日～四月四日）

木戸、怒る

午後二時になる。同じ三月二十六日のことだ。

木戸幸一は薄い日ざしの窓の外を眺めながら、驚きと怒りでいっぱいである。かれは総理がやっていることをはじめて知った。

一昨日、土曜日の午後に首相が突然やってきて、内閣改造をしたいと言った。いましばらく他人には話さず、二人だけで考えてみようとかれに告げた。内閣改造が容易ではないことは、総理にもわかっているはずのことだからである。

小磯はうなずいた。ところが、かれはその約束を守らなかった。守る気などまったくなかった。かれは政務上奏にかこつけ、その足で御文庫《おぶんこ》に向かい、内閣改造をおこないたいとお上に申し上げているのだ。

それだけではない。内閣改造に木戸が協力しないと申し上げたのだ。しかもお上に向かって私を非難し、あろうことか私の更迭を求めているのだ。

そして小磯は今日も内奏し、大改造を断行するか、しからずんば進退を考えるほかなしと言い、乱暴にも、思し召しによっていずれかにしたいと陛下に迫っているのだ。まことに不穏当だ。補弼《ほひつ》の責を果たしていない。木戸はこんな具合に思ったのである。

木戸は、天皇と小磯とのあいだで交わされた自分の更迭問題についての問答を日記に書きとめた。

「側近に線の太き者を御使い相成度し。之については自分は考えはあるも今は差控える、と御答になりたり(1)」

そこで小磯のほうだが、かれは天皇に向かって、内閣大改造をしたいと重ねて内奏するとともに、もうひとつ手を打った。小田原入生田《いりゅうた》の近衛のところに使いをだした。今日、三月二十六日の午後のことだ。

使者は猪熊信行という三十八歳の男だ。小磯にかわいがられて十年になる商売人であり、政治家とのつきあいを金儲けに繋げるすべを知っている利口な男だ。東洋拓殖との合弁で、天津に紡績工場、上海に製粉工場を経営していたが、先行きに見切りをつけた。湯河原に疎開している。

近衛は猪熊を迎え入れた。猪熊は挨拶につづいて、小磯からの伝言を語りだした。

〈総理は外務大臣、内務大臣、運輸通信大臣を更迭し、みずから陸軍大臣を兼摂し、次官には阿南惟幾《あなみこれちか》大将を起用し、閣議に列席させたい所存であります。木戸内府は内閣改造にきわめて冷淡でありますから、公からの口添えをお願いしたい。なお外相には吉田茂氏、運通相には内田信也氏を起用したいと考えております。公からのとりなしをお願いしたい(2)〉

吉田と内田の二人を入閣させると約束することで、近衛を味方に引き入れたいと小磯は考えている。

小磯は、近衛が重光と仲が好くないことを知っている。それにひきかえ、近衛は吉田と親しい。現在も、近衛が吉田の麹町の邸を訪ねることがあるのを承知している。そして、内田信也が近衛系であるのは、これはだれもが知っていることだ。

内田信也については、前になんどか触れた。かれは六十五歳になる。三井物産の船舶部員から独立して、一代で産をなした船成金である。三十年以前の話になるが、第一次世界大戦がはじまって、傭船料、運賃が暴騰し、かれの内田汽船が六十割の配当をしたことや、かれが須磨に豪壮な洋館と破風《はふ》造りの御殿を建てたといった話は、いまも人びとが記憶している。

つけ加えるなら、内田と並ぶ船成金のひとりに成瀬正行がいた。麻布広尾にこれまた豪壮な邸を建てた。成瀬の死後、堤康次郎がこの邸を買った。現在、政府がこの邸の一部を迎賓館として借り、繆斌《ミョウヒン》がここに宿泊していることは、第2巻で述べた。

内田が政界に足を踏み入れたのは、大正十三年に故郷の茨城県から衆議院議員に当選したのがはじまりである。かれは近づきと好意を得るのに充分な金を使うことができたし、直面する問題の解決になかなかの手腕をみせ、政友会の有力幹部にのしあがった。岡田内閣で鉄道大臣、東条内閣で農商大臣をやり、東条英機、岡田啓介とも親しくしてきたが、なんといってもかれは近衛幕下のひとりである。

そこで小磯は近衛に向かって、吉田と内田の二人を入閣させると約束しただけでなく、もうひとつ核心的なことを密使に告げさせたのかもしれなかった。ぜひとも近衛公に内大臣になっていただきたいとの希望をもっていると述べさせたのではなかったか。

さらに小磯は、繆斌工作の経緯と外相更迭が必要なゆえんを猪熊の口から説明させ、最後に小磯は、無名の男を使者にたてた理由を、使者自身に語らせた。

〈小磯は、胸中、戦争を終わらせたいと望んでいるのでありまして、陸軍が考えている玉砕論を阻止しようとしているのであります。どうか公の御支援を仰ぎたいと願っております(3)〉

翌日、三月二十七日の午後一時半、近衛は宮内省庁舎四階にある木戸幸一の執務室を訪ねた。

近衛は木戸と顔を合わせるのは、愉快ではない。苦々しいかぎりだ。かれが暖めつづけてきた大構想を葬り去ったのはほかならぬ木戸だったからである。

木戸がさきに手をだしたのではない。攻撃を仕掛けたのは近衛のほうだった。今年の一月、高松宮をはじめ、重臣たちにかれはつぎのように説いてまわった。戦争を継続すると定めた路線をくつがえさねばならぬ、戦争終結のための具体策を講じなければならぬ、天皇にこのように申し上げねばならぬ、これをしないのは内大臣の重大な怠慢だ。

木戸は自分を囲む圧力を感じ、じっとしていることができなくなった。なにかしなければならなくなった。天皇が重臣を呼び、その意見を聴取するといった計画をたてた。近衛は木戸を追い詰めるのに成功した。近衛の計算どおりに、ことは運んでいるかのようであった。

ところが、ほんとうは木戸が反撃にでていたのだ。近衛の三年ごしの構想、要するに陸軍を皇道派の将軍たちに握らせる計画を葬ってしまおうとしたのである。

天皇が近衛の計画に反対の態度をとることによってか。衮竜《こんりょう》の袖に隠れて、近衛のプランを潰したと言われたくなかった。近衛に事実を突きつけ、かれの計画が重臣たちのだれからも支持されていないことを明らかにしようとしたのが、木戸の戦術だった。

というのも、近衛は自分の戦争終結の計画に自信をもち、牧野伸顕、岡田啓介、平沼騏《き》一郎《いちろう》、若槻《わかつき》礼次郎といった重臣たちの暗黙の同意を得ていると思っていたからである。

それだからこそ、木戸は重臣の上奏を仕組んだのだった。かれの思いどおりにいった。近衛が自分の孤立を知り、木戸の企みに気づいたのは、上奏が終わったあとのことだった。これについては第2巻で述べた。

振りかえってみれば、木戸と近衛の意見の衝突はいまにはじまったことではない。第1巻で述べたとおり、昭和五年に木戸が内大臣秘書官長に就任するにあたって、近衛が木戸に助力して以来、二人は互いに協力し合い、つねに気脈を通じ、国家の重大な利害がかかっている問題に取り組んできた。だが、この十数年のあいだ、二人の主張は分かれ、足並みの揃わないことのほうが多かった。

二・二六事件関係者の大赦の問題では、二人の意見は対立した。新党創設の問題でも、二人のあいだはしっくりいかなかった。そして昭和十六年、対米交渉をまとめるかまとめないかで、二人の考えは噛みあわなかった。

あれは自分の過ちだった、取り返しのつかない重大な失敗だったと悔恨の情とともに思いだす記憶は、二人ともにある。だが、自分と相反する相手の主張や判断を思いだすことになれば、自分の態度決定が正しかったのだ、自分の主張どおり行動していたら、現在のこの悲運もなかったのではないかと思うのだし、そう考えたくもなるのである。

現在も同じである。近衛は自分が練りあげた戦争終結の計画が正しいのだと信じている。どのようにして戦争をやめるか、どのようにして戦勝国に対応するのか。戦争責任者の問題にいかに応じるのか。私の構想に従って進むしかないではないか。

木戸はといえば、近衛の着想を潰してしまったのが正しかったのだと信じて疑わない。最悪、最終の段階を迎えようとするときに、陸軍の軍人たちの憎悪と党派心を掻きたて、分裂と混乱をひきおこしてしまっては、戦争終結の機会も逸しかねない。

近衛と木戸は顔を合わせて、双方がその問題には触れず、ばかに陽気な声で話しはじめたのであろう。近衛が首相小磯の内閣改造の話をした。木戸は小磯が近衛を籠絡《ろうらく》しようとしていることを知って、びっくりした。だが、近衛が小磯の内閣改造の計画に乗り気でないようだと見てとって安堵した。

つづいて近衛は繆斌についての話をした。木戸は耳を傾けたが、口をはさまなかった。耳新しい情報はなにひとつなかった。木戸が気がかりなのは、太田照彦という朝日新聞の記者が東久邇宮内閣の樹立を望んでいるのだと近衛が語ったことである。

木戸は、陸軍軍務局をはじめ、さまざまな筋から、石原莞爾《かんじ》が東久邇宮を擁立しようとしているとの噂をすでに聞いている。そしてかれは東久邇宮を警戒してきている。昭和十六年十月、そのとき首相だった近衛と陸相だった東条の二人が東久邇宮を後継首相に推薦しようとしたとき、それに反対し、東久邇宮が首相になるのを事実上潰してしまったのが木戸だった。

かれがなぜそうしたのかは、第1巻で述べた。現在、木戸が東久邇宮を首相にしてはならないと考えるのは、東久邇宮が首相となれば、木戸の助言など聞き入れようとせず、重光を留任させず、石原を重要ポストにつけ、繆斌を使ってのこの重慶との和平工作にみずから取り組もうとするにちがいないと思うからだ。

東久邇宮が首相になるつもりでいるのかどうか、木戸はこれを本人の口から確かめるつもりである。今日、木戸は東久邇宮に呼ばれている。近衛が帰ったあと木戸は秘書官に向かって、太田照彦とはどういう男なのか調べてくれ、と言ったのであろう。

太田照彦は三十四歳、朝日新聞の論説委員である。本社の三階にいる。一月二十七日の銀座の空襲で危うく直撃弾を浴びるところだった数寄屋橋際の社屋である。

太田は投書欄「鉄箒」をも担当している。かつて投書に目を通さなかった人、投書に共通するある種の味つけに我慢できなかった人たちが、いまは投書に目を向ける。太田が投書欄に生気を吹き込んだと言いたいが、もちろんそうではない。

人びとは自分が抱いている同じ不満や怒りを投書内に見つければ、いくらか気が晴れ、慰められたように思う。思いがけない提言を読んで、なるほどと嬉しく思うことになる。スペースは狭められ、原稿用紙一枚半ほどの投書がひとつ載るだけだが、だれもがこの投書欄を読む。

明日、三月二十八日の紙面に載せる予定の投書はすでに選んである。「できない疎開」と太田照彦は題をつけた。つぎのような内容である。

「お役所仕事がとかく煩雑迂遠さを助長して都民の骨折と時間の浪費を犠牲にして顧みないことの一例を疎開の面で深刻に満喫した。家族を疎開させることにして月末までに区役所へ申告をすませ、早かったので荷物は半月後にやっと発送することができた。

◇しかし本人の乗車券が荷物を発送後三日間毎日早朝から並んでも買えない。十日の空襲罹災者の輸送が優先的に行われていることはわかっていても、申告の早い遅いに関係なく毎朝未明に行列して猶《なお》買えないという有様ではあすの日も知れぬ空襲の危険を予期しながらもいっそ疎開を中止したい気持になった。
◇次に仮りに切符が買えたとしても手荷物の託送を頼むためには前日に受託証明書を駅で貰わなければならぬという。これが午後からの受附というにこれまた未明からの行列で一日仕事、翌朝荷物を託送するまでにまた半日仕事。うまく行って三日を費すので通用期間三日の乗車券では間に合わぬという有様である。これを区役所一本でやれば一日ですむというものである。
◇せめて同じ駅における乗車券の購入乃至《ないし》前日申告の際、手荷物受託証明書を同時に交付して貰えたら一日を節約できるわけになる。そしてこの受託証明書さえあれば乗車券を呈示せずとも受附けられたら疎開者は荷物を残る人に託しても出発できる。何にしても二重三重の関所を設けていては円滑な疎開は決して望めない。何とかもっと簡易急速にやって貰えないものだろうか。（疎開生）[4]」
太田照彦は熱情家である。東大在学中には野球部にいた。昭和六年秋のリーグ戦で、早稲田の三原修が打ちあげたフライを追って捕球したまではよかったのだが、そのままフェンスに激突し、気絶したのだった。

かれは東久邇宮と親しくしている。東久邇宮が昭和八年から九年にかけて第二師団長として仙台にいたとき、太田は仙台支局員となった。そのとき同じ支局にいたのが田村真作である。太田と田村の二人は東久邇宮の信頼を得た。そして太田は田村と東久邇宮の影響を受け、石原莞爾を尊敬するようにもなった。

太田は麻布市兵衛町の東久邇宮の邸と情報局の赤坂分室のあいだを往き来している。赤坂分室は南胃腸病院の院長だった南大曹の邸である。三月十日の大空襲で、情報局総裁の官邸も焼かれてしまい、南の邸を借りたのである。名医として知られた南大曹はこの二月に他界したばかりだった。

じつは太田照彦も朝日工作に加わっている。前に述べたとおり、朝日工作とは南京の大使館や支那派遣軍の関係官が冷笑的に呼んできた符牒であり、緒方竹虎らが使ってきた暗号名ではない。

それにしても、繆斌を通じての対重慶和平工作はまさしく朝日工作の名前どおりといってよい。前副社長の緒方竹虎がその工作に熱意を燃やし、重役の美土路昌一、論説主幹の佐々弘雄と嘉治隆一、上海支局長の野村宣がそれぞれ協力し、前に朝日の記者、そして現在は通信員となっている田村真作がその工作にはじめから取り組んできている。そして、太田照彦が参加している。

太田は小磯首相に不満を抱いている。小磯は指導力を欠き、外務大臣と陸軍大臣を自分の考えに一致させることができず、重慶との交渉をはじめる力がない。小磯内閣を倒し、東久邇宮内閣を樹立する以外にない。太田はこう考えている。

これだと思ったら、狐疑逡巡《こぎしゅんじゅん》しないのが太田の性格である。かれは東久邇宮に向かい、ぜひとも出馬するようにと説いてきている。太田は論説主幹の佐々弘雄にかれの計画を語った。佐々は賛成した。

ここで佐々弘雄について述べておこう。

佐々弘雄は四十歳である。前に論説委員室にいた笠《りゅう》信太郎とともに、福岡の産である。笠は大原社会問題研究所から朝日に移り、佐々は九州帝大法学部の教授だったのが、昭和九年にやめ、朝日新聞に入社した。

政治好きで、なかなかの熱意とエネルギーの持ち主であり、感激家だ。かれをよく知る矢部貞治が日記にかれのことを「感激オンチ」と書いたことがある。かつてかれは昭和研究会の有力な活動家だった。新体制運動に大きな期待をかけ、朝日新聞社の論説委員室では、笠信太郎、沢村克人とともに、その運動に積極的に協力した。だが、昭和研究会は解散せざるをえなくなり、新体制運動もみじめな失敗を迎えた。

現在は海軍懇話会に加わり、海軍軍務局と接触している。またかれは近衛との繋がりを切ってはいない。かれは近衛と同じ政治戦略を追求してきている。皇道派と海軍を提携させる、皇道派に陸軍を掌握させる、そうしてこそ、戦争を終わりにすることができると近衛が考え、佐々も同じように望み、近衛に協力している。

昨十九年五月には、佐々は最高人事の計画をたてたことがある。近衛系の人びとや海軍省軍務局のあいだで論議されたその人事リストは、総理に軍令部員である高松宮、内大臣に近衛、陸軍大臣に柳川平助を据えるといった布陣だった。

佐々は、たいていの近衛派の人びとと同じように、木戸を嫌っている。木戸を中心とする長州系グループと東条との合作があって、この戦争は起きたのだと見ている。[5] そしてかれは皇道派の将軍のなかで柳川平助を高くかってきた。これについては前に触れたし、柳川が今年一月に没したことも前に述べた。

佐々は近衛に向かって、太田照彦の東久邇宮擁立計画を語り、つぎのように述べた。〈東久邇宮内閣ができれば、重慶との和平が可能となります。それがうまくいかなくても、陸軍指導部の粛清ができます[6]〉

最大の難事は私がやる

午後三時、木戸幸一は東久邇宮に会った。東久邇宮は繆斌の和平計画の一部始終を語った。東久邇宮は木戸が充分に事実を消化したにちがいないと思って、繆斌に会うことを勧めた。木戸ははっきりと断った。

木戸は話題を変え、もっとも懸念していることを東久邇宮に尋ねた。首相になるつもりはないと東久邇宮は答えた。

夜、木戸は、近衛が語ったこと、東久邇宮が語ったことを日記に記して、考え込んだのであろう。

近衛は小磯が語った話をすべて私に喋ったのであろうか。隠していることがあるのではないか。小磯が近衛と結託しようと企てているのであれば、もっとも肝心なことを小磯は語ったにちがいない。近衛公が内大臣のポストに就かれることを願っている。小磯は猪熊とかいう使者にこう告げさせたはずである。私の更迭をお上に申し上げた小磯のことだ。近衛に内大臣になるように勧めたはずだ。

近衛は皇道派起用の計画を実施する計画を捨てず、私を内大臣の椅子から逐《お》おうと考えているのかもしれない。吉田茂は大宮様が戦争の継続に疑問を抱いていることを知っているのではないか。かれは牧野伸顕伯を口説き、牧野伯から大宮御所を動かそうといった策略をめぐらしているのではないか。皇太后からお上に向かって、木戸をやめさせる時機ではないかと申し上げさせるつもりではないのか。

だとすれば、近衛は小磯の内閣改造計画を助けようとするのではないか。木戸はこんなふうに考えたにちがいない。木戸は、小磯内閣をつづけさせる考えはないのだから、内閣改造などはじめから問題にはしていない。ましてや吉田茂と内田信也など、とんでもないと思っている。

木戸は吉田茂が嫌いである。木戸は、二月に近衛が天皇に言上した戦争終結の構想に吉田の考えが入っていることを知っている。この二年のあいだに吉田がやってきたことも、すべて承知している。

昭和十七年末から、吉田は政治に不満をもった退役将軍や政客たちを煽動してまわった。前首相の東条英機が熱病で倒れた昭和十八年の一月には、吉田はここぞとばかり策動を開始した。東条が健康を回復したあとも、吉田は宇垣一成を担いだり、小林躋造《せいぞう》を口説いたりした。そして、かれ自身は外務大臣になるつもりだった。木戸はこんな具合に見ている。

そして木戸は、吉田なんか外務大臣にしたってだめだと思っている。英国駐在大使だった吉田は悪評さくさくだった。その外交工作は失敗に終わったのだと、かれは記憶している。

吉田が英国大使だったのは、昭和十一年から十三年までのことだ。かれは日英関係を自分の手で改善してみせると意気ごみ、政策課題を書き並べた覚え書きを英国外務省に渡した。東京には報告せず、部下にも知らせないで、かれひとりがやったことだった。英国側がその杜撰《ずさん》な内容に呆れているといった噂が、東京にまで伝わってきた。もちろん、吉田になにもできはしなかった。

中国との戦いがはじまってからは、吉田は英国外務省を相手にせず、英国政府の閣僚や長官、親日的な議員と接触して、もっぱら個人外交に頼り、日英両国間の利益を調和させようとした。これまたなにひとつ成果はなく、英国外務省を不快にさせただけで終わったのだった。

そして木戸は思ったのであろう。重光葵は慎重に行動し、心強いパートナーである。かれに代えて、怠惰で、思いつきをふりまわすだけの吉田茂を外務大臣にするなど、最低の選択だ。しかも吉田が外務大臣になって最初にすることは、私を追い出し、近衛を内府に据えようとする陰謀となろう。絶対にだめだ。

木戸は、吉田ばかりか、内田信也も嫌いだ。内田など運がいいだけの俄分限《にわかぶげん》にすぎないと思っている。内田の顔、その大きな声を思いだして、木戸の脳裡をよぎるのは二・二六事件の思い出となる。

いまはそんな昔話に花を咲かせる余裕はないが、以前であれば二・二六事件の話になると、きまって木戸が語ったエピソードがある。

鉄道大臣の内田信也が内大臣秘書官長の木戸に向かって、「こう株が下がっちゃしようがないから、早く新しい内閣をつくって欲しい」と言ったというのだ。昭和十一年の二月、第一師団の第一連隊と第三連隊が蜂起して三日目のことである。「ぼくは驚いたね。株が下がる。商売人はちがうね。問題が」[7]と木戸は笑ったのである。

内田が列車事故に遭い、神戸の内田だ、金はいくらでもだす、助けてくれと大声で叫んだという挿話はだれもが知っていたから、いかにも成金の内田らしい言い草だと聞き手はうなずいた。

そして木戸とともに声をあげて笑った人びとは、話はそれで終わったものと思いちがいをした。内田が喋ったことのばかばかしさはべつとして、一日も早く新内閣をつくるようにと説いた内田の主張は正しく、木戸もそれに賛成し、後継内閣をつくるのを急いだのだと理解したのである。

ほんとうはそうではなかった。木戸はその挿話を語って、内田の主張はまちがっていた、内田に限らず、多くの政治家、役人がそのときまちがったことを考えていたのだと言いたかったのである。木戸は聞き手の目と表情を見て、この連中はいまだに思いちがいをしているなとかすかに笑い、その話をそこで打ち切ったのである。


昭和十一年二月に戻ってみよう。木戸が内田に会ったのは、二月二十八日の午後だった。二月二十六日の夜、つづいて二十七日の夜も、木戸は執務室に泊まり込んでいた。鉄道大臣の内田をはじめ、他の閣僚たちも、宮内省の建物に泊まっていた。これは木戸の策略だった。閣員たちを皇居内に泊まらせることにしたのは、かれらをこちらに取り込んでおくためだった。

自分の家に帰っていないのは、木戸や内田だけではなかった。いぜんとして不安と緊張はつづいていた。衆議院や貴族院の大幹部や三井、三菱、住友の首脳たちは、二月二十六日の朝、警視庁や検事局から電話が入り、即刻避難せよと勧告され、慌てて家を離れた。かれらは友人の家、それとも待合、あるいは病院の特別室に潜んでいた。大丈夫とはじめはたかをくっていたのが、二十七日の夜には友人の家に泊まる者も多かった。政府機関の長官のなかにも、たとえば検事総長の光行《みつゆき》次郎のように、どこかへ隠れたままの者がいた。名の知れたマルクス主義者たちはつぎは自分たちがやられるのではないかと恐れ、かれらも友人宅に泊まり込んでいた。

陸軍の将官たちにしたところで、政界の領袖《りょうしゅう》が病院の特別室に逃げ込んだのとさして変わりがない臆病ぶりだった。第1巻で述べたとおり、旭川、弘前から、善通寺、久留米まで、各地の師団長は触らぬ神にたたりなしときめこみ、玉虫色の意見具申の電報を打ち、情勢がどう動くのかを探ろうとして、師団参謀を東京へ派遣していた。

新聞社の幹部たちも、各地の師団長と同じように右顧左眄《うこさべん》していた。政府首脳、宮廷高官が殺害されたことは、政府の伝達をそのまま載せた。各新聞社は反乱軍から蹶起《けっき》趣意書を紙面に掲載するようにと求められたが、鉄砲を突きつけられての威しではなかったから、どこも黙殺した。

だからといって、新聞は反乱軍を非難する記事を載せなかった。蹶起軍の要求はもっともだと説く新聞もなかった。事件については、なにも報道しなかった。社説もそれに触れなかった。二月二十七日の東京朝日新聞の社説は、「職業紹介制度の改正」といった題であり、就職斡旋の仕事を地方行政機関に委譲しようとする法改正を支持した内容だった。現在、貴族院の勅選議員、そのとき論説委員の最長老だった前田多門がその社説を書いた。東京日日新聞の社説は、英国のイーデン外相の下院における演説を批判していた。

二月二十八日の朝刊は、戒厳令の施行を伝えた。反乱軍を敵としてきめつけたものではなく、だからといって支持したものでもなく、どのようにでもとれるあいまいな文章をそのまま載せたにすぎなかった。そして朝日の社説は、前日に東京日日新聞がとりあげたイーデン演説についての批評を掲げ、東京日日の社説は仏露相互援助条約を批判していた。

宮内省にいた閣僚たちはといえば、閣議とはいえない閣議を開き、疲労を浮かべた顔を寄せ合い、岡田総理は殺されていない、どうやら官邸を脱出したらしいと小声で語り、陸軍の動きを喋り、さまざまな臆測を語り、すべてのことは後継内閣に任せるべきだと話し合い、内田が中心になって、辞表をとりまとめていた。

そこで内田は木戸に向かって、前にも述べたとおり、「こう株が下がっちゃしようがないから、早く新しい内閣を」と言ったというのである。株式取引所はクーデターが起きた二月二十六日から立ち会いを停止していたのだから、内田が語った表現はもう少しちがっていたのであろう。

それはともかく、木戸は内田や他の閣僚たちの知恵を聞きたかったわけではなかったし、かれらに解決策を求めようとしたのでもなかった。かれらの話を聞いてやれば、かれらの苛だちはゆるむだろう、相談を受けたことで、満足するだろう、そう思ってやっただけのことだった。じつをいえば、クーデターが起きた当日、二月二十六日の朝、かれはもっとも重大な方針を決めてしまい、そのときからすべてのことはその枠内で動いていたのである。

二月二十六日に戻ってみよう。その日の朝の五時すぎ、内大臣秘書官長の木戸は電話で起こされた。一個中隊の兵士に襲われ、内大臣が殺されたらしいと秘書官の報告を受けた。自動車を待つあいだ、二人の友人、永田町の邸にいる近衛文麿と平河町の原田熊雄にクーデターの勃発を知らせた。

明治宮殿内にある執務室に入った木戸は、情報を集め、考えをめぐらした。永田町一帯を反乱軍に占領され、首相を欠いた閣員たちは、宮殿の一室に集まってきていた。反乱軍の首謀者からは、なんの力もない連中と思われ、拘束されることもなかったのである。そして反乱軍を支持する陸軍軍事参議官や重臣たちも宮殿に来た。

興奮した人、不安に怯えた人びとが、つぎの内閣を急いでつくらねばならないと主張していた。これは大変だと木戸は思った。これこそ反乱を起こした者、それを利用しようとする者たちが望んでいる策略だったからである。

武装蜂起をした者、それを利用しようとした者たちはなにを考えていたのか。

第1巻で述べたことを繰り返そう。昭和七年に首相犬養毅《つよし》が殺されたあと、元老の西園寺公望《きんもち》は衆議院における多数党の党首を首相に推すことをやめた。その暗殺を支持した勢力、そして暗殺者の味方をしている世論に譲歩したかのようであった。そうではなかった。逆だった。元老と内大臣が選んだ首相は、斎藤実《まこと》、つづいては岡田啓介だった。いずれも海軍出身者、しかも条約派だった。要するにワシントン－ロンドン条約を支持した海軍の幹部だった。元老と内大臣は陸軍将官を選ぼうとせず、海軍提督を選び、そのなかから、国際協調派の提督を首相に指名したのである。

排外勢力、過激グループは怒りを燃やした。あの元老と内大臣が宮廷を支配しているかぎり、自分たちの代表が首相になることはないと怒った。あの妖雲、黒雲に囲まれた奸物、悪党たちが日本を破滅へ追いやろうとしているのだと、かれらの憤怒は大きくなった。

不満グループや急進主義集団の人びとは、荒木貞夫、真崎甚三郎、加藤寛治、あるいは平沼騏一郎、松岡洋右の活動や発言から、かれらを真正の指導者だと見ていた。かれらのうちのだれかを首相にして、強力内閣をつくり、根本的な変革をしなければならないと過激勢力は考えていた。

こうしてクーデターの決行となった。実行者たちは既成体制の指揮中枢を占める人びとを殺した。数人殺すだけでたくさんだ、他の者たちは震えあがり、逃げ隠れするだろうというのが実行者の読みだった。そこでクーデターに理解を示す重臣と将官が天皇に向かって、解決策を言上するつぎの段取りとなるわけだった。かれらの計画どおりに局面は動く気配となった。

明治宮殿に集まった者たちは、陸軍の軍隊が蜂起し、永田町を占拠しつづけているのだから、後継首相は陸軍から選ばねばならぬと語っていた。蜂起した連中に命令できる軍高官が総理にならねばならない、不満を抱く者たちを心服させることができる将軍、たとえば真崎甚三郎大将が首相にならねばならないと説き、そのような意見にだれもが耳を傾け、うなずいていた。

木戸は先手をとった。自分の考えをまとめた。内大臣の斎藤実は殺害され、侍従長の鈴木貫太郎は重傷を負っていた。宮廷高官でただひとり無事なのは宮内大臣の湯浅倉平《くらへい》だった。木戸は湯浅と協議した。

首相官邸、陸相官邸、その他の政府機関を占拠している反乱軍をそのままの状態にしておき、要するにこの蜂起と流血の惨を容認した形にしてしまって、新内閣、あるいは暫定内閣をつくらせてはならないと木戸は説いた。湯浅が賛成し、かれはただちにその解決策を天皇に言上した。

クーデターの支持者たちの行動は一歩遅れた。軍令部総長伏見宮、陸軍大臣川島義之、重臣最長老の八十五歳になる清浦奎吾《けいご》が天皇に向かって、後継内閣を一刻も早く組織しなければならない、暫定内閣を確立しなければならない、事態の収拾は後継内閣に任せねばならないと言上した。だが、天皇はうなずかなかった。反乱を鎮圧するまで、現内閣の総辞職を許さないと天皇は決意を固めていた。そして陸軍大臣に向かって、反乱軍をただちに鎮圧せよと命じた。

天皇が新内閣をつくることを認めないために、クーデターの実行者と支持者たちの計画はたちまち行き詰まってしまった。

二月二十七日、翌二十八日になっても、反乱軍はなおも都心を占拠しつづけていた。そして前にも見たとおり、政治家たちは鳴りをひそめたままだったし、新聞はそれこそ中立宣言でもしたかのように首をちぢめ、なにも発言しなかった。そして、ほんとうのことをいえば、少なからぬ国民が心情的に反乱軍を支持していた。ところが、実際には勝負はすでについていたのであり、木戸はじっと待つだけだった。

そのとき木戸は内田信也の話を聞いたわけだが、内田に向かって、君の考えはまちがっているとは言わなかった。あとになってその反乱事件を語ることがあっても、自分がしたことに触れなかった。かれは宮廷高官としての職業上の自制心をもち、秘密を守ってきたのである。

だが、かれは内心ではずっと自分のやったことを誇りに思ってきた。昭和十一年の大変な危機を乗り切ることができたのは、私の判断、私の処方箋が正しかったからだ。国の運命を左右する危機に直面して、私はその選択を誤らなかったのだ。木戸はこんな具合にひそかに思ってきたのである。

いま、木戸が内田信也の名前を思いだせば、かれの記憶は二月のクーデターに戻り、自分がやったことを思い浮かべることになる。だが、かれは昭和十一年の危機管理で示した手腕を心地よく思いだすことはないはずである。昭和十六年の決定的に重大なときに犯した取り返しのつかない自分の失敗を思いだすことになるからである。なぜ、予防戦争に踏みだしてしまったのか。勝てる見込みはないのだと、なぜあのとき思い至らなかったのか。どうして国の命運を僥倖《ぎょうこう》に賭けてしまったのか。臥薪嘗胆策によって国論を統一しようと、どうして真剣に考えなかったのか。

木戸は考えつづけたのであろう。私は開戦に反対しなかった。だが、この戦いに決着をつける最大の難事は私がやらねばならない。昭和十一年のあのときと同じである。私にしかそれはできないだろう。

私のポストは断固として守る。小磯が私をひきずりおろし、近衛を内大臣にしようとするのなら、小磯を叩きだすしかない。人任せにはしない。倒閣は私がやる。木戸はこのように決意を固めたのである。

疎開騒ぎ、つづく

三月は終わろうとしている。焼け残った町ではいよいよ取り壊しがはじまり、都内はどこも騒然としている。家屋の取り壊しは荒っぽい。畳やガラス戸を表へ持ち出す。壁を掛矢《かけや》で叩き壊す。鳶職《とび》や大工が四隅の柱の床上から一メートルほどのところに鋸《のこぎり》をいれる。天井を叩き破り、棟木《むなぎ》にロープをかける。いいぞの合図で、警防団や消防団の五十すぎの男たち、そして大学生、中学生の一隊がかけ声をかけて、綱を曳く。通りの向こう側では、兵士たちが牽引車を持ってきて、ワイヤーをかけて引っ張っている。瓦がずるずると落ちはじめると、だれもが運動会の綱引きに加わっているような気持ちになる。屋根がぐっと傾き、大きな地響きとともに赤っぽい煙が湧きあがり、なにも見えなくなる。人びとの汗ばんだ顔は赤く汚れた。

家屋の取り壊しは四月はじめと通告されているのに、いまだに家財道具を運びだすことができない家が多い。こうして商店街はいまや古道具を売る市に変わってしまっている。ずっと休店状態だった店先に箪笥《たんす》や机、金庫が並べられ、風呂桶が持ちだされている。

阿佐ヶ谷の商店街も取り壊しは、四、五日あとに迫っている。川魚屋の前に並べた皿や鉢のあいだに藍の染め付けの壺があるのに足をとめた娘がいる。欲しいなと思ったが、さて自分のものにしても、このさきいつかは焼いてしまうのだと考え直した。

本屋の前に火鉢が置かれ、洋品屋の前に笊《ざる》や空き罐が並べられ、和菓子屋では、紅白、金銀、そして黒白の水引が売られている。凶事はお互い様だが、いったいどんな祝い事があるのだろうか、進物に持っていくなにがあるのだろうかと娘は思い、なぜか笑いたくなったのである。

伊藤整は三月二十八日の朝、机に向かって、つぎのように書いた。

「……東京はごったがえしている。省線郊外電車の両側は三十米の建物疎開による強制立退であり、市内もあまり広くない牛込などのような通りの都電の両側では、家屋の強制疎開があり、家具類の運搬が思うように出来ない。期限は二十一日かに言い渡して、二十四日迄とか今月中とかいうのであるから、言わば追い立てである。家屋の外壁に㊦と白墨で書かれた家はみな立ち退かねばならぬ。街路に家具類、商品の残り、障子、襖、商品棚、食器等あらゆるものを並べて、売り物と書いてある。簞笥、皿、冷蔵庫、茶簞笥、ドンブリ、椅子、テーブル、等あらゆるものが、無料同様の安値で売られているが、買う人もまたある。しかしたとえば簞笥など、公定では百円前後のものであるが、物資不足、戦時インフレーションのため、先月頃までは千円でも買えないと言われ、娘を持つ親など苦心して買ったことを自慢していたものが、急変して今では総桐製のものが、五円、三円という値である。今夜でも大空襲があれば悉く火となるという予想をみな持っているし、強制立退でない人たちでもそれを運べる範囲にいる人は、一種の恐慌状態で、一時も早く疎開し、身軽に現金のみを身につけていたいと思っている時なので、買い手は少いのである。郊外にいる者は買いたいと思っても、自転車のリアカーの運搬一日五百円、トラック一日二三千円と言い、自分で運びたくてもリアカーや手車をみな狙っていて車が手に入らないので、どうにもならない。……」(8)

郊外の祖師谷に住んでいる伊藤整は、強制疎開にはまったく関係がないし、空襲の心配もしていない。繁華街を通れば、なにも買うまいと思いながら、それでもあれこれと買い求めることになる。銀座の事務所の近くの小料理屋で茶碗類を二十枚ほど買った。三十円だった。伊藤は新潮社に勤めている。かれはべつに華北種苗協会東京出張所にも勤めている。その事務所が銀座にある。

かれはまた代田橋の商店街で四十センチに六十センチほどのガラス板に目をつけた。戸棚のガラス戸だった。庭につくる苗床を覆うのにちょうどいいと思った。一枚二円だった。電車が混んで、押されたら、割れてしまうと心配だったが、それを四枚買った。また煎餅屋で竹製の平たい乾かし籠を二十枚買った。一枚三十銭だった。鶏小屋をつくるのに利用できると考えてのことだった。一本一円の純綿のカラーを四本買った。しまいこんであったのだろう。ネクタイが並んでいた。三本買った。色や柄などはどうでもよかった。オムツカバーを見れば、近々結婚予定の義弟の薫の顔が浮かび、それを四つ買うことになった。

今日、三月二十九日、徳川夢声は五反田の女学校の卒業式で話をした。つづいて、製薬会社わかもとの玉川工場での従業員慰問がある。工場は玉川電車砧《きぬた》線の終点にあるから、渋谷へ向かう。

かれが長男の一雄を疎開させるためにいっしょに飯田線の田畑まで行ったことは前に述べた。息子を預け、天沼南町の自宅へ帰ってきたのが昨二十八日の夕方だった。

どこでも家を壊しはじめている。五反田駅前のかつての飲み屋街も取り壊している。渋谷の道玄坂、百軒店《だな》、宮益坂も取り壊しの最中である。どこもかしこも殺伐な風景で、溜息がでる。これはまちがいなく負け戦だ。下町が焼け野原になったからといって、慌てて山手の疎開をはじめる。しかも三日で立ち退けなどと言っている。政府のすることは後手後手とまわって、心細いかぎりだ。

土埃が流れる取壊し作業のあいだを抜けながら、夢声はいよいよ気が重い。こら、持っていってはだめだと警官が怒鳴ると、わっと散り、ふたたび木ぎれを拾い集めて縄でゆわえている人びとを見るのも、不愉快だ。これが勤労奉仕の後片づけなら、だれひとりこんなに一生懸命に働きはしない。政府も大ばかで、国民も大ばかなのだ。

午前十時、伊藤整は上野駅構内を埋めつくす行列のなかにいる。青森行きの列車に乗るためだ。急行列車はすでにない。大雪のために、昨年の十二月末から、旅客列車の間引きがはじまり、一月九日には東北本線の急行は東京から仙台までとなった。そして疎開のための引越し荷物が駅にあふれるようになって、九日前の三月二十日、東京―下関間の急行一往復が残されただけで、すべての急行は廃止されてしまった。

青森行きの列車は午後三時四十分の発車である。たっぷり五時間待たねばならないが、切符を手に入れるまでの苦労や不安、苛だちと比べれば、まことに気楽なものだ。

三月十日から、上野駅の構内は罹災者で埋まった。着のみ着のまま、黒く汚れ、眉毛と睫毛《まつげ》が焼けてしまった人びと、火ぶくれで顔が腫れあがり、うつろな表情の人たちの行列は蛇行を重ね、広場からあふれでて、焼け残った昭和通りまでのびていた。日が暮れれば、冷たい風が吹き抜ける広場にうごめく人びとの影は、幽界さながらの眺めだった。

行列は一週間にわたってつづいた。そのあいだ一般旅行者は汽車に乗れなかった。そのあとも切符を買えるのは、公用者と疎開者だけとなっている。

伊藤は大東亜省へ行き、旅行証明書をもらい、公用者となった。華北向け除虫菊種子の輸出についての協議をするため、札幌にある北海道種苗会社へ行かねばならないといった公用をつくりあげたのである。

つぎには切符を買うための苦労となる。銀座の事務所で働いている河西という娘が上野駅で並んでくれた。三月二十五日は無駄足で終わった。翌二十六日は朝五時から行列に加わった。九時間のあいだ立ちづめでいて、やっと彼女の番が近くなったが、切符は売り切れとなった。午後二時だった。このまま行列に並びつづけ、明日の朝、窓口が開くまで待つことはとてもできない。まったくの無駄骨で終わったが、ひとまず帰らねばならない。空腹と疲労が重なり、涙がこぼれそうだった。

ひとりの男が彼女に近寄ってきて、どこまでの切符を買うつもりなのかと尋ね、切符を譲ろうと言った。彼女に声をかけたのは、彼女が可憐に見えたからにちがいない。浦和—札幌間の切符だった。有効期間は三月二十九日までだった。彼女はほっとした。

これだけ面倒なことがあるにもかかわらず、整が北海道へ行こうとするのは、故郷へ帰って、疎開の相談をするためである。

整と妻の貞子はともに北海道の出身である。整は小樽の隣の塩谷村の生まれだ。貞子の故郷は渡島《おじま》半島の頸部、噴火湾西岸にある八雲町である。彼女は函館の女学校を卒業して、札幌の北星女学校の専門部に学んだ。黒い波型の線が裾に入った袴姿の彼女は文学少女だった。彼女が度の強い眼鏡に鳥打ち帽の整と結婚したのは昭和五年だった。

北海道の故郷へ行くもうひとつの目的は、衣服を持っていくことだ。荷物は背中と手に持つだけだが、公用の旅行で行くのだから、チッキの扱いはない。リュックサックと行李に妻の着物と自分の洋服を詰め込んだ。もっともこの衣料疎開は北海道行きのつけ足しだ。義弟の薫が結婚するが、その披露宴のための食料をもらってくることが、より大事な目的である。

そして、もっとも肝心な旅行の目的は、ジャガイモの種薯をもらってくることだ。妻の田舎は種子用ジャガイモの特産地である。

五貫目、二十キロを担いで帰りたい。それだけあれば、七月から八月には百貫以上の収穫が見込める。四人家族が二カ月のあいだ食べていける。家族を北海道に疎開させ、整ひとりが東京に残ることになれば、さらに長いあいだジャガイモだけで食いつなぐことができる。まことに心強い。

改札口の行列は前から三十番目である。まちがいなく坐れると思い、ときどき本を読むのをやめ、眼鏡の奥の目をしばたたかせ、自分の前にいる人を数え直してみるのが、待つあいだの楽しみだった。午後三時に改札がはじまった。転がるように人びとは駈けだした。荷物を持った人びとがよろめきながら足を早めた。整も遅れまいとしたが、足が進まなかった。洋服二着を重ね着している。一着を北海道に置いてくるつもりである。そしてリュックサックを背負い、重い行李をぶらさげていては、たちまち息が切れる。

驚いたことに、客車の乗降口に何人もの人が立ち塞がっている。プラットホームから覗き込むと車内は人でいっぱいである。まちがいなく青森行きだ。わけがわからなかったが、むりやりデッキに押し入り、行李をたてかけ、それに腰かけ、場所を確保した。はやばやと座席を占領してしまっていたのは、さきに改札した福島行き、白河行きの行列に並んだ連中だった。

詰めてくれ、もうひとりだとプラットホームから必死の声がする。そのたびに激しく押され、背中を圧迫されて、力いっぱい体を反らした。やっと汽車が動きだし、一息ついた。順調にいけば、二十二時間あと、明日の午後には青森駅に到着する。

翌三月三十日の朝、徳川夢声は大塚駅の駅前にいる。練馬の豊島園のさきにある陸軍飛行隊へ慰問興行に行く予定で、迎えのトラックを待っている。取り壊しの騒ぎはこの町でもはじまっている。いっしょに行く海桜隊の劇団員から、佐生《さしょう》正三郎が強制疎開にあったという話を聞いた。

夢声は佐生正三郎をよく知っている。佐生は日本パラマウント社の支配人であり、「映画配給の神様」と呼ばれた辣腕《らつわん》の主だった。年間六十本のパラマウント映画を輸入していたのが、支那事変がはじまって年間十本たらずとなってしまい、アメリカとの戦争がはじまる前に佐生はパラマウントをやめてしまった。東宝に迎えられて、かれは配給担当の重役であり、四十六歳である。

佐生が強制疎開にあったという話は、家具を東京都に買い上げてもらったら、ピアノが三円だったというのである。卵一個が闇値で一円五十銭か二円である。ピアノ一台が卵二個の値打ちもないのか。いよいよ恐ろしい世の中になったと夢声は思った。

白柳秀湖はどうしているのか。強制疎開は隣の家までだったことに、かれはほっとした。だが、総理からの返事にはがっかりした。書生をもういちど首相官邸に行かせ、貴重な資料の疎開のために貨車一輛を手配していただけないだろうかとの手紙を届けさせた。警視庁官房主事の上村《うえむら》健太郎からの電話がかかってきた。貨車買切り制の廃止は参謀本部の決めたことだからどうにもならないと冷たい回答だった。

上村健太郎の側にしてみれば、そんな返事しかできなかった。大空襲、そして強制疎開がはじまって、この二十日間の都民の苦難ははかりしれない。白柳は貴重な資料と言ったが、大学や研究所では蔵書の疎開ができず、各官庁は公文原書を疎開できなくて、関係者はいずれも苛だっている。個人の蔵書どころではない。

だが、上村健太郎は白柳秀湖に向かって、うまくいくかどうか、ひとつ方法があると言うことができたのである。東京都立の日比谷図書館が民間の貴重図書を買い上げ、疎開させる計画を進めていることを、白柳に知らせることができたのである。

前にも触れたとおり、三月十九日に臨時都議会は第六次建物疎開のための大規模な予算を承認したのだが、そのなかで強制疎開者の家財買上げ費として一千万円を計上していた。その予算が大幅にあまる気配となった。だれもが考えていたより、家具の値がずっと下がってしまったからである。

伊藤整が三月二十八日付の日記に記したとおり、家具類を運ぶすべがないためだ。トラックはないし、荷馬車もありはしない。簞笥や茶簞笥を安全なところへ運ぶことはとてもできない。大きな洋服箪笥はかさばって、リヤカーに積むこともできない。運ぶことも、売ることもできないまま、大切にしていたフランスふうの手箪笥を国民学校の臨時保管所まで運びはしたが、そのあとどうするあてもない。買い上げてもらうとなれば、応接間のテーブルや椅子とともに、二束《そく》三文《もん》である。

昨年の五月から六月にかけて、東京都がはじめて家財道具を買い上げたときには、上等の机なら七十円、普通の机で三十円だった。子供が使っていたぼろの学習机でも三円だった。それから一年たらずあと、いまではピアノが三円である。

衣桁《いこう》や傘立て、下駄箱、衝立《ついたて》、張り板などは、買上げ所へ持っていっても、持っていくだけむだである。昨年の五月、六月には、庭の石灯籠のたぐいは買い上げないと強調したものだった。いまは家財のすべてが石灯籠になってしまっている。間口四尺の白木仕上げの桐箪笥より、古びた柳行李のほうがずっと値が高い。というよりは、買い手がある。柳行李なら、そのまま運搬用具となるからだ。

ところで、輸送ができないために人びとが困っているのは、布団や箪笥、火鉢だけのことではない。書斎と書庫にある本をどうしたらよいのかと悩んでいる人が多い。そうした書庫、書棚のなかには、それこそ一冊、二冊しか残っていないという文化遺産もある。これらの本をどうにかして保護しなければならぬと考えてきたのが、東京都の日比谷図書館である。

昨年四月、東京都の最初の強制疎開がはじまり、日比谷図書館では、貴重図書の疎開のために、西多摩郡多西《たさい》村の倉庫や蔵を借りようとしたときのことだ。都内で個人が持っている貴重図書を灰にしてはならぬ、買い入れ、疎開させるべきだと、秋岡梧郎が説いた。かれは日比谷図書館の管理係長である。昨十九年の七月に空席だった館長の椅子に中田邦造が就いた。かれは秋岡の主張に賛成した。都の教育局長、防衛局長を説得した。

まずはじめに、加賀豊三郎の蔵書を買おうということになった。

加賀豊三郎は他界したばかりだった。七十一歳だった。加賀は兜町に仲買店を持っていた株屋であり、資産家だった。かれが五十年のあいだに一冊ずつ集めたのは、江戸時代の書籍だった。絵入り本の草双紙、赤本、青本、黄表紙から、人情本、洒落本、評判記、演劇本、造園書、食物料理の本、菓子の本、地誌まであった。そのなかには、京伝《きょうでん》、南畝《なんぽ》の蔵書印のある本、名家の自筆本もあった。

江戸で書かれ、江戸で出版された本ばかりであり、東京都の中央図書館が保護、保存しなければならない責任があった。二万四千冊を三十万円で買った(9)。それが昨十九年秋のことだった。ところが、それで書籍購入のための臨時費は底をついてしまった。

そこで頼りは、都の防衛局が持っている家財購入費の一千万円である。その予算がありそうだと聞いて、秋岡は防衛局の疎開課長に、その予算を図書購入費にまわすことはできないものかと相談した。「書画・骨董」は家財に含めないという規定があるが、図書は入っていないことが抜け道となった。防衛局長が予算の流用にうんと言った。図書館側が喜んだ。まっさきに購入しようとしたのが井上哲次郎の蔵書である。

井上哲次郎も昨年没した。八十八歳だった。多くの人びとにとって井上の名前はずっと昔の記憶になる。大学の教壇に立った、小柄で、風采のあがらないその姿を思いだすのは五十すぎの人たちである。かれは陽明学、古学、朱子学、神道史の講座を開き、家族制度を中心とする国民道徳を鼓吹《こすい》した。そして若い人びとが井上哲次郎の名を覚えているのは、中学時代の修身の教科書に載っていた東京帝国大学名誉教授の肩書きをつけた著者名としてである。

ほんとうは井上は人びとの記憶よりはるかに大きな存在だった。かれは明治・大正、そして現在までの日本の伝統と上下序列の有力な守り手であり、数多い弟子を育てあげた。昭和十六年に刊行したのがかれの最後の著書となったが、「戦陣訓本義」「修正増補日本精神の本質」「不動精神と国民理想」の三冊だった。

そこで井上の蔵書だが、かれが半世紀にわたって住んでいた小石川表町の邸内の二棟の書庫には、厖大な書籍が収められたままとなっている。国学をはじめ、仏教関係の本が中心である。変わったところでは、新体詩運動の資料もある。哲次郎は青年時代には新体詩運動の唱導者のひとりであり、ロングフェローの詩を訳したこともあった。

中田邦造と秋岡梧郎の心配は、買い上げのために、図書評価委員に値を決めてもらうのに時間がかかることである。評価委員は浅倉屋の吉田久兵衛、弘文荘の反町《そりまち》茂雄といった古書商である。しかも、それが終わって、すぐにトラックで運べるというあてはない。敵の空襲は待ってはくれない。のろのろしていれば、すべてが灰になってしまう。日比谷図書館がさらに買い入れ、疎開させようとしているのは、桑木厳翼《げんよく》の蔵書である。和洋の哲学書を中心とした桑木の蔵書は有名である。桑木は東京帝大の名誉教授である。昨年末の井上哲次郎の葬儀で葬儀委員長になったのが桑木だった。だが、桑木の蔵書の買い入れと疎開の目安もまったくたっていない。

上村健太郎が白柳秀湖に向かって、都に図書買上げの計画がある、館長の中田邦造に会ってみたらと言い、かりに白柳が蔵書を手放す決意をしたとしても、本の疎開ができるのはいつのことかわからないと知れば、かれの失望はいっそう大きくなったかもしれない。

ところで、秀湖の救い主は簡単に現れた。昨年、疎開荷物の世話をしてくれた日本通運の品川支店長が軍需省にいることがわかった。コネさえあれば、なんということはなかった。参謀本部の命令もへちまもない。この男が品川駅長と日通品川支店長に話をつけてくれ、さっそく荷造りの作業員をよこしてくれた。

日光駅向けの三十二個の荷物の受け付け、貨車への積み込みは三月二十五日に片づいた。そして今日、三月三十日は二回目の荷物の受け付けである。三日前に知らせがあったから、すでに荷造りは終わっている。駅まで運びさえすれば、ただちに貨車に積み込んでくれる。

二十五日のときには、大井駅まで荷物を運ぶのに八百屋の大八車を借りた。今日もそれを借りようとしたが、八百屋の女主人はけんもほろろの態度だった。秀湖は首をひねった。どうやら前回の謝礼に、彼女の義理の子に服を与えたことがまずかったようだ。それで彼女は機嫌が悪いのだろう。よそを探して、荷車を借りてきた。梶棒をあげて、動きだすとまもなく、心棒が折れてしまった。近くの作業場に頼み込み、土を運ぶのに使っているリヤカーを借りてきた。重いばかりで、ぎしぎしと音をたてる車は小型である。これでは何回も往復しなければならない。何時間かかるだろうと思っていたとき、荷馬車が通りかかった。

荷台は空だった。秀湖は急いで追いかけ、大井駅まで行ってくれないか、困っているのだと頭を下げた。荷馬車の公定料金は最初の四キロが十一円、四キロ増すごとに四円である。もちろん、公定では運びはしない。一日百円が相場である。秀湖は十円札を四枚握らせた。せいぜい三十分の寄り道だから、悪い商売ではあるまい。

うしろからきた馬車の馬子が「うまいことをしているな。儲けは山分けだ」とからかいながら、通りすぎた。秀湖は慌てた。もう数枚の十円札をかれに渡した。

書生と娘のひとりが馬車のあとについて、駅まで行った。家に残っている者は、おはぎをつくりはじめた。しまっておいた砂糖を思いっきりよく全部使うことにした。大井駅の駅員に届けるためである。

避難民の行列

同じ三月三十日、茂原照作は自転車のペダルを踏んでいる。荷台には卓袱台《ちゃぶだい》をのせ、リュックサックとボストンバッグをくくりつけてある。大宮、上尾あたりから、牛車、馬車、大八車、リヤカーの数が多くなった。布団、箪笥、七輪、鍋釜を積み上げている。いずれも埼玉、群馬に向かう人たちである。昼すぎ熊谷近くなって、中仙道はいっぱいとなった。昨日、東京をでて、神社の縁、寺の軒先で野宿した人たちの大八車とリヤカーである。

茂原照作は四十四歳になる。昨日までかれは麴町の飯田町に住み、神田駿河台にある国民教育図書という出版社に勤めていた。

かれはその出版社での仕事が気に入らなかった。「国民教育」「日本教育」といった雑誌をだしているが、そんな反古紙同然の雑誌づくりには、なんの意欲も感じなかったのである。新聞で華北交通の従業員募集の広告を見たときには、かれはこれこそ自分が求める挑戦なのだと思った。かれは華北交通の東京支社が内幸町にあるのを知っていた。

勧業銀行本店の並びにあり、もとは政友会本部のビルだった。茂原はそこで働いている人たちが華北への転勤を望んでいるという話を聞いたことがあった。北京か、天津に勤めれば、食糧と空襲の心配がないからである。

照作は華北奥地の小さな田舎駅で働きたいと思った。華北の食糧不足を解決するために、サツマイモを食べたことのない人びとにサツマイモの栽培を奨励しているといったニュースを読んだことがある。サツマイモの温床を仕立て、蔓《つる》苗を育て、駅周辺の農民たちに沖縄百号のつくりかたを教えて回ることができたら、どんなに楽しいだろうかとかれは考えたのである。

生産者の仲間入りをしたいとかれは思いつづけてきた。茨城県潮来《いたこ》の干拓員募集といった広告に心惹かれたこともある。もうすこし若ければ、満洲甘楽《かんら》郷の増産隊に参加するのだがと思ったこともある。かれの故郷の群馬県甘楽郡の出身者がつくっている満洲の開拓村への勤労奉仕である。

岩手県厨川《くりやがわ》にある農林省種馬畜産所の作業員募集の新聞広告がかれの胸を躍らせた。昨年秋の新聞広告である。畜産所長宛てに履歴書を送ったのがこの三月二日だった。(10)

かれが故郷に帰る決意をしたのは、三月十日の空襲が原因である。恐ろしい夜だった。午後十時半すぎ、警戒警報のサイレンが鳴った。ラジオは、敵機一、二機が房総南部で海岸線を旋回していると伝えた。ラジオは同じことを繰り返し告げた。突然、表で「焼夷弾落下」の金切り声がした。Ｂ29の爆音が頭上で聞こえた。外へとびでた。頭を突きだした恰好の大きな飛行機が頭上を飛んでいく。そのあとを同じ型の飛行機がつづく。胴体を赤く染めたＢ29は宮城から飯田橋の方向へ飛ぶ。まさに不意打ちだった。すでに火災が発生している。敵機の高度は三百メートルぐらいだろうと照作は思った。操縦室の機長と副操縦士が見えた。見えたように錯覚したのである。

高射機関砲と高射砲の音がいっせいに鳴り響き、投下爆弾の炸裂音が響き、空と地で青白い閃光がつづいて光り、赤と黄の火花が空を埋めた。電柱の根元で焔をあげているものがあった。焼夷弾だ。水をかけた。急いで二階に駈けあがったが、燃えあがる火はどこにもなかった。

そのあと焼夷弾は落ちてこなかったが、眠るどころではなかった。本郷、下谷、浅草の空には、荒れ狂う真っ赤な火焰がひろがっている。風が轟々と音をたて、唸りとともに吹き抜けた。こちらに火の手が迫ってくるのではないかと気が気ではなかった。持出し用の品物を壕に入れ、手回り品の風呂敷包みを玄関に置き、ふくれあがった雑嚢を肩から掛けた。妻とともに真昼のように明るい戸口に立ち、暁星学校前の火がこちらに近づいてこないように祈った。午前四時、風はすこしおとろえ、延焼の危険はなくなった。

二日あと、三月十二日、照作は深川牡丹町に住む友人の今井仁次のところを訪ねることにした。一般の人は川向こうには入れぬ、電話工作員の腕章を貸すから、これを腕に巻いていけと知人が言った。焼け跡がつづくなかを隅田川の堤防へでた。永代橋の巨大なアーチが厳然と建っているのが嘘のようであった。橋のたもとに兵士はいなかった。渡り終えたところに兵士はいた。剣突き鉄砲を手にしていて、親類の家を訪ねるのだと頼み込んでいる人びとを追い返していた。見渡すかぎりの焼け野原だった。三日前までは、ここに数十万人の人びとが生活していたのが、数時間の焦熱地獄があって、いまは剝きだしの灰が積もる荒野に変わってしまったのだ。

照作はうしろをふりかえった。焼け野原のさきに、いまさっき渡った永代橋のアーチが小さく見えた。あの鋼鉄の橋は大震災あとの「帝都復興」の象徴だったのだと思い起こし、その象徴だけが残って、ふたたび大震災の焼け野原に戻ってしまったのだと考えたとき、かれは突然泣きだしたいような気持ちになったのだった。

途中、死骸の山ができているところがあった。裸のマネキン人形が積み重ねられているように見えた。兵士たちが集めているのだった。動いている人影は屍体を集めている兵士たちと、親を探し、子を探している人たちだった。

茂原は余熱の残る焼け跡をなんども行ったり来たりして、やっと今井の家の焼け跡を探しあて、小さな板切れが焼け土に突き刺してあるのを見つけた。馬喰《ばくろ》町の金属回収統制会社に連絡をしてくれと炭で書いてあり、「妻トリ、子ども三名行方不明につき」と書き加えてあった。今井の妻と三人の子が焼死したと聞いたのは、それから数日あとだった。

大空襲の大きなショックにつづいて、強制疎開の騒ぎがはじまった。福島に疎開する、山梨に引き揚げるといった話を朝夕に聞き、焼け残った町はごった返しの状態となり、だれもが落ち着かなくなり、人びとのあいだに不安が伝染した。華北へ渡りたい、盛岡へ行きたいと思っていた照作だったが、故郷へ帰ることに決めた。故郷は群馬県甘楽郡の小幡町である。兄の家がある。照作が小学校卒業まで育った家である。じつは兄の家にひとり息子の啓吉郎を預かってもらっている。国民学校の二年生である。いわゆる縁故疎開である。

兄夫婦に疎開の相談をしたのは、五日前の三月二十五日である。二人とも反対はしなかったが、いい顔をしなかった。食糧の面倒をみなければならなくなるのを恐れているのだと照作にも見当がついた。家の前にある繭乾燥場を借りることにした。疎開者のために貸してもらえないだろうかという問い合わせが、このところ毎日あるというので、急がねばならなかった。繭乾燥場は兄を含めて六軒の共有だから、一軒ずつ訪ね、借りたいと頼んで回った。

住まいの問題は片づいた。開墾できる土地はないだろうかと兄に尋ねた。山ぎわに雑木林を伐採したばかりの寺院所有の土地があると兄が言った。子供のときに遊んだところであり、傾斜はそれほどひどくないと記憶していた。ぜひとも借りたいから、口をきいてくれと兄に頼んだ。

家財道具の疎開のほうは、これ以上ないほどにうまくいっていた。兄に疎開の話をする前から、どんどん荷物を送りだしていた。というのも、小幡町の近くに疎開する友人が貨車を借り切ることができ、かれの家の荷物もいっしょに積んでくれたからである。すでに荷物は小幡町に近い磯部駅に着いていた。残りの荷物も友人に頼み、高崎駅まで運べる手はずとなっていた。

最後に残った荷物は冷蔵庫と蚊帳《かや》と新聞の山だった。これらは友人に預けた。新聞は昭和十六年十二月八日からの朝日新聞である。

茂原照作は自転車のペダルを押す。荷台にくくりつけてあるボストンバッグとリュックサックには、最後まで残してあった身の回り品を詰め込んである。牛車とリヤカーの行列を追い抜いていく。布団を積み、盥《たらい》を重ね、縄でくくってある。布団の包みの横に台所の流し台を載せている。赤ん坊を背負った女が幼児の手をひき、大八車のうしろをついていく。リヤカーに人が坐っている。土気色の顔の老人であり、布団を背にしている。二人の女がそのリヤカーを曳いていく。

ごくたまにトラックがうしろからくる。積んでいる銀白色の金属部品は飛行機の部品にちがいない。引越し荷物を満載したトラックもある。道路のくぼみに落ち、揺れながら通り抜けていくトラックは土埃をまきちらす。

九号国道を埋めるこの長蛇の列に足りないのは、遠くに何本もあがる黒煙と遠雷のような砲声、十字路に立つ憲兵である。そして電信柱に吊りさげられた脱走兵である。それらが揃いさえすれば、いままさに崩壊しようとする戦線背後の光景である。

避難民の行列は九号国道の中仙道だけのことではない。千葉街道、日光街道、甲州街道、どこも同じである。

三月三十一日の昼すぎ、栗原好子は深い轍《わだち》にはまり込んだ車輪をやっとの思いでひきだし、リヤカーを道の端に寄せた。息は切れ、腕と足は棒のようである。そのままそこに坐り込んだ。中原街道の坂道である。

枯れ草のあいだに箪笥が置かれてあるのが見える。火鉢と机がある。崖の途中に割れた焜炉《こんろ》と木箱がころがっている。リヤカーを曳いてきた人たちがここまで運んできながら、疲れはて、捨てた荷物である。

彼女は家に置いてきた雛人形のことを思いだした。母からもらったものだ。今年の雛祭りには飾る余裕もないまま、押入れのなかにしまいっぱなしである。かさばるから、リヤカーに載せることはできなかった。内裏《だいり》雛だけでも持っていこうと思ったが、ほかの雛人形がかわいそうに思え、やめにしたのだった。諦めるほかはない。炎に包まれた切れ長のすずやかな目の男雛とおはぐろを染めた口元をわずかに開いた女雛が目に浮かんだ。

二十五歳の好子は横浜市港北区の北山田町にある実家まで行くつもりである。彼女が実家へ帰ることに決めたのは、結婚したばかりの夫が出征した二月末のことだった。ところが、家財道具を運ぶすべがなく、動きがとれなくなった。大船にある海軍燃料廠実験部で松根油の研究をしている弟が休みの日に北山田町からリヤカーを曳いてきてくれた。つぎの休みに荷物を運んでくれると約束したのだが、それからずっと休みがとれない。

衣類の包みを実家へ運んだとき、私が自分でリヤカーを曳いてくると彼女は父親に告げた。お前がやるなら、ミシンと鏡台だけにしておけよと、道順を説明しながら父が言った。多摩川の低地から多摩丘陵に入る最初の坂、川崎の千年《ちとせ》からのぼる蟻山坂で難儀をするぞと、父は繰り返した。

川崎から横浜の深部の丘陵地に住む人びとは坂道のことに詳しい。物の流通は主として馬の力に頼り、農家はどこでも馬を飼い、荷馬車をもっているが、荷馬車にとっていちばんの敵が坂道だからである。四輪車では急な坂をのぼることができないために、多摩丘陵の農家がもっている荷馬車は多くが二輪車である。四輪車なら三百貫を運べるが、二輪車では二百貫までだ。牛車もあるが、小さな朝鮮牛は百貫しか運べない。好子の父は農業会に勤めていて、家には馬も荷馬車もなかったが、世間話にかならずでてくる話題だから、かれも坂のことをよく知り、蟻山坂が難関であることを承知している。いま、好子が腰をおろしているのが、蟻山坂の長い坂道の途中である。

以前には、この坂道を荷馬車と手曳き車がきれめなくつづいたものだ。野菜を運ぶ車とこやし曳きの車である。以前といっても、昭和十年に多摩川に立派な橋柱と鉄のアーチをつけた丸子橋がかかり、東京への往復に荷馬車を利用できるようになり、多摩丘陵の農家が水利の悪い台地に野菜を栽培するようになってからのことである。

野菜づくりには多量の肥料が必要である。二輪車は一荷《か》十八貫の肥え桶十荷を積むことができる。窒素含有量は一枚七貫の大豆粕二枚分に見合う。農民たちは安い下肥《しもごえ》に頼ることになる。そこで週に一、二回、多摩川を越え、東京に下肥をとりにいくことになった。だが、この蟻山坂をのぼるのが大変だ。川崎の奥の野川、馬絹《まぎぬ》、有馬、横浜の奥の大槻、牛久保、荏田《えだ》の農民たちが、このじめじめした水はけの悪い長い坂で泣かされてきた。かつては提灯を持った少年たちが川崎の千年の十字路に立ったものだった。三十人、五十人と並んだ少年たちは、丸子橋を渡って帰ってくる荷馬車や手曳き車のなかから、父親の車を探し、父の車を押してこの坂をのぼったのである。

蟻山坂の話はこれだけだが、もう少しつづけておこう。蟻山坂で父親の車を押す少年たちがズボンを穿くようになったのも、同じ昭和十年ごろからだった。長ズボンを穿くといっても、上着はそれまでどおりの絣や縞の着物だった。小学校高等科の少年のあいだのその流行は、数年たたないうちに、尋常科の六年生、五年生、四年生のあいだにまでひろがったのである。

小学校高等科を卒業したかれらは、多摩川低地の大工場に勤めた。乾田や桃畑、梨畑を潰して、大工場ができたのが、これも昭和十年以降である。塚越の東芝、東洋通信工業、向河原《むかいがわら》の日本電気、中原の富士通信機、鹿島田の三菱重工業、日立精機、溝ノ口の日本光学といった工場である。

だが、これらの工場で働き、休みの日に畑仕事を手伝っていた若者たちのなかで、いま残っている者はごくわずかだ。あらかたの青年たちは現役兵として召集された。馬の数も減ってしまった。軍馬として徴集されてしまった。区役所の戸籍兵事課には、在郷軍人名簿とともに、馬の台帳がしまわれてある。

現在、青年たちは中国、満洲、フィリピン、あるいはビルマの戦場にいる。ときにかれらは、父の車の後押しをして蟻山坂をのぼったこと、家に帰っての一家の夕餉《ゆうげ》、そして母や姉の顔を思い浮かべ、はじめて長ズボンを穿いた少年時代の正月を思いだすことがあるはずである。

好子に声をかけ、そのままのぼっていった荷馬車はすでに見えない。坂下で牛に水を飲ませ、蹄の草鞋《わらじ》を取り換えた牛車が二台、三台とあがってきた。機械を積んだ荷台の金輪が砂利をはねあげながら、好子の前を通りすぎる。日暮れまでに北山田町へたどりつけるだろうかと彼女は急に心細くなった。峠をのぼりつめ、峠をおり、しばらく行けば、横浜に入るはずである。

さらに街道を行き、脇道に入る。狭い谷あいのあいだの切り株を残した湿田に沿って半里ほどつづく一本道である。ただひとつ心丈夫なのは、昨夜は雨が降ったが、今日は天気がよいことである。今夜は十六夜だから、月明かりが頼りになると自分に言い聞かせた。トラックがガタガタと音をたて、下からあがってきた。揺れる辛子色の軍用車には、取り壊した家屋の廃材と畳が積まれ、ロープにしがみついた年若い兵士が彼女をじっと見つめていた。

木戸、反撃にでる

四月一日は日曜日である。午前九時半、緒方竹虎は赤坂の官舎をでて、麻布市兵衛町の東久邇宮邸を訪ねた。緒方と東久邇宮の会話は、いよいよ敵は沖縄に来ましたな、という言葉ではじまったのであろう。

午前八時に沖縄の嘉手納《かでな》海岸に敵軍が上陸した。敵の戦法はこれまでと同じである。敵の艦載機が瀬戸内海を襲ったのが最初である。つづいて九州と台湾の航空基地を叩いた。そして三月二十三日から沖縄への空襲がはじまり、翌二十四日から艦砲射撃を開始した。二十六日には慶留間島《けるまじま》に上陸し、いよいよ今朝の沖縄本島への上陸である。

敵軍は無傷で上陸した。守備隊は波打ち際で戦うつもりはないようである。今日中には読谷《よみたん》飛行場と嘉手納飛行場は占領されてしまうのだろう。

つづいて東久邇宮と緒方は主題に入った。田村真作と太田照彦の連絡によって双方がすでに承知していることの確認である。杉山、梅津、木戸を説得したがだめだったと、東久邇宮が語った。緒方もまた、昨日、米内を説いたが、これもうまくいかなかったと話した。

緒方が無念に思っているのは、米内を説得できなかったことだ。緒方が重慶と交渉しなければならないと力説したのにたいし、米内は首を横にふり、この段になって蔣をアメリカから引き離すことはできないのではないかと言い張るだけだった。

緒方は内心思った。汪兆銘《おうちょうめい》政権を正式に承認したのは米内内閣のときだった。そのことが米内を身動きできなくさせ、南京政府を見捨てることができないでいるのだ。

緒方の推測はあたっていない。米内のほんとうの肚《はら》はちがう。中国の問題は陸軍の縄張りである。陸軍の問題には口出しをしないことだ。陸軍の主張にさからわず、陸軍の意見に賛成しておく。こうしていてこそ、陸軍がもちだす陸海軍統一の要求をはねつけ、海軍にたいする陸軍の容喙《ようかい》を完封できる。海軍が独立をつづけることの重要性は、繆斌の問題などと比べることができない。米内はこんな具合に考えているのである。

緒方は東久邇宮邸を辞して、首相官邸へ向かった。緒方と首相との会話はつぎのようになったのであろう。

〈米内海相の説得はうまくいかなかった。東久邇宮を通じての内大臣、陸軍首脳にたいする説得も失敗でした〉

〈東久邇宮には後刻、お礼を申し上げに行く〉

〈もういちど最高会議を開いても、これではどうにもなりますまい〉

緒方は、繆を「重慶の回し者」だという重光がいるかぎり、この交渉を進めることはできないと思う。内閣改造をするしかないが、重光と木戸の同盟がつづくかぎり、それも見込みがない。かれの失望は大きい⑪。

こうなれば直接天皇に申し上げるしかないと小磯が言い、緒方がうなずいた。

午後三時、小磯は東久邇宮と会見した。小磯は言った。

「今回、杉山元帥が陸軍大臣をやめて、第一総軍司令官になるので、この機会に陛下に最後のお願いをして、小磯の現役復帰と、陸軍大臣の兼任をしたいと思っております。繆斌の件についても、陛下に申し上げるつもりで、明日、四月二日、上奏する所存です⑫」

翌四月二日、午後のことであろう。小磯は御文庫へ向かった。控え室でかれは陸軍大臣の杉山元と顔を合わせた。杉山は小磯に向かって、阿南惟幾大将を自分の後任にする予定だと語った。小磯はしまったと思った。遅すぎた。もう少し早く決意すべきだった。

陸軍が阿南と決め、内奏をすませてしまっていては、これをくつがえすのは難しい。陸軍大臣を兼任する問題には触れないほうがよいと判断した。

かれは天皇に向かい、統帥と国務の統合が必要であることを抽象的に主張するにとどめた。具体策はおって上奏するつもりだとかれは述べた。繆斌の問題については、かれは詳しく説明した。留守政府なるものを設置することから、停戦、撤兵の交渉までの全計画を明らかにした。

翌日、四月三日になる。午前十時すぎ、天皇は木戸に告げた。

「小磯は繆斌についての例の謀略をなおも考えているようだ。緒方総裁、朝日の田村特派員等の関係から、渡来せしめるにいたった経緯をかれは話した。この工作を進めるつもりだと語った。いままでに他の大臣から聞いていることとだいぶちがっていると思ったが、直ちに不可と言うのもどうかと思ったので、深入りをしないようにせよと言ったところ、言葉を返して、いかにも惜しいというようなことを言っていた(13)」

天皇は繆を仲介とする対重慶工作に反対である。天皇は重光と木戸からその問題についての説明を受け、それを信じている。汪主席が他界してしまったことにつけ込み、怪しげな者の口車にのり、南京政府を取引材料にして、重慶と交渉しようとする小磯のやり方は、道義を無視したものであり、いかがわしい謀略外交にすぎないと、天皇は考えている。

天皇は木戸に向かって、つづけて言った。

「もういちど呼んで、打ち切るように言おうと思うが、どうであろうか」

木戸は、天皇が直接小磯に繆斌の工作を打ち切るようにと述べることには反対である。本来、穏やかにことの始末をつけるつもりなら、話は簡単である。天皇は小磯に向かって、つぎのように言えばよいのである。

繆斌のこの問題は、最高戦争指導会議ですでに決着がついているのではないのか。はっきり結論がでていないのであれば、もういちど会議を開くのが筋道ではないか。

だが、木戸は天皇にそのような助言をするつもりはない。この絶好の機会を逃す考えはない。閣内不一致、閣内不統一に追い込み、小磯内閣を倒す考えだ。

閣内不統一とはどういうことか。東条内閣が倒れ、第三次近衛内閣が行き詰まり、その前の米内内閣が瓦解し、さらにその前の阿部内閣が潰れたのは、それこそダンビラで叩き斬られ、あるいは足をすくわれ、あるいは自分で躓き、それぞれ総辞職の理由はちがっているようにみえるが、ほんとうはいずれも同じだった。閣内不統一が内閣退陣の直接の原因だった。

閣内不統一という事態が起きるのは、首相の憲法上の地位がまことに弱いからである。憲法第五十五条の規定によって、総理大臣は他の国務大臣を指揮命令できず、内閣は多数決で重要政策を決することができない。閣議の決定は全員の一致を必要とし、多数決を認めていない。そこである案について、閣僚のひとりがあくまでも反対をつづけるのであれば、首相はどうしたらよいのか。

内閣官制第二条によって、首相は閣内の意見を一致せしめるように努力する職責をもつ。そこで閣僚のひとりが首相の案に反対の意見を唱えれば、首相はその閣僚を説得して、その反対意見を撤回させねばならない。それでもその閣僚が反対の意見を堅持するなら、首相は他の閣僚の了解を得て、その案を引っ込めるほかはない。それとも、首相はその閣僚に辞職を促すことになる。それに応じず、その閣僚がやめないとがんばれば、首相は閣内を統一せしめることができない責任を負い、辞職せざるをえなくなる。こうして歴代内閣は閣内不統一によって、総辞職に追い込まれたのである。

そこで木戸がやろうとしているのは、閣内の不一致をあからさまなものにすることだ。そのためには、お上が小磯に向かって、繆工作をやめよと指示したのではだめだ。それだけのことで終わってしまう。お上が小磯に向かって、閣内不一致をはっきりと指摘する形にしなければならない。木戸は天皇に言上した。

「繆斌を通じての重慶との和平工作について、陸軍、海軍、外務の三大臣の意見を徴され、そのあと首相にその結論を仰せられてはいかがなものかと存じます[14]」

午後二時すぎ、木戸は天皇にもういちど呼ばれた。天皇は杉山と米内の意見を聴取したと語り、重光を呼ぶかどうかと問うた。天皇は重光の考えをすでに承知しているから、重ねてその意見を聞くには及ぶまいと考えたのである。お召しになるようにと木戸は答えた。

麹町三番町の自宅にいる重光のところに、侍従長の藤田尚徳から電話がかかった。三時半、重光は天皇の前にでた。天皇は繆斌の問題についての重光の考えを尋ねた。重光が前に天皇にその問題について説明したときには、南京駐在大使の谷正之からの電報を披露し、繆を非難するにとどめ、首相にたいする直接の批判は控えた。

だが、今日は重光ははっきりと語った。繆斌の来日について、自分はなにも知らなかったのだと言い、総理が緒方国務相と相談して、繆を招いたようだとつづけ、こうしたことは外交一元化の原則を崩すものだと述べた。

天皇はうなずいた。

「重光も反対のようだが、総理はまだ未練があるようだから、自分から強く総理に申しつけようかと思う。それとも、大臣より総理に話すかね⑮」

天皇は木戸が企んでいることに気づかず、重光もなにも知らない。かれは答えた。

「今日の戦局がさらに悪化して、中国より撤兵し、南京政府を解消することのやむをえぬにたちいたります場合には、堂々と筋道どおりにこれをやります。繆斌などの運動に乗ぜられることは筋道がたちませんから、もっとも慎しまねばなりません。

自分などから総理には早速話しをします。陛下の御意向を明瞭に拝しましたから、さよう取計います」

天皇は控えの廊下にいる侍従長に向かって、内大臣を呼ぶようにと命じた。重光は木戸が来るのを待ち、かれと意見を交換した。木戸は顔を赤くして喋りまくった。総理の言うことはあてにならない、相手しだいで言うことが変わる、繆のこともけっして思いとどまってはいないのだと息巻き、広瀬久忠の辞任の問題といい、この問題といい、小磯には愛想がつきると言って、このことで政変になってもかまわないと語った。重光は内大臣の怒りようにびっくりした。その反発のすさまじさに驚いた。首相がお上に不必要な心配をかけたことで、木戸は憤慨しているのだとかれは思った。

午後五時、重光は総理官邸に小磯を訪ねた。お召しがあって、いましがた戻ったのだと言い、繆がまだ滞在していることをはじめて知ったのだと述べた。意見を言えとのお言葉があったから、奉答したのだと語り、それみたことかといった響きにはならないように注意しながら、繆を早く帰してはどうかと言った。

小磯が血の気のうすい唇を開いた。陸海両大臣がここに見え、お召しがあり、意見を述べたと言っていた、繆を帰国させる、柴山次官に飛行機を依頼するつもりだと答えた。

小磯はそこまで喋って、いきなり話題を変えた。近衛公の斡旋で外務大臣を君から吉田茂氏に変えるとの噂があるようだが、事実ではないと語った。重光は聞き耳をたてた。吉田氏は和平派だ、自分はいま和平を口にしてはならない時期であることぐらいは承知していると小磯はつづけた。

重光はなんと答えてよいのか迷った。首相はなにを言おうとしているのか。噂を打ち消しただけのことか。そうではあるまい。お前は内大臣に手をまわし、私の和平外交を潰しにかかった。だが、お前の態度を批判し、非難し、私を支持する者は近衛公をはじめとして多いのだ。小磯はこのように言っているのではないかと重光は思ったに相違ない。

重光はその問題に触れることなく、小磯に向かって、中国から撤兵しなければならない、統帥部はこの問題を真剣に考えねばならないと鈴木貞一中将が語ったのだと言って、自分も撤兵に賛成なのだと匂わせた。小磯は腹のなかではたいへんな怒りようだから、なにをいまさら言い訳をするのかと相手にしない。

小磯は沖縄の戦いに話題を移した。わが軍は二個師団半、それに海軍兵士が若干、砲は二百門だけだ、敵は六個師団、それに加えて海兵師団三個師団を上陸させるだろうと語って、まったく希望がないと言った。つづいて陸海軍統一の問題を語った。どれもこれもうまくいっていないと小磯は語って、立ちあがった。

重光は帰りの車のなかで考えたのではなかったか。国際信義に欠ける謀略外交だと攻撃して、首相と緒方がやろうとしたことを潰してしまった。正しいことをしたのだ。だが、かれは落ち着かない気持ちにちがいない。かれは考えつづける。

私を批判する者は、私が重慶外交に熱意を示さないのが気に入らないのであろう。昨年十一月に、私は「我ガ外交」を発表したが、そのなかで対重慶施策に触れなかった。「……重慶ヲシテ世界平和ヲ提唱セシメントスルコトハ実現性ガナイ。重慶ハ実力ガナク……[16]」と一刀両断したことが、お気に召さないのだ。

私の批判者たちはつぎのように言いたいのだ。日本がどうやらまだ有利な戦線は中国だけである。しかも、日本の占領地は、重慶だけではなく延安、そしてモスクワが狙っている。重慶は日本の出方を警戒している。そこで重慶と交渉ができるはずだ。その交渉の過程で、「世界平和」の道、要するにアメリカとの和平の道を探すことができるのではないか。

それはとてもできないと言えば、やってみなければわからないではないかと反駁し、対ソ外交をもやっていないではないかと文句を言うのであろう。

私を批判する連中はなにも知らないのだ。ソ連に向かって、私は手を打った。ソ連に向かって和平の斡旋を求めるアドバルーンをあげた。ヤルタ会談が終わるのを待って、二月十四日のヨーロッパ向けの放送でそれを匂わせ、十五日にはハルピン総領事の宮川船夫に命じ、東京に駐在するソ連大使のマリクにそれを告げさせた。ところが、梨の礫《つぶて》だ。クレムリンはまだ動こうとはしない。ヨーロッパの戦いが終わるまで待たねばならない。

重光はこんな具合に考えているのであろう。

夜半の空襲

四月三日の真夜中、正確にいえば四日の午前零時四十分、警戒警報のサイレンが鳴りはじめ、長く尾をひいた。東京、川崎、横浜に住む人たちは起きあがり、ラジオをつけた。ブザーが響き、「東部軍管区情報」とアナウンサーの語る声が聞こえてきた。

「南方洋上より本土に近接しつつある数目標あり、本土に到着時刻は一時頃なり」

これでは眠るわけにはいかない。だれもが寝床を離れ、身支度をはじめたとき、空襲警報の胸苦しいサイレンが鳴りだした。雲は低いが、遅い月がでているようである。外はほの明るい。ラジオのブザーがふたたび鳴った。

「敵は日下関東東部及び房総半島にあり。なお、伊豆半島南方に数目標あり」

久しぶりに大空襲となる模様である。ラジオは敵機が関東北部に向かっていると告げた。

「敵は関東北部に照明弾、焼夷弾、爆弾を投下せり。また一部に機銃掃射せり」

麴町五番町に住む内田百閒は、敵機は東京を狙ってはいないようだと思い、ほっと息をついた。麴町永田町二丁目の官舎に住む大木操も、まず大丈夫だろうと思った。二日前に敵は武蔵野町と田無町にある中島飛行機の工場を襲った。今夜は群馬の太田製作所か、小泉製作所を爆撃するつもりであろう。大木はそう考えた。

ブザーにつづいて、アナウンサーの声がいぜんとして聞こえてくる。「敵の主力は……」「敵は依然……」「敵は目下……」空襲がはじまってすでに二時間近くにもなる。そろそろ終わりになってよいはずだが、その気配がない。都民は寒さに震えながら、寝ることができない。またもブザーが聞こえ、新しい敵編隊の来襲を告げた。「新たなる敵は南方洋上より北進しつつあり。三時より三時三十分頃、本土に侵入せるものの如し」

唸るような爆音が真上でする。と思うまもなく爆弾の炸裂音がつづき、家が揺れ、ガラス戸が震動する。内田百閒は前後左右いたるところに爆弾が落ちているのだと思った。

世田谷区若林町に住む海野《うんの》十三《じゅうざ》は妻の英《ひで》と四人の子供たちとともに防空壕のなかにいる。世田谷のこのあたりを中心にして爆弾を落としているのだ。東西南北、四方ぐるりに滅茶苦茶に投弾している。十三はこんなふうに思っている。

世田谷区成城に住む柳田国男も妻と庭の防空壕に入っている。昨年十一月に空襲がはじまってから、壕に入るのは今夜がはじめてである。かれは壕のなかで爆弾の爆発音を五十まで数えた。足は冷えきっている。電線が切れたのであろうか、ラジオが聞こえなくなった。

目黒区大岡山に住む塚本幸子は十八歳である。昭和薬学専門学校に通っている。彼女は母と二人の妹とともに壕のなかにいる。父はいない。昭和十六年に召集された。また爆発音がつづく。対空砲火の音が聞こえない。どうして今夜は探照燈を照らそうとせず、高射砲を射たないのだろうかと幸子は考える。

頭上でガラガラヒューと爆弾が落ちてくる音が聞こえてきた。電線がカラカラと異様な音をたてる。風が吹き荒れて鳴る虎落笛《もがりぶえ》と同じ現象なのだろうかと思ったのはあとのことで、ものすごい音がして、防空壕が地震のように震動し、板張りのあいだから落ちてくる土が彼女の頭に降りかかった。彼女は夢中で母と妹の手を握った。

大森区東馬込に住む添田知道は壕に入っているが、家族四人すべてが入ることはできず、かれの体半分が外へでる。爆音は真上でする。たえず頭上から聞こえてくる。これでは焼夷弾を落とされても、壕からでることはできず、初期防火はできない。爆音がやむ。それでも炸裂音がして、壕が揺れる。時限爆弾なのだろう。

添田は山本周五郎の家のことが気にかかる。すぐ近くに周五郎の一家は住んでいる。体の具合がひどく悪い細君と小さな二人の子をかかえ、いまごろどうしているのだろうか。

清沢洌は庭へでて、二個の照明弾の下の川崎の方角を眺めた。かれの家は久ヶ原《くがはら》台の端にある。昼間であれば、蛇行する多摩川のさきに煙突と工場、配電塔が立ち並び、半分煙のなかにある川崎と鶴見の町を遠望できる。敵機は見えないが、黄色い閃光が目に入った。炸裂音がつづき、空はたちまち真っ赤になっている。

川崎市昭和町に住む高島松柏は真上に現れた光を見上げた。かれは川崎青年学校の校長である。周囲は真昼のように明るい。パラシュート付きの照明弾である。足元に黒い影が奇妙な形をつくる。敵機は低い雲の真上を飛んでいる。グーン、グーンと腹にこたえる唸り声が重なりあう。B29の隊列がつづいているようだ。近くの富士見公園の野球場にある高射砲陣地は鳴りを潜めている。ザーッと雨の降るような音とともに電光が一閃した。腹にしみわたるような炸裂音が響き、地面が揺れた。

爆発音がつづくなかで、あちこちから火の手があがり、火の粉が飛びはじめた。高島松柏は妻と中学生の次男の功とともに、茶箱と行李を玉葱畑まで運びだした。長男巌が持っていくことになっている荷物も運んだ。四月八日に巌は海軍軍医学校へ入学することになっている。夜具も縁側まで持ちだした。年老いた母は布団をかぶったまま、縁側に伏している。

杉並区高円寺に住む嘉治隆一は、川崎の方角の雨雲が赤く染まっていくのをじっと眺めている。

嘉治は四十八歳、ずっと朝日新聞の論説委員をつづけてきた。かれが朝日に入社したのは、昭和九年のことであり、三十七歳のときだった。それ以前には満鉄の東亜経済調査局にいた。前に述べたとおり、佐々弘雄が九州帝大をやめて、朝日の論説委員になったのが同じ昭和九年、かれもそのとき三十七歳だった。なお笠信太郎が大原社会問題研究所をやめて朝日に入社したのが、二年おくれて昭和十一年、三十五歳のときだった。

嘉治は、論説委員室の打合せ会にはじめて出席した頃のことをいまもはっきりと記憶している。会議は毎日午後二時から開かれた。円卓を囲み、大きな肘掛け椅子に坐った緒方竹虎、前田多門、関口泰、米田実、大西斎《いつき》、和田信夫といった面々が、穏やかな声で外交を論じ、内政を語っていた。

そのときかれの脳裡に思い浮かんだのは、子供のときに見た古い写真帳の一枚だった。高級将官たちが丸く輪をつくり、椅子に腰掛けていた。満洲東煙台の満洲軍の総司令部に集まった軍首脳だった。第一軍から第四軍、鴨緑江《おうりよつこう》軍までの司令官と参謀長が円陣をつくっていた。そして総参謀長の児玉源太郎と総司令官の大山巌がいた。

二十五万人、十九個師団の部隊を結集し、奉天に集結する三十五万のロシア軍に対し、一大決戦を敢行しようとしたときだった。その軍事作戦のための会議を開き、そのあとの記念写真だった。静寂さが漂うなかで、だれの筋肉もぴんと張りつめているのが感じられた。

隆一は論説委員たちが円陣をつくって坐っているのを見たとき、四半世紀以前にあかず眺めた写真を思いだし、緒方竹虎の態度に大山巌の姿を重ね合わせたのである。

嘉治が緒方とともに中国を旅行し、天津で第二十七師団長の本間雅晴から、首相だった近衛が秋山定輔らに脅迫されたという奇怪な話を聞かされたことは、第1巻で述べた。昭和十四年の末のことで、緒方は相変わらず主筆、嘉治はそのとき副主筆になっていた。

今年の三月に社内の機構が変わり、嘉治は佐々弘雄とともに論説主幹となった。かれらが欲求不満を感じ、憤慨しているのは、社長派の役員たちがかれらをいじめにかかっていることだ。長い歴史のある四階の論説委員室は三階に移され、編集局の片隅が仕切られ、論説委員はそこに押し込められてしまっている。

爆発音が鳴り響くなかで、隆一は繆斌の言葉を思い浮かべる。

かれが繆と会ったのは二週間ほど前のことである。以前に論説委員だった関口泰と長谷川如是閑《にょぜかん》、それに三淵忠彦がいっしょだった。嘉治は繆が和平案を説明するのを聞きながら、いったい重慶政府はこのような重大問題をアメリカに内示することなく、その一存でおこなうことができるのだろうかと不思議に思った。嘉治は緒方竹虎からこの和平工作についてはなにも詳しいことを聞いていない。同じ論説主幹の佐々弘雄はこの工作のあらましを知っているが、嘉治は佐々と仲が悪く、二人だけで話し合うことはまずない。嘉治は繆に向かって、自分の疑問を口にした。

だれもがかすかに膝をのりだした。繆は嘉治の質問にゆっくり答えた。「私が東京にいるあいだ、東京への空襲は遠慮されるはずです」

炸裂音がガラス窓をピリピリと震動させるなかで、嘉治は考えつづける。繆が来日したのは三月十六日だった。それ以来、東京に空襲はなかった。空襲はまったくなかったわけではない。空襲警報は鳴らなかったが、警戒警報がでて、敵機は、朝、あるいは昼ごろに東京上空へ侵入していた。

きまって一機だった。偵察にきていたのであろうが、爆弾を積んでいた。行きがけの駄賃とばかり、それを東京上空でばらまき落とした。

三月十八日には蔵前、二十日には福住町《ふくずみ》、三十一日には四谷坂町、荒木町、富久町《とみひさ》で爆弾が炸裂し、屋根瓦から木の断片、衣類の切れはしを風に舞う紙片のようにそこら一帯の家や路地にまき散らし、人をごみくずのように吹き飛ばした。そして敵機が去ったあと、隣組や警防団の人びとが行方不明の人を探し、瓦礫の山を掘り返した。火災こそ起きなかったが、二百戸以上の家が破壊され、百人を超す死傷者がでていた(17)。

それにしても三月九日夜の大空襲から三月末まで、名古屋が三回、大阪、神戸が一回ずつ夜間焼夷弾攻撃を受けたのと比べれば、東京への空襲はないのも同じだった。敵は東京への空襲を控えてきたのだと嘉治は思った。二日前の深夜、五十機に近い敵機が板橋と北多摩郡を襲ったのは、時間切れを告げる警告だったのかもしれない。

そして今夜の本格的な空襲となってしまった。重慶側から与えられた交渉期限は三月三十一日までだと繆が語っていたのは、ほんとうのことだったのだ。架け橋は崩れ落ちてしまった。最後の機会を逸してしまったのかもしれない。

石原莞爾、繆斌に会う

繆斌は東京にいる。麴町六番町にいる。かれがそこにいることを嘉治隆一は承知している。繆を六番町に案内したのは、嘉治の部下の学芸部の記者だからである。嘉治は緒方竹虎から、繆をいつまでも麻布の迎賓館に泊めておくわけにはいかない、帰国するまでのしばらくのあいだの宿を探してくれと頼まれてのことだった。

繆の新しい宿は五条珠実《たまみ》の踊りの稽古場である。四十八歳になる珠実は新舞踊界の旗手である。もともと彼女は花柳流のスターだった。昭和五年に独立して、五条流を創設し、創作舞踊をはじめた。金田一京助のユーカラ物語に生命を吹き込んだ「アイヌの神々」の群舞が人気を呼んだ。

珠実は四番町の住まいから稽古場に来て、客のために毎日、食事の支度をした。彼女の家には配給通帳を持っていない客人に食べさせる余分な食糧はなかったから、朝日の記者が鮭の罐詰と米を運んできた。珠実はその太った中国人と親しくなった。かれは彼女に向かって、「無事に向こうに帰って、平和になったら、きっとこのお礼に珠実号という飛行機を仕立てて、あなたを迎えに来ます」と言った(18)。いつごろのことであろうか、そんな日はくるのだろうかと彼女は思った。彼女がおもしろく思ったのは、上手な日本語を話すその中国人が、芝居のなかの西郷《せいご》どんが喋るように、語尾に「ごわす」をつけることだった。

今夜、すでに四月四日になっているが、時限爆弾が炸裂し、雷鳴のように轟くなかで、繆斌は来客と話し合っている。訪ねてきたのは石原莞爾である。

石原莞爾は山形県の鶴岡から出てきた。じつは、この二月、昨十九年十一月にも、かれは東京へ来ている。東条暗殺未遂事件に関係していたことから、憲兵隊に喚問されてのことだ。

昨十九年の九月末、木戸幸一が日記にその事件の概略を記したことは、第1巻で述べた。内閣転覆の陰謀があった、後継内閣の陸軍大臣に石原莞爾、参謀総長に小畑敏四郎、三笠宮を支那派遣軍総司令官とする人事構想があったと記述した。

その事件の主謀者は、前に述べたとおり、津野田知重《ともしげ》である。かれは陸軍大学校を出て、昭和十八年に山西省に駐留していた第三十六師団の参謀となった。かれは参謀長の今田新太郎にかわいがられた。今田は石原莞爾の直系である。つづいて津野田は支那派遣軍総司令部の参謀となり、上海にいた浅原健三と親しくなった。浅原は以前に協和会の幹部だった。かれもまた石原の部下である。

昨十九年五月、津野田は参謀本部の編成動員課に転任となった。東京に戻ったかれは、今井や浅原と論じ合ったこと、そしてかれ自身考えたことをやらねばならないと決意した。重慶政府と和平を図らねばならず、交渉をおこなわねばならない。東条内閣ではそれができない。総理に東久邇宮、陸軍大臣に石原莞爾、支那派遣軍総司令官に三笠宮、このトリオをつくらねば、重慶政府との和平は不可能だ。津野田はこう考えた。

かれはそのための意見書をつくった。石原将軍の支持を得ることが先決だった。病気と偽り、休暇をとって、協力者の牛島辰熊《たつくま》とともに鶴岡へ行った。昨十九年六月九日のことである。

駅から近い裏通りに石原の住まいはある。簡素な平屋建てであり、高山樗牛《ちょぎゅう》の生家である。津野田は石原に意見書を示し、同じ写しを秩父宮、高松宮、三笠宮、東久邇宮、小畑敏四郎、加藤完治、浅原健三に送る予定だと説明した。

その意見書のもっとも微妙な箇所は、東条内閣をすみやかに退陣させねばならないと主張し、そのためには非常手段もやむをえないと記したところだった。石原はそこに赤鉛筆で「賛成」と書き込んでみせた(19)。そしてその夜、二人を家に泊めたのである。

ところが、津野田が行動を起こす以前に、東条内閣が瓦解してしまった。つづいて津野田の計画が洩れ、かれは逮捕された。それが昨十九年九月二日のことだった。十一月には石原は東京憲兵隊に召喚され、取り調べを受けた。

石原は平気の平左だった。皇族がからんでいて、しかも未遂の計画だった。東条はすでに退陣していた。だれもが穏便に片づけたいと望むはずであった。とりわけ陸軍大臣の杉山元は、こうした問題の扱いに慎重すぎるほどに慎重である。そっと始末したいと思っているであろうことは、石原にはよくわかっていた。

はたしてそのとおりになった。この一月、浅原健三は不起訴となった。そしてこの十日ほど前の三月二十四日、津野田知重は、国政紊乱《びんらん》・殺人陰謀の罪で、禁固二年、執行猶予二年となった。牛島辰熊も同じように執行猶予の判決だった。石原はといえば、二月に呼びだされ、下駄ばきのままで出てきた。始末書をだすことで、けりがついた。

下駄ばきといえば、かつてかれは下駄ばきのままで飛行機に乗り、錦州爆撃の指揮をとったという有名な話がある。昭和六年十月のことだ。前の月の九月に関東軍は軍事行動を起こし、たちまち東北四省のうちの奉天と吉林《きつりん》の二省を占領してしまった。残っていたのが黒龍省と熱河《ねつか》省だった。熱河省の錦州に奉天軍の残党が集結していた。その兵営を爆撃したのだが、石原の狙いはまたべつにあった。

不拡大を唱える外務省に公然と逆らい、日本軍の撤退を求める国際連盟理事会に喧嘩を売るための爆撃だった。下駄ばきというのは事実ではなく、スリッパのままで駈けつけ、司令機に乗り込んだというのがほんとうの話だった。

靴をはく時間がなかったわけではなかろう。あるいはまた、それから十三年のちの今年の二月、鶴岡のかれの家に靴がなかったわけではあるまい。かれのいたずらっ気がそうさせたのである。三宅坂、あるいは市谷台に向かって、裏庭へ出てきただけのことだといったところを見せたいのだ。かれにはそうした稚気があり、芝居っ気がある。

ここで石原の話をしなければならない。津野田知重、田村真作、太田照彦から尊敬され、少なからずの人びとから救世主として待望され、多くの人びとの関心を集めている石原とは、どういう男なのか。

石原莞爾の名を一躍有名にしたのは、錦州爆撃に示されるとおり、その疾風迅雷の満洲の戦いである。関東軍作戦参謀、そのとき四十二歳の石原は状況の核心を摑み、見事な勝負師ぶりを見せた。それこそかれは、十九世紀後半、アジア、アフリカに植民地を築いた英国、フランスの大胆不敵さと想像力をもった冒険軍人たちの同類だったのである。

そして翌昭和七年には、石原は松岡洋右全権の随員として、ジュネーヴの国際連盟臨時会議に出席し、なかなかのショーマンぶりを発揮した。そんな石原の姿を覚えているひとりに辰巳栄一がいる。現在は、第三師団長として広西省にいる。そのときかれは三十七歳、英国駐在の武官補佐官だった。ジュネーヴからの帰途、石原はロンドンに立ち寄った。ホテルで座談会を開くことになり、四十人の外国武官が集まった。そのお膳立てをしたのが、辰巳だった。

石原は会場に来るのが遅れた。辰巳は気が気ではなかったのだが、現れたその姿にびっくりした。紋付き、羽織、仙台平《せんだいひら》の袴、そして白足袋をはいていた。石原は臆することなく、ホールの真ん中に進み、そこにあるアームチェアに坐って、目をつぶった。かれはしばらくなにも言わなかった。会場は静まり返った。辰巳の瞼に焼き付いている光景である。石原の話は非常に好評で、辰巳は面目をほどこしたのだった。(20)

劇場の舞台と戦場での双方で傑出したところを見せるのが、英雄であるための条件なら、辻政信がその英雄だとは前に述べたことだが、かれより十二歳年上、陸士で十五期先輩の石原こそが、昭和に入ってからというよりは、日露戦争の英雄が消えてしまったあとの最初の英雄だった。

つけ加えるなら、辻は、石原がジュネーヴに出張したとき、中隊長として上海事変に出征し、その勇猛ぶりを上官と同僚に印象づけ、帰国して参謀本部入りし、参謀としての第一歩を踏みだそうとしていた。

満洲を去って六年のち、ふたたび石原は満洲に行った。昭和十二年九月のことで、かれが坐ったのは関東軍参謀副長の椅子である。ところが、かれの二度目の満洲勤務はさっぱりだった。輝く星は光を失い、すでにかれに英雄の面影はなかった。

のちのちのことになるが、古海《ふるみ》忠之《ただゆき》は石原をこきおろし、「要するに実行力がない人間なんだ。口は達者でずけずけと物は言うがね」(21)と言ったことがある。

じつは古海は石原に腹を立てていた。理由は石原の演説だった。かれは在郷軍人会の大会にでて、協和会は国民の組織だと語り、政府の役人である古海忠之が協和会の指導部長であるのはけしからんと述べ、古海を即刻馘《くび》にせよと声を張りあげたのである。石原のその話を聞いた人たちは、さすがに協和会の生みの親が言うことはちがうと感激した。当然のことながら、古海が黙っていなかった。

関東軍に頼まれ、古海はその仕事を引き受けていた。古海は現在、満洲国総務庁次長だが、そのときは総務庁の主計処長だった。かれは主計処を会計科長の飯沢重一に任せ、協和会の仕事にかかりっきりだった。感謝されこそすれ、罵倒されるいわれはなかった。かれは参謀長の東条英機に泣きつき、関東軍の大幹部が公開の席で、満洲国の役人を名指しで非難するなど非常識すぎると怒った。

石原は十二歳年下の古海をみくびって、攻撃したわけではなかった。かれは上司である東条をも鼻であしらった。そのとき満洲重工業の総裁だった鮎川義介が参謀長室の東条を訪ねたことがあった。石原をも加えて話そうということになった。石原の部屋に行った給仕が戻ってきて、「行く必要はないと言って、来られません」と答えた。東条は顔色を変え、鮎川はその不遜な言い草に呆れかえったのだった。(22)

実行力がないなどといったことではなく、それ以前の問題だった。政治的白痴病といった態度だった。それとも、まるっきり真剣ではなかった。上司に上手に使われようといった心構えがかれにはなく、いっしょに働く人びとを自分に協力させようとする努力もしなかった。

関東軍参謀部の第四課が全満洲に君臨し、政治、経済に口出しをしている実状を非難し、第四課など廃止してしまえと切り捨て、民族協和の原則が失われていると攻撃し、自分の哲学と信念をふりまわすだけだった。

参謀副長になって一年たらずあと、昭和十三年八月、かれは予備役願と休暇願を出し、中折れ帽に協和服姿で満洲を離れた。そうではない、無断で勝手に帰国したのだと噂された。かれの満洲における仕事ぶりは、その任務の放棄に象徴されたとおり、どこかやけっぱちといったところがあった。

どうしてだったのか。じつはかれは参謀副長をやって、失敗したのではなかった。満洲転任となる以前に、かれは参謀本部の作戦部長だった。かれが失敗したのは作戦部長としてだった。

石原は昭和十二年三月から九月まで作戦部長だった。平和なときには、作戦部長はだれからも注目されない。だが、全面的な戦いに突入するか、それとも戦争を回避できるのかといった重大な局面になれば、作戦部長、とりわけ陸軍の作戦部長の権威と影響力が国の命運を決めることになる。これについては第1巻で述べた。

昭和十六年という日本の生き死にがかかっていた重大な年に、そのとき作戦部長だった田中新一の態度決定が日本の進路を決定した。昭和十二年にしても同じだった。作戦部長は石原莞爾だった。かれの態度決定が日本の進む道を定めた。

昭和十二年七月七日、蘆溝橋《ろこうきょう》で小ぜりあいが起きた。作戦部長の石原は戦いを避けようとした。かれは満洲事変を起こした主役のひとりであり、冒険軍人のひとりだったのだが、中国と戦ってはならぬ、和平を維持しなければならぬといった信念をもつようになっていた。

かれは出兵してはならぬと主張した。ところが、かれは大勢に妥協してしまった。三個師団を華北に派兵することに反対しながら、結局はそれを認めてしまった。日露戦争以来、三十二年ぶりの大動員、そして出兵となった。

翌八月、戦火は上海に飛び火した。やむをえず二個師団を上海に派遣したが、中国軍の大部隊に包囲され、苦戦をつづけることになった。さらに三個師団の増援部隊を派遣しなければならなくなった。それでもまだ足りなかった。

石原は弱い、腰が坐っていない、確固たる計画がないと非難、攻撃する声は、参謀本部、陸軍省内でいよいよ大きくなった。戦うべきだという主張は海軍にまでひろがった。石原は孤立した。そしてかれを更迭しようとする策謀が形づくられた。九月二十七日、ついにかれは更迭された。

かれのあとを継いで、下村定《さだむ》が作戦部長となった。下村は増援軍を杭州湾に上陸させる新しい攻撃作戦を準備し、それを実行に移した。上海を包囲していた国府軍の側背を突いて、総崩れにさせた。

追放だ、島流しだとかげ口をきかれるなかで、満洲の新京に赴任して、石原は挫折したとの思いを深めることになった。後任部長が監督した作戦計画とその準備がうまくいったのを嫉妬したわけではなかった。そんな作戦はだれもが思いつき、だれにもできることだった。石原が自分を責めたのは、自分の失敗にたいしてだった。

石原が更迭される前、参謀次長の今井清は重病だった。参謀総長は閑院宮《かんいんのみや》であり、日常の会議にでてくることはまずなかった。参謀本部を代表するのは石原であった。

蘆溝橋の紛争が起きたとき、前に述べたように、石原はどうにかして三個師団の華北派遣をくいとめ、戦いが起きないようにしようとした。そして官房長官の風見章に向かい、蔣介石と直接交渉しなければならないと説き、首相が訪中するように求めた。

そして七月十九日、石原は陸軍大臣の杉山に向かい、三個師団を派遣すべきでないと主張した。次官の梅津、軍事課長の田中新一も同席していた。石原はかれらに向かって、内地からの軍隊の増派は全面戦争に発展する危険が大きいと説き、その結果はスペイン戦争におけるナポレオン同様底なし沼にはまることになると述べた(23)。

石原はさらにつづけて、緊張緩和のために、しばらくのあいだ天津軍を満洲まで撤退すべきだと主張した。天津軍とは義和団議定書にもとづいた駐屯軍のことである。そして石原は、首相が南京へ飛び、蔣介石と直接交渉をおこない、事態を収拾すべきだと説いた。

梅津が反対した。天津軍が撤退して、北平《ペーピン》、天津における日本人の生命、財産、権益の保護はどうするのかと問い、満洲国の存在に支障が起きることにならないかと言った。一撃を与えねばならぬ、弱みを見せたら相手はつけあがる、この機会を逃してはならぬ、もはや先に進むしかないと説く人びとがきまって口にする主張だった。そんな論議に才気煥発の石原がぐっと詰まったとは思えなかった。

石原はつぎのように再反論できたはずだった。国家計画をどのように決めるのかは、軍事作戦がそれを支援できるかどうかにかかっている。その戦いの見通しをたてるのは統帥部である。統帥部がくだした判断を尊重してもらわねばならぬ。

石原は陸軍省首脳の杉山、梅津、田中を睨みすえ、こんなふうに威しをかけ、統帥大権を侵犯するつもりかと開き直ることもできたのである。だが、それができなかった。統帥部の意見がひとつにまとまっていなかったからである。

参謀次長の今井清は増派が必要だと思っていた。かれは病床で涙を流し、石原に翻意を求めた。不拡大論を説いていた本間雅晴は、第二部長になってから態度を変え、一撃論を主張するようになっていた。そして部下の作戦課長の武藤章は最初から一貫して、戦うべしと声を張りあげていた。

強硬路線を唱えて、他の者たちをひきずっていくのは易しかったが、弱気と見られる作戦計画を押し通すことは難しかった。昭和六年の石原の独断専行にしたところで、強硬論だったからこそ、陸軍全体をひきずっていけたのだった。

がむしゃらなやり方は部下の支持を得ることができ、大胆で魅力的な計画は上司を喜ばせ、だれもが競って男っぽく見せようとするのが世の常なのである。だが、そんな言い訳は石原の慰めにはならなかったであろう。

かれが残念に思ったのは、内部調整に奔走し、とどのつまりは反対派に妥協せざるをえなくなり、それでも九月までずるずると作戦部長の椅子にとどまっていた未練がましい自分の態度だったにちがいない。七月のそのとき、辞表を懐にして、華北への出兵を徹底して反対すべきだったという悔恨があったはずだ。

満洲事変のときには作戦参謀、そして二・二六事件のときには戒厳参謀として、石原は自分の予見力と判断力によってすべてをうまく解決したと自信を抱いていただけに、昭和十二年七月の自分の失敗に深く傷ついたのである。

そしてかれは満洲新京で、見ること、聞くことすべてが不快だった。盧溝橋事件が起きて、戦うべきだと真っ先に騒ぎたてたのが関東軍だった。石原のところには関東軍の参謀副長が来て、戦えとはっぱをかけた。そして関東軍はチャハル作戦をやると主張した。華北への内地師団の出兵、上海の戦いがはじまってあとのことになるが、八月上旬、チャハル作戦をやってもいいと認めることになった。

その戦いをやったのが関東軍参謀長の東条だった。張家口、大同、綏遠、そして十月中旬には包頭へ進撃し、内蒙古のすべてを占領してしまった。

新京に戻ってきた東条は、戦いはこんな具合にやるのだと鼻高々だった。石原は腹立たしかった。私がかつてやったことを、長期的な見通しももたなければ、理念ももたないばか者が猿まねをしただけのことだ。そしてばか者たちは私がつくった内政・外交の壮大な構想を潰してしまったのだ。かれはこんな具合に思ったのである。

石原の満洲における仕事ぶりがどこかやけっぱちといったものになったのは、こうした理由からだった。とどのつまりは、東条の後任の参謀長磯谷廉介《いそがいれんすけ》と正面衝突して、かれは無断で帰国することになったのである。

東亜連盟

かれの予備役願は受理されなかった。その年の末に舞鶴要塞司令官、つづいては京都の第十六師団長となった。そのとき陸軍大臣だった板垣征四郎がやったことだった。かつていっしょに戦った仲間に師団長の最終駅を踏ませてやろうとの友情があってのことだった。

というのも、昭和六年の満洲の戦いは、二人の参謀、四十六歳の総務課長の板垣と四十二歳の作戦課長の石原のコンビ、人が言うところの「知謀の石原と実行の板垣」がやったことだったからである。

石原が京都師団長になったとき、国民政府との戦いを終わりにしなければならぬという空気が陸軍内で一気に強くなった。石原は根本的転換をおこなうためのチャンスだと思った。重慶側に受け入れさせることができる実体のある和平構想は、自分がもっているだけだとかれは考えていた。もういちど板垣と手を組み、その和平回復の大仕事をやろうとした。

なぜ、戦いを終わりにしなければならぬとだれもが考えるようになったのか。昭和十四年八月末、独ソ不可侵条約の締結といった予想を超えた出来事が起きた。陸軍の幹部が当初耳を疑い、つぎに呆然となり、ドイツと同盟を結ぶべきだと騒ぎたてていた軍務局の自信過剰な連中が頭をかかえ込んだ。つづいてノモンハンの負け戦が起きた。

長い消耗戦をつづけていれば、日本の資源は涸渇してしまい、背後からソ連の攻撃を受けることになる。陸軍幹部が抱いていた不安感は現実のものとなった。中国との戦いを早急に終わりにしなければならぬと、陸軍のだれもがはじめて真剣に考えるようになった。

つづく九月、平沼内閣の退陣とともに陸相を辞任した板垣は、新設の支那派遣軍総司令部の総参謀長となった。北京、南京、広東にそれぞれあった独立司令部をひとつに統合した。優秀な参謀たちを傘下に集め、大総参謀長と呼ばれた板垣は、戦いを終わりにすることを自分の務めとし、多くの人びとはかれの手腕によって戦いが政治解決するものと期待した。

同じ昭和十四年の十一月、石原が説くところの東亜連盟の理論に賛同する人びとが東亜連盟協会をつくった。東亜連盟は、各国の政治の独立を尊重し、王道にもとづく国防の共同と経済の一体化を主張していた。和田勁、木村武雄、宮崎正義、中山優といった人びとが協会の幹部となった。

石原は国民運動を展開して、東亜連盟の考えこそが東アジアの平和と団結のための現実的な構想だと説こうとした。そしてかれはその考えを北京、南京、上海で提唱することによって、重慶側の人びとに訴えようとした。

昭和十五年四月二十九日、板垣征四郎は「派遣軍将兵に告ぐ」と題する小冊子を発表し、戦場の将兵に配った。「事変発生の根本原因」「交戦の対象は何か」の説明につづき、「事変は如何に解決すべきか」の見出しがあって、東亜の安定と発展を確保するために、東亜連盟をつくらねばならぬと説いていた。

そのパンフレットを起草したのが辻政信だった。あるいは草稿の段階で、かれは石原莞爾に教示を求めたのかもしれなかった。

ところが、昭和十五年五月から六月にかけて、ドイツ軍が圧倒的な勝利を収めるという、これまた予想外の出来事が起きた。ドイツはあっというまにオランダ、ベルギー、フランスを攻略してしまった。そして七月には第二次近衛内閣が発足し、陸軍大臣には東条英機が就任することになった。

国際情勢は大きく変わり、日本に有利になったとだれもが思い、陸軍首脳もそう信じた。重慶政府への供給ルートを切断しようとして、ビルマ・ロードを閉鎖せよと英国に迫った。当然ながら重慶政府にたいしても、圧力をかけることによって、講和を押しつけることができると考えるようになった。

陸軍中央の幹部は東亜連盟の構想に関心を失った。そして陸軍大臣の東条が石原に敵意を燃やし、かれの政治活動に神経をとがらせた。たしかに石原は一介の師団長ではなくなっていた。東亜連盟運動の事実上の指導者となっていた。そしてかれは「世界最終戦論」といった題のパンフレットを刊行し、時の人となった。かつての英雄の再登場だった。

「世界最終戦論」は昭和十五年五月末に石原が京都市内でおこなった講演を整理し、九月に刊行した八十八ページの小冊子だった。たちまちのうちに八十版を重ねた。まさしくベストセラーだった。なによりも時機を得た出版だった。

フランスが敗北した、英国もやがて降伏するだろう、西欧諸国の植民地支配体制はまもなく崩壊するとだれもが思い、国内では新体制の賑やかな呼び声にみんなが興奮していたときだった。世界はどうなるのかを知りたい、日本はどうしたらいいのかを聞きたいと人びとが思っていたときだった。

多くの人が「世界最終戦論」を読んだ。その予言書には、軍事史と戦術論が入り、昭和維新と仏教の予言、日蓮の予言までが加わった奇妙な構成の講話だった。

石原の信奉者はその著書から石原の霊感を得ようとした。だれもが満足感と驚きの入りまじった気持ちで、読み了《お》えた。首をかしげる人もいた。そこで述べられている軍事史と戦術の説明はひどく古くさかった。日蓮の予言へのこだわりは尋常ではなかった。天才石原は狂信的な日蓮宗の信者にすぎないのかと思った大学の助教授や参謀本部の課員がいた。いや、そのたわいなくみえる論旨のなかに真実が隠されているのだと思い直す者もいた。

石原は「世界最終戦論」のなかで、ソ連はやがて崩壊するだろうと言い、ヨーロッパの国々は共倒れになるだろうと述べ、もっとも肝心な長期展望をつぎのようにつづけた。

「どうも、ぐうたらのような東亜のわれわれの組と、それから成金のようでキザだけれども若々しい米州、この二つが大体、決勝に残るのではないか。この両者が太平洋を挟んだ人類の最後の大決戦、極端な大戦争をやります。その戦争は長くはつづきません」(24)

その戦いが起きるのは、日蓮の予言によって、数十年さきだと石原は述べ、日本がやらねばならないことは、中国との戦いをやめ、東亜連盟をつくることだと説いていた。

だが、石原の運動は政府を動かすことができなかった。石原が板垣に協力し、東亜連盟を重慶政府との話し合いの基礎におき、和平を達成しようとした外交構想は、陸軍と外務省に相手にされず、東亜連盟の国内運動は少数野党の反政府運動に変わってしまおうとしていた。

それを心配したのが南京の汪兆銘である。かれは自分の手で東亜連盟を支えようとした。昭和十五年のことだが、十一月二十四日、南京政府の若手官吏が集まって、東亜連盟中国同志会をつくり、成立大会を開いた。汪兆銘がその大会に祝辞を寄せた。それから三日あと、汪は蔣介石に宛てて電報を発し、ただちに停戦を宣布するように勧め、全面和平に邁進することを祈念していると告げ、重慶、そして東京にゆさぶりをかけた。

それから一カ月たらずあと、十二月十六日のことだった。帝大将校会の集まりがあり、石原は京都帝大で講演した。かれは政府の中国政策を非難し、東条と梅津を痛罵した。「敵は中国人ではない。むしろ日本人である。自己の野心と功名にかりたてられて、武器をとって立った東条と梅津こそ、日本の敵である。……」(25)

聞いていた人びとのあいだにどよめきが起き、だれもが顔を見合わせた。来賓席にいた知事の川西実三は、自分の狼狽を隠そうと懸命だった。

現職の師団長が陸軍大臣と関東軍司令官を攻撃したのである。それが東条の耳に入ることを石原は承知していたはずだし、自分が現役を逐われるばかりか、東亜連盟弾圧の口実とされることもわかっていたはずであった。

おそらく石原は、東条が南京政府の東亜連盟への肩入れに憤激し、東亜連盟を近く処分すると軍幹部の会議で言ったのを聞き知ったのであろう。そこでかれは東条に真っ正面から喧嘩を売るしかないと考え、東条を同じ土俵に引っ張りだそうと意図したのかもしれなかった。もちろん、東条は石原の演説を黙殺した。

東亜連盟を守ろうとする者たちは、議員、首相に訴え、世論を喚起しようとした。昭和十六年一月十三日の深夜、中山優は荻窪に近衛を訪ねた。中山は近衛系の一員である。第1巻で述べたとおり、かれは対中国政策についての近衛の声明の草稿を書いたことがある。東亜連盟を存続させねばならぬと、かれは近衛に懇請した。(26)

翌一月十四日の朝日新聞は論説ページに東亜連盟を支持する論文を掲げた。「いま大陸では、一つの若葉が非常な勢いでぐんぐん伸びて行っている。東亜連盟の運動がそれだ」との書き出しではじまる文章だった。そしてつぎのように述べた。

「……支那では連盟なる名詞に国家独立の意味が最もよく現れているために東亜協同体、東亜連邦、東亜同盟等の名は採らずして、自ら進んで東亜連盟の名詞を採用したのである」

「汪氏が東亜連盟運動に共鳴して自ら進んで自主的にこれを取り上げるに至った第一の点は、疑いもなく政治独立の立場にあって日本と共存共栄のための提携が出来るという希望を持ったがためである……」(27)

太田宇之助の署名原稿だった。かれは朝日新聞の論説委員だった。北京、そして上海の支局長をやったことがあり、大西斎をはじめ、朝日に数多い中国通のひとりであったが、昭和十八年に退職した。

朝日が東亜連盟を支持するキャンペーンを開始したのと同じ日、閣議は東亜連盟の抹殺を決めてしまった。近衛は拱手傍観した。東亜連盟の名前は明示しなかったものの、「肇国《ちょうこく》の精神に反し、皇国の主権を晦冥《かいめい》ならしむる虞《おそ》れある如き国家連合理論等を許さない」(28)と政府は発表した。

それから一カ月半あと、昭和十六年三月の定期異動で、石原莞爾は予備役にまわされてしまった。四月には、東亜連盟協会は政府の圧力に抗しきれず、解散した。五月、もういちど反撃にでたのが汪兆銘である。

総参謀副長の土橋勇逸《つちはしゆういち》が連絡事務のために東京へ行くと知って、汪はかれに首相近衛宛ての親書をことづけた。両国は独立平等の基礎の上に提携しなければならないと主張する東亜連盟の原則のどこが悪いのかとの詰問を秘めた内容であり、東亜連盟の運動を承認するように要請したものであった。

近衛は返事を書きしぶったのではなかったか。東条が南京を訪れ、汪を表敬訪問することにした。そして汪への回答は、「当地限りにおいて東亜連盟を説くことに異存はありません(29)」と口先だけのごまかしを並べることにした。汪の希望、そして石原の最後の望みは砕かれた。

八月、同じ昭和十六年のことだが、石原は「戦争史大観」という著作を中央公論社から出版しようとした。憲兵司令部が内務省と連絡をとり、刷りあがった一万冊の配本を停止させ、押収してしまった。

石原が怒った。東条に手紙を送り、心外だと言い、どこが不満なのか明らかにしてくれと要求した。返事がないので、次官の木村兵太郎、軍務局長の武藤章にも、質問状をだした。

武藤からは、「已《すで》に内務省と憲兵とにて処置済みの後にて」と弁明を書きつらねた返事がきた。憲兵を管轄下に置いていたのは兵務局長の田中隆吉だった。解散させられた東亜連盟協会の幹部のひとり、衆議院議員の木村武雄が田中に抗議した。田中は石原に手紙を書き、自分より上のところで発禁の措置が決まったのだと匂わせ、問題点がどこにあるのかを明らかにして、つぎのように言った。

「……小生読了　毫《ごう》も不審の点無之《これなく》候えども　現下の日本の諸公に於て民族問題の判る人は板垣将軍及び閣下を除き　他は極めて寥々《りょうりょう》たるものにして実に遺憾至極に存候　恐らく十年後にあらざれば閣下の真意那《な》辺《へん》に存ずるや　悟るもの無之かに存ぜられ候……」[30]

それから三カ月あと、アメリカとの戦争がはじまったとき、石原はすでに鶴岡へ帰郷していた。かれのところにはほとんどなんの情報も入っていなかったであろうから、日本がアメリカにたいして先制攻撃を仕掛けたとのニュースにかれは驚いたのであろう。

かれはただちに外交計画を作成した。

「フィリピンを占領せず、速かにその完全独立を声明し、適時これと不可侵条約を結ぶ」

そして中国政策について、つぎのように記した。

「中国に対する政略は挙げて　これを東亜連盟運動に一任す　東亜連盟は遅くも一年以内に完全なる全面和平を成立せしめ……」(31)

かれは自分の構想にどれだけの自信をもっていたにせよ、個人の夢を記しただけのことであった。そして同じ日、かれはひとつの具体的な提言を参謀次長の田辺盛武《もりたけ》と軍令部次長の伊藤整一宛てに書き送った。

全力をつくして独ソの和平を実現すべきだと述べ、独ソ戦をやめさせることが絶対不可欠だと説いた。

石原はどうしているか

ところで、アメリカとの戦争がはじまって、石原莞爾の支持者たちは大きな疑問を抱いたはずであった。

この戦争は石原将軍が予言したところの「最終戦争」なのだろうかという疑問である。「日蓮聖人によって示された世界統一のための大戦争」はこれから三十年さきの時点で起きる戦いであり、いまはじまったこの戦争ではないはずだった。

だとすると、この戦いはどういう戦いなのであろうか。「最終戦争」で雌雄を決する相手のはずのアメリカといま戦うことになってしまったのは、なにか重大な誤りがあったからではないのか。

石原の支持者たちから、このような問いがでたはずであった。石原はなんと答えたのであろうか。かれは目をつぶって、答えなかったのであろう。だが、かれらも現在はおよそながら気づいている。なにか重大な誤りがあって、この戦争に踏みきってしまったのだと思っている。

おそらく石原は、もうすこし詳しく知っているのであろう。対米戦のはじまる直前の十月の首相近衛退陣の理由、近衛と陸相東条との意見の対立がどのようなものであったかを知ったにちがいない。昭和十二年七月と同じ誤りを昭和十六年十月にも犯したのだと、かれは歯嚙みすることになったのではなかったか。

昭和十二年のそのとき、華北への出兵をやめよと説き、華北の駐屯軍を引き揚げさせよとかれは主張した。陸軍次官の梅津は、そんなことをしても、戦いは回避できない、逆に戦いを引き寄せると反論し、かれの主張を葬ってしまった。

それから四年あとの昭和十六年十月、中国からの撤兵を決意すべきだと説いたのが近衛首相だった。陸軍大臣の東条がそれに反対し、「駐兵は心臓である」、心臓までを譲ることはできないと首相の主張を斥けたのだった。

そのような経緯の細部をだれもが正確に知っているわけではない。だが、どうしてこんな無謀な戦いをはじめてしまったのかと人びとが過去を振りかえるようになって、戦いを回避することができたかもしれなかったのだと気づけば、だれもが石原莞爾と近衛文麿の二人の名前を思いだすことになっているのである。

そこでこのさきの戦いはどうなるのだろうかと人びとが話し合えば、かつて近衛はだめだ、かれは臆病だと言っていた人びとが、近衛はなにを語っているのか、なにをしているのかといった話になるのだし、以前には東亜連盟の主張になんの関心ももたなかった人、「世界最終戦論」を読み、杜撰《ずさん》にすぎはしないかと思った人たちが、石原はなにをしているのかと問うことになっているのである。

八十四歳になる尾崎行雄は衆議院議員である。かれは昭和十七年に不敬罪で起訴されたが、昨十九年六月に大審院で無罪の判決がでたあと、ずっと逗子の池ノ平にこもったままである。かれはときたま訪れてくる贔屓《ひいき》の記者に向かい、石原中将はどうしているのかと尋ねることがある。

東京帝大法学部教授の南原繁は、政界上層部の動きに政治部記者のような強い関心をもっている。かれは、岩手県出身の知人から、石原が盛岡でおこなったという講演の中身を聞き、同僚に向かってその話をしている。

清沢洌も石原の話を聞いたことがある。昨年の十月、清沢が松本市を訪れたとき、市長の平林盛人に昼食を招待された。白柳秀湖もいっしょだった。平林は陸軍士官学校で同期だった石原を褒めちぎり、清沢と白柳が興味を示したものだから、石原のかずかずのエピソードを話した。

月並みな話ばかりで、清沢が強い印象を受けた話はなかったのだが、石原にからんで、前首相の東条の話にもなった。平林が憲兵司令官だったときに、陸軍大臣だった東条からでたと見られる命令がいくつもあったのだと語り、東条が憲兵の組織網を自分の秘密工作に使っていたのだと仄めかした。

平林は第十七師団長を最後に昭和十八年に予備役となったのだが、それより以前、昭和十四年八月から一年間、憲兵司令官だった。石原が京都の第十六師団長だったのと同じ時期である。平林のところに、石原と東亜連盟幹部の情報を収集せよとの指示がきて、それが東条からの命令だと知ったのである。

平林につづいて、白柳秀湖も石原の話をした。清沢はそれを日記に記した。

「石原は鶴岡にいるが、その山形県の警察部長は、『自分が職に居る間に〈石原を引っくくれ〉という命令がないように』と祈っていたとのことだ」(32)

つけ加えるなら、石原より一歳年上、五十七歳の平林盛人はこの三月に召集を受けた。かれは姫路の留守師団の師団長となっている。

太田正雄も石原の話を聞いた。この一カ月ほど前の二月二十七日のことである。古びた皮膚科病棟の建物のなかにあるかれの研究室に、鈴木仁長《きみなが》が訪ねてきた。軍医少佐の鈴木は高級将校の話を聞くことがあるから、なかなかの情報通である。

空襲の話からヨーロッパの戦いの話、近衛公爵のことが話題になった。正雄は日記につぎのように記した。

「時局の話に深入りした。……その男は石原莞爾を信じていた。石原莞爾は今でも、人の集まりに出て話すそうだ。東条内閣は辣韮《らっきょう》のあかちゃけた外皮のようなものだ。その次の皮が小磯・米内内閣だ。芯がまだある。その芯はおれの出る内閣だと。然《しか》しおれは総理大臣なんかにはならない。おれは参謀総長になる。そして直ぐ重慶に飛んで蔣介石と膝詰め談判をすると、云々」(33)

蔣との膝詰め談判からどのような外交展開が望めるのか、鈴木に見当がつかず、太田にもわからなかった。それよりも、はたして石原が参謀総長になるような機会があるのかどうか、鈴木と太田には見当がつきかねた。

それから一週間あとの三月五日のことになる。衆議院書記官長の大木操の執務室に田島俊康が訪ねてきた。田島は陸軍省軍務局の軍務課員であり、大木の重要な情報源である。田島は週に何回か大木を訪ねてくる。議員たちの動向を探り、陸軍の考えを大木の口を通じて議員たちに伝えるのが目的である。

田島が石原莞爾の話をした。大木はかれが語ったことを日記に記した。

「……石原莞爾氏は一度講和して然る後再建すべしと言う建前だから、謂《い》わば敗戦主義が根底をなしているから話にならぬ[34]」

それから四日あとの三月九日、大木のところへふたたび田島俊康が来た。現政府を一日も早く倒さねばならないと田島は言い、石原が東久邇宮内閣を樹立しようとしているが、これには反対だと強調した。

四月四日未明

今夜、四月四日の未明のことに戻る。麴町六番町の五条珠実の稽古場で、石原莞爾は繆斌が語る話に耳を傾けている。

繆は自分に与えられた交渉期間が切れてしまったと喋ったのであろう。とうとう東京への空襲が再開されてしまったと嘆いたのかもしれない。

石原は繆の本性に疑いを抱いてはいない。田村真作や太田照彦が語ったことを信じ、繆を信頼している。繆は重慶側の回し者の恐れがあるから、この外交交渉をやってはならないと杉山や重光が言っているのは、愚劣な言い草だと思っている。

肝心なのは、繆のパイプのさきにだれがいるかということだ。繆は戴笠だと告げた。繆はそれを緒方竹虎に語ったが、だれにたいしても気軽に喋っているわけではない。

外務大臣の重光は、繆が繋がりをもっているのは何応欽だと思っている。北伐のときに自分は何応欽のもとで政治委員だったのだと繆が語り、現在も何と連絡をとっているような話を語ってきているからだ[35]。

何応欽は現在、五十四歳、陸軍総司令官である。アメリカ陸軍の幹部たちはかれを無能な将軍と軽蔑し、蔣のイエスマンだと嫌っているが、日本側はそうではない。日本の陸軍士官学校を卒業し、日本に知人が多い何は、張群と並んで重慶知日派の巨頭なのだとだれもが思っている。それだからこそ、何の名前を出しさえすれば、日本人は安心し、満足することを繆は承知しているのである。

だが、繆は石原に向かっては、何応欽をもちだしたりはせず、戴笠の話をし、かれの地位について語り、かれが第十四航空軍のシェンノートと親しいばかりか、アメリカ海軍の諜報機関と協力しているのだとも説明したのであろう。

石原は繆の話にうなずきながら、この和平工作を背後で操作しているのはアメリカなのかもしれないと思っている[36]。アメリカがソ連のアジアにおける狙いを見誤ることはあるまい。華北、満洲までアメリカ軍が進撃できる見込みがない以上、欧州の戦いが終わる前に日本と交渉をしたいと考えるにちがいない。

夜が明けたら、東久邇宮と会い、繆斌をもうしばらく東京にとどまらせるように勧め、陸相に就任予定の阿南惟幾とも面談し、重慶との和平工作に取り組むように説こう。石原は繆の話を聞きながら、こんな具合に考えている。

午前四時すぎ、ラジオは東京、神奈川、千葉地区の空襲警報の解除を告げた。声の主は放送協会のアナウンサー、藤倉修一である。かれは麴町区代官町竹橋の東部軍司令部の地下室にいる。かれのところに届けられた防空情報を読みあげた。「京浜西南方を南進しつつありし敵は、相模湾より脱去せり」

藤倉修一の声に緊張のゆるみがあった。同じ地下の通信室の娘たちもほっとし、あちこちでおしゃべりがはじまり、笑い声が起きた。

敵機の来襲を最初に知るのが彼女たちである。御蔵島《みくら》、三宅島、大島、房総半島の白浜、勝浦、伊豆半島の下田の対空監視哨から、時刻を告げ、敵機の数、高度、そして進路の方向を電話と電信で知らせてくる。

彼女たちは操作機のスイッチを動かし、隣の作戦室にあるパネルと情報掲示燈にそれらの情報を伝える。パネルは東日本の大きな地図である。いまはすべてが消えてしまっているが、さっきまでは京浜地帯に赤い豆電球がつき、その前には群馬、栃木にも赤い灯がいくつもついていた。

パネルの下にはもうひとつ大きな磨《す》りガラスを張った標示盤が置かれている。磨りガラスは方眼に区切られ、敵機縦隊の進路を追って、その細かな碁盤の目のひとつひとつに明かりがつく。いまはそれもすべてが消えてしまっている。

中二階の席に坐り、パネルと標示盤を見ながら、命令をだしていた参謀、高射砲部隊と防空戦闘機隊に電話で指示を与えていた参謀たちも立ちあがった。

もういちど、伝令が放送室に紙片を届けた。「関東地区、甲駿地区、警戒警報解除午前四時二十五分」と藤倉修一が読みあげた。

首相官邸では、小磯国昭が寝室へ向かいながら、もういちど、昨日のことを振りかえったのであろう。

杉山、米内、重光が来た。お上が繆斌のことで心配しておいでだ、かれを早く帰国させたらどうかと、かれらは言った。私はつぎのように答えた。緒方国務大臣が東久邇宮に繆斌工作のことを申し上げた。せっかく招いたのだから、すぐに帰すのはどうかと東久邇宮の御意見があったので、繆斌は東京にいるのだ。陛下のこのような御意向があるのなら、帰国させることにしよう。

小磯は考えをつづけたのであろう。すべてのことは重光が内府に手をまわしてやったことだ。腹黒い陰謀家めが。そこで重光を叩きだすための内閣大改造の計画だが、いったい、重光を吉田茂に取り替えようとしていると、だれが米内大将に告げたのであろうか。

近衛公が木戸に喋ってしまい、木戸から米内はそれを聞いたのであろうか。木戸は重光と親しくしており、吉田をひどく嫌っている。そうしたことは近衛公がいちばんよく知っているはずのことだから、近衛公がまっすぐ内大臣に外務大臣更迭の話を語ってしまうはずがない。

だとすれば、近衛公は岡田大将に私の内閣改造の計画を話したのではなかったか。そして岡田啓介が米内に告げたものにちがいない。

小磯はさらに考えつづけたのであろう。すでになんども考えてきた問題だ。

私のほかに総理が務まる者はいない。負け戦がつづき、町は焼かれ、国民の陸海軍にたいする不満はいよいよ大きい。陸海軍現役の将官はとても最高責任者にはなれない。どこにも総理の候補はいない。新党の総裁探しを見ても、わかることだ。翼賛政治会を衣更えして新党をつくろうとしている。

その総裁選びだが、翼賛政治会の総裁である小林躋造がそのまま居坐ろうとした。ところが、翼賛政治会の幹部たち、要するに議会の指導者たちは小林が総裁となることに反対した。つぎに平沼騏一郎の名前がでた。宇垣一成をという者がでた。いずれも反対があった。議会のすべての幹部たちの敬意を集めることができる者はいない。

私だけだ。衆議院の幹部たちは私のところへ来て、総裁を兼任してくれないかと懇請した。そんな時間の余裕がないと私は断った。

かれらは困りはて、やっと見つけだしたのが南次郎大将である。陸軍士官学校は私の六期上、南大将が陸軍大臣だったとき、私は軍務局長だった。

この危難のなかを突き進むことができるのは、私しかいない。ところが、重慶との和平工作はできない。内閣の大改造もできない。それもこれも舞台裏での内大臣の妨害があるためだ。

だが、事態は厳しい。そして事態はさらに急速に動いている。さほど長く待つ必要はないだろう。レイテ島も、ルソン島も天王山とはならなかった。沖縄の戦いも希望はない。重光が語ったとおり、ドイツの抵抗はこの四月中に終わるだろう。木戸が態度を変えざるをえなくなり、お上が考えを変えるのも、もうじきである。

小磯はこんな具合に考えているのであろう。

空襲警報が解除となり、木戸幸一は立ちあがった。かれは皇居内の吹上御苑の御文庫にいる。夜中に空襲となれば、内大臣、宮内大臣、侍従長は出仕することになっている。

赤坂の自宅へ帰る車中で、木戸は思いをめぐらしているのであろう。

小磯は今日、御文庫に召されることになる。お上は小磯に向かって、外相、陸海両相の主張とかれの説くことがまったくちがうことをはっきりと告げる。小磯はびっくり仰天しよう。繆の一件は昨日で終わったものとかれは思っているはずだからだ。閣内不一致は隠しようがなくなって、かれはまちがいなく辞表を出すことになる。

今度はお上が、ひどく驚かれよう。繆斌の問題で、陸海両相、外相を呼び、つぎに首相を呼んだのは、小磯をあからさまに不面目な目にあわせ、辞任に追い込もうとして木戸が仕組んだ策略ではなかったのかと疑われるにちがいない。繰り返し御下問があるだろう。それはそれで片がつこう。なんといったところで、小磯首相がこれまで総辞職を口にしてきたことはお上も承知の事実だからである。

つづいての筋書きと日取りも決まっている。重臣会議は今日は無理だ。明五日に開く。重臣たちが後継首班にだれの名を挙げるのかは見当がついている。鈴木貫太郎大将である。

私はどうしたらいいのか。寺内寿一元帥を推すことはしない。

木戸はもういちど考えたのであろう。

寺内を総理にしようとしても、今度は統帥部は反対しないだろう。重臣会議で東条がなにか言うかもしれないが、そんな反対は聞き流せばよい。だが、鈴木貫太郎大将を推そうとしている他の重臣たちの主張を抑え、後継内閣首班に寺内元帥を奏薦すると押し通してしまったら、重臣たちはぶつぶつ不平を言うことになろう。

私についての意地の悪い噂がひろまることにもなりかねない。小磯内閣を潰したのは内大臣だ。同じ仲間の長州人を首相に据えようとして、内大臣がめぐらした陰謀だ。さらに危険な話がひろがる。内大臣は権力の梃子を操作して、思いのままに首相を決め、うまくいかなければその足を引っ張るといったことを繰り返してきた。こんなことが言われるようになる。

それだけではあるまい。自分ではなにをしていいのかわからないにもかかわらず、私がなにもしないと非難する声が大きくなる。そんな声とはべつに、私を敵視する連中もでてこよう。

十年前、過激派の士官たちは、日本を破滅に導く者は内大臣だと信じ込み、威しの限りをつくし、とどのつまりはクーデターに訴えることになった。日本を破滅へ導くのは内大臣だと思い込む者がでてくれば、ふたたび同じ事態となる。

やがて私は大転換のための解決策をたてねばならなくなる。ところが、私の悪口がそこここで語られるようになれば、私の影響力は弱まり、私に事態の掌握ができなくなる。なんど考えても同じことだ。寺内元帥を首相に推すことは断念しなければならない。鈴木大将を首相に推さねばならない。木戸はこんな具合に考えているのである。

だが、政治にはまったくの素人で、ひとりの子分ももたない鈴木大将を首相とするからには、しっかりとした人物をつけねばならず、内閣書記官長の選定が大事となる。小磯内閣はそれで失敗した。今度はぬかりなくやらねばならない。それも手は打った。木戸は自分にそう言ったのであろう。

昨夜、木戸は新潟県知事の町村金五に電話をかけた。至急上京せよと告げたのである。(37)町村は木戸がもっとも信頼する部下のひとりである。

政治家は大臣だったときの秘書官を自分のインナー・サークルの一員とするのが普通である。木戸が信頼している秘書官出身のスタッフは二人いる。ひとりは是松準一だ。是松は木戸が文部大臣、つづいて厚生大臣だったときの秘書官である。現在、かれは司政官としてジャワにいる。

そしてもうひとりが町村金五である。かれは四十四歳、木戸より十一歳年下である。町村は内務省の役人だったが、昭和六年に宮内省勤務となり、翌七年に宮内大臣一木喜徳郎の秘書官となり、つづいて湯浅倉平の秘書官となった。その時期に木戸は内大臣秘書官長だった。

宮廷の小さな澱んだコミュニティのなかで、木戸は町村と口をきき、自分の部屋に来るのを歓迎するようになった。木戸は町村の性格と才能を愛した。木戸が昭和十四年はじめに平沼内閣の内務大臣となったときには、町村を自分の秘書官に選んだ。町村は古巣の内務省に戻って、そのとき人事課長だった。

木戸は町村金五を鈴木内閣の大番頭に据えるつもりである。鈴木が異議を唱えるはずはない。かつて侍従長だった鈴木は宮内大臣の秘書官だった町村をよく知っている。昭和十一年二月二十六日の夜明け前、町村は降り積もった雪のなかを三番町の宮内大臣の官舎へ駈けつけた。大臣の湯浅が無事なのに安堵して、隣り合わせの侍従長官舎へ急いだ。人影のない車回しの雪のおもてに無数の乱雑な足あとが残るだけなのを見て、町村の動悸は激しくなった。

夫人と女中のあいだから、血だまりのなかの侍従長の顔を覗き込んだ。鈴木大将は空気を求めてあえいでいた。町村は電話室へ飛び込み、電話帳をめくった。本郷弓町に住む東京帝大医学部名誉教授の塩田広重に電話をかけたのである。

木戸は車のなかで、町村がこの大役を引き受けるだろうかと考え、経験不足の町村には荷が重すぎはしないかと重ねて思案したのであろう。かれが内務大臣だったときに町村は秘書官、そのあと富山県知事、警保局長、昨年七月の政変で、内務大臣とともに辞任し、この二月に新潟県知事となったばかりである。

芝の方角の空が赤い。まだ燃えているのであろう。雲に隠れているが、遅い月が出ているようだ。暗闇の歩道を歩いている人が見える。勤め先の事務所か、国民学校に空襲のあいだ詰めていた校長か、防空責任者であろう。いま自宅へ帰ろうとしているのだ。

木戸の脳裡に浮かぶのは岸信介の顔である。岸を起用するのは是か非か。木戸はもういちど考え込んだにちがいない。

植草甚一は眠れないまま、日記帳をひろげている。かれは姉と二人で溜池永田町に住んでいる。三十六歳、東宝に勤め、新宿文化劇場の主任である。かれはつぎのように書いた。

「四日未明　マリアナ基地発　高度2,000 or 3,000
第一回　1：00→3：00　約五十機　関東北部、京浜西方の軍需地帯
第二回　3：00→4：20　約三十機　京浜市街地
時限爆弾の使用(38)」

第14章

岸の大構想（四月四日）

満洲重工業から義済会まで

岸信介は淀橋柏木の自宅にいる。防空壕を出たり入ったりして忙しい夜だったが、やっとかれも眠ることができる。

かれはこの一両日に起きたこと、自分がやったことをもういちど考えたのではなかったか。かれは大日本政治会の幹事長になってくれと言われたが、それを断ってしまった。大日本政治会については前にすこし触れた。翼賛政治会が名前を変えた新しい政党であり、議会の絶対多数を占める政府与党であることに変わりはない。

いましがた木戸が御文庫から赤坂の自宅へ帰る途中、岸の顔を思い浮かべたのではなかろうかとは前に述べたことだが、岸のほうはどうなのか。かれは内大臣がやっていることを知らない。いまや総理の小磯が罠に落ちるのを待つだけとなっていることを知らない。

昨十九年七月に木戸が岸の野心と勇気を見込み、かれの手を借りて東条内閣を倒したことは、前になんどか述べた。今回、木戸は小磯内閣を倒そうと決意したとき、岸の助けを借りようとは考えなかったのか。昨年の七月とちがって、岸は小磯内閣の一員ではないのだから、かれになにもできるはずはなかった。かりに岸が閣僚であったとしても、もういちど同じ手を使うのは、木戸にしても、岸にしても、気がひけたはずだった。木戸は岸になんの相談もしなかったのである。

じつは二人のあいだで相談はあった。木戸と岸は話し合った。話を持ち込んだのは岸のほうだった。かれはある計画を木戸に説き、支持を求めた。その構想は倒閣を直接の目的とはしていなかったが、それを伴うものであった。

ところが、岸はその計画を実行に移そうとして、失敗してしまった。かれは自分の計画のすべてを明らかにしていなかったから、かれが最初に躓《つまず》き、やむなく撤退してしまえば、かれの構想のすべては闇から闇へ消えてしまい、断片だけの事実が残ることになった。

いったい、岸はなにをやろうとしたのか。木戸は岸からどのような計画を聞いたのか。

岸と木戸とのつきあいは長い。農商務省、つづく商工省で、岸は木戸の部下だった。岸は木戸より七つ年下、官歴で五年の後輩である。そしてもうひとつ、二人のあいだに長州系としての絆がある。課長の木戸が欧米旅行から帰ってくれば、岸が横浜の桟橋に出迎え、岸が欧州出張から帰国したときには、木戸が東京駅に出迎えた。

木戸が商工省をやめ、内大臣秘書官長になってからも、二人の交友はつづいてきた。木戸にとって、岸は政府各機関に張りめぐらした情報パイプのひとつであった。だが、岸は単なる情報提供者でもなければ、下働き人としてとどまる男でもなかった。

肉がしまり、サヨリのように細いとどこぞの記者に形容された岸は、だれにも負けない権力欲の持ち主であり、木戸も岸を部下にしてから、何回か舌を巻くことがあったのである。

岸は政治家への道を進んだ。昭和十七年四月の総選挙に、かれは郷里の山口県第二区から出馬した。ほかの四人の当選者が八千票から一万四千票の得票だったのと比べ、商工大臣現職のかれは三万票を集めてのトップ当選だった。もっとも翌十八年十一月に、かれはその議席を失ってしまった。

それはこういうしだいだった。商工省を軍需省に衣更えしたとき、首相の東条が軍需大臣を兼任することになり、商工大臣だった岸は次官に格下げとなった。その埋め合わせとしてかれは国務大臣の肩書きをもらいはしたものの、役人である事務次官の身では、議員の地位にとどまることができなかった。そこで議員をやめざるをえなくなったのである。

そうした事情があるだけに、東条内閣退陣のときに、岸は貴族院の勅選議員に推薦されてもおかしくなかった。内閣総辞職に際して、辞任する首相が論功行賞をおこない、ともにやめる閣僚のうちからひとりふたりを貴族院議員に推薦するしきたりがある。これが勅選議員なのである。だが、東条は自分の内閣を瓦解に導いた元凶である岸を勅選議員に推すことをしなかった。

もっとも岸信介は役人を勤めあげて勅選議員となり、日本倶楽部で一日を過ごし、高校時代からの友人と碁を打ち、進んで取り組むのは政治的に無難な問題に限るといった日々を送ることを望んでいたわけではなかったから、さほど残念には思わなかったのであろう。

かれは商工大臣だったときに、すでにいっぱしの政治領袖だった。議会内には各省別の委員会がつくられ、商工省委員会には、委員長に三好英之、副委員長に川島正次郎、委員には三木武夫、野田武夫といった議員たちが割り当てられていた。大臣の岸は鳥取県選出の三好、千葉県選出の川島と親交を結び、同委員会に所属する茨城県選出の赤城宗徳、和歌山県選出の中谷武世らを傘下に置いていた。

そして岸は川俣清音《せいおん》を高級秘書としていた。川俣は現在、四十五歳、秋田県横手町の出身である。社会大衆党に加わり、農業組合を地盤とし、秋田県第二区選出の議員である。

年若い四十五歳の大臣の岸が、わずかな人数ではあれ、かれ自身の政治グループをもつようになっていたのは、かれがなみなみならぬ政治力の持ち主であったばかりでなく、人を惹きつける力、人を喜ばせる力をもっていたからである。

かれの宴会好きはその武器のひとつだった。昭和十一年に小川郷太郎が商工大臣になったとき、商工省を五年にわたって支配していた次官の吉野信次の勢力を一掃しようとして、吉野とかれの右腕である工務局長の岸の二人を更迭しようとしたことがあった。小川の閻魔帳《えんまちょう》に岸の名前が載せられ、「性、遊興を好む」と書かれていたという話は、しばらくのあいだ、省内局長、課長たちの笑い話となったものだった。(1)

もちろんのこと、宴会には金がかかる。なによりも肝心なことは、岸がその追随者の忠誠に報いるに足る金《かね》の成る木を持っているということだ。そしてかれはふんだんにその金を使ってきた。たとえば岸の上司であった吉野信次と比べれば、そのちがいは明瞭である。昭和十二年から十三年にかけて吉野は商工大臣をやったのだが、一文なしでは大臣稼業は務まらないと慨嘆したものだった。

つけ加えておけば、昭和十一年九月に吉野と岸は商工省をやめた。岸はその足で満洲へ行った。吉野は東北興業の総裁を六カ月やり、近衛内閣が発足して、商工大臣になったのである。そこで商工大臣のかれの清貧ぶりだが、かれの自由になる機密費は月に五百円、年間六千円だった。出入りの新聞記者と一、二回酒を飲めば、たちまち大臣の一月分の機密費は消えてしまうのだった。

それから一年あとのことだった。岸は満洲国政府の総務庁次長だった。部下のひとりに武藤富雄という弘報処長がいた。武藤は岸から月額二百円、年に二千四百円の小遣いをもらっていた。武藤の年俸は六千五百円、日本の大審院長の年俸と同額だと内心大得意だったのだが、(2)それとはべつに、その三分の一以上にもなる金を岸から受け取っていたのである。

武藤だけが小遣いをもらっていたわけではあるまい。月に二百円、百円を岸からもらっている者は十人、二十人といたにちがいない。日本の大臣とは桁違いの機密費を岸は自由にしていた。なにかの名目をつけて、ある程度の金を自由に使う方法を岸は知っているのだと武藤富雄は思ったのである⑶。

満洲から東京へ帰った岸は、大正十二年以来の中野千光前《せんこうまえ》町の家を引き払い、淀橋柏木に家を建てた。二千坪の大邸宅であり、「万里の長城のようだ」と言われ、だれをも驚かせる豪壮な邸である。かれの家、かれの金の使いっぷりを見て、かれの資金源は満洲にちがいない、鮎川義介であろうと人びとは推測してきた。

岸が満洲に渡ったのは昭和十一年十月である。商工省のエースと目され、工業政策立案の第一人者として知られていたから、満洲新京の軍人と役人たちは歓声をあげて、かれを迎えた。岸はかれらの期待に応える仕事をした。産業部次長、つづいて総務庁次長をやり、その三年のあいだに、産業五カ年計画をつくりあげた。

そして岸は新京と東京とのあいだを往復し、日産コンツェルン総帥の鮎川義介と密議を重ねた末、日産を満洲へ進出させることを決めてしまった。

そのニュースが発表になって、国民はびっくり仰天した。もちろん、人びとが驚いたのは岸信介にたいしてではない。岸がやったことなどだれも知らない。白いハードカラーをトレードマークにしている鮎川の新聞写真を眺め、朝日が昇る勢いの日産を満洲へ移したりして、そこらの金持ちとはまったくちがう、大胆不敵なことをする、と驚いたのである。

鮎川義介については第1巻で述べた。日露戦争の直後、かれがアメリカへ渡り、バッファローの鋳物工場で鉄湯を柄杓で運んだことは語ったし、満洲へアメリカ資本を導入しようとして努力をしたこと、伊藤文吉の邸で内大臣の木戸幸一と会合を開き、重大な国事問題の相談相手となっていたことも述べた。

ここで日産の満洲移転について、もうすこし述べておかねばならない。鮎川が満洲新京へ日産の本社を移したのは昭和十二年の十一月である。十二月に満洲国法人の日産となった。名称を満洲重工業と変えた。満洲国政府は特別法を制定し、満洲重工業を特殊法人とした。そして満洲国政府が旧日産側の株式資本と同額の二億二千五百万円を出資することにし、満洲重工業は四億五千万円の資本金となった。だれもがもういちどびっくりした。特殊法人の満鉄の資本金が四億円、三菱本社が三億円、それらを上まわる資本金の会社の誕生だった。日本と満洲にまたがり、鉄鋼から石炭、金属、軽金属、自動車工業までを網羅した巨大なコンツェルンの発足だった。わずか十年たらずのあいだに五大財閥に追いつく大財閥をつくりあげた鮎川のすることは、さすがに物凄いと人びとはあらためて感嘆した。

もちろん話には、表の話があり、裏の話がある。鮎川には日産本社を満洲に移さねばならない理由があった。昭和十二年四月に臨時租税増徴法が実施されることになった。三井十一家の人びと、三菱岩崎の当主、各財閥の大番頭たちがいずれも真っ青になった。親会社と子会社が二重課税されることになり、しかも相続税が巨額なものとなったからである。前にも述べたことだが、財閥の当主が二人、三人とつづけて死亡する不運が重なれば、大財閥は文字どおり崩壊することになりかねなかった。

どうにかして課税を避けようとした。大富豪の大富豪たるゆえんは、容易に政治経済の犠牲者とはならないことである。住友の対応は素早かった。親会社の住友合資を株式会社に機構変えした。三菱は昭和十二年十月に三菱合資を株式会社に変えた。前にも触れたとおり、三井は遅れをとった。内部でごたごたがつづいた。昭和十五年にごまかしだけの組織変えをした。やっとのことで、三井本社をつくることができたのは、昨昭和十九年の三月だった。

鮎川義介はどうしたのか。かれもいろいろと逃げ道を探した。そのとき、かれに向かって、本社を満洲へ移してしまえば二重に課税されずにすむぞと知恵をつけた者がいた。それだけではない。昭和十二年十二月に満洲における日本の治外法権は消滅することになっていた。その日を境に満洲国内に本店をもつ日本法人は自動的に満洲国法人となる。

十二月までに日産本社を満洲へ移しておけば、面倒なことはなにひとつないぞと鮎川に教えた者がいた。

鮎川が日産本社を満洲に移したのは、節税のためであった。日産系十八社、そして百を超す子会社にたいする支配をつづけるためのものであった。だからといって、かれの壮大な構想が偽りだったというわけではない。満洲の工業化のために、アメリカから機械と技術を入れ、アメリカとの提携をさらに広い分野で拡げていこうと、かれは心底から思ったのである。

ところが、アメリカからの外資導入の工作は成功しなかった。これについては第1巻で述べた。中国との戦いが障害となった。それでも満洲国政府の文官や軍人たちは、日立や日産自動車の機械設備や技術者たちが満洲へ移ってくるものと期待した。だが、戦いが拡大するなかで、日立や日産化学は日々の増産が第一の目標となってしまって、満洲移転どころではなくなった。

第2巻で述べたとおり、満洲向けの新鋭機械を日産が取ってしまうということも起きた。昭和十五年に満洲自動車製造はアメリカのライカミング社からシリンダーを生産するための工作機械と治工具を買った。昭和十四年に設立された満洲自動車製造はその資本金の全額を満洲重工業が引き受ける子会社のひとつだった。アメリカから買った生産ラインは、鴨緑江河口の安東に建設予定の自動車工場に据え付ける予定だった。ところが、機械類は安東に運ばず、横浜に陸揚げし、日産横浜工場に運び込んでしまった。

鮎川の最初の意図がなんであれ、日産はその全力をあげて満洲の開発をおこなうという約束は果たせないようになってしまった。満洲にある昭和製鋼所や満洲軽金属、満洲飛行機と日本にある日立製作所や日本油脂とのあいだには有機的な繋がりはなにもなかった。満洲は満洲、日本は日本ということになったなかで、鮎川ひとりが丸ノ内の内外ビルにある東京支社と新京の満業ビルとのあいだを飛行機で往復して、双方に君臨していたのである。

日産の設備機械を満洲へ移転することができなかった。では、資金はどうだったのか。日本にある旧日産系の会社の株式を資金化し、満洲の工業化のために投資するというのが鮎川の最初の約束だった。たしかにかれはそれをやった。旧日産の株式をすべて売却した。その資金を満洲重工業の各社、日本の企業にも投下した。

ところが、売却したはずの旧日産各社の株式はすべてかれの手に戻ってしまっているのである。かれが買い戻したのか。じつは鮎川は一銭もかけてはいない。

鮎川が使った魔法はつぎのようなものである。かれは昭和十六年六月に満洲国法人の満洲投資証券株式会社を設立した。満洲重工業の資本金に近い四億円の資本金とした。一株一千円、四十万株としたのである。

鮎川が目をつけたのは生命保険会社である。生命保険各社はいずれも政府から低利の公債を押しつけられていたから、安定した高収益源への大型投資を望んでいた。そこで鮎川は生命保険各社に満洲投資証券への出資を呼びかけた。そして満洲国政府がその計画に協力した。政府は満洲投資証券の株式に年五分の配当保証と元本の十年後償還の条件を付与することにした。こうして第一生命をはじめ十八の生命保険会社が満洲投資証券に共同出資することになった。

ところで、生命保険各社が引き受けた満洲投資証券の株式は、四十万株のうちの無議決権株式三十九万五千株だった。残る五千株は議決権付き株式なのだが、それを所有したのが株式会社日産である。株式会社日産は、満洲重工業が設立されたあと、旧日産系会社の連絡調整を目的としてつくられた会社である。こうしたわけで満洲投資証券を実際に支配したのは鮎川だった。かれは理事長に三保幹太郎をもってきた。三保は神戸高商を卒業して、アメリカに留学した。現在五十四歳である。満洲重工業が発足して、アメリカ資本の導入のために飛びまわったのが三保だった。日産の幹部のなかで、鮎川がもっともその力をかっているのがかれである。

つづいて、鮎川はもっとも肝心なことをやった。満洲重工業が所有していた日本にある子会社の株式、要するに日産系の各社の株式を満洲投資証券に肩替わりさせた。そこで満洲投資証券が日産グループの持ち株会社となり、満洲重工業は満洲にある直系事業を統轄するだけとなった。こうして鮎川は満洲重工業から日産の支配権を自分の手に奪い返してしまった。すでにかれは満洲開発の夢を失い、満洲から足を洗うつもりでいたのである。

ところで、満洲重工業が所有していた日産株を満洲投資証券に肩替わりさせたとき、七千万円の売却益金がでた。そのうちの一千三百万円を基金にして、日本における公益事業への援助に充てることにし、鮎川が自由に使えるようにした。

鮎川はそのために義済会《ぎせい》という財団法人を昭和十七年九月につくった。義済会はかつて義介の生まれ故郷の岩国にあった義済堂の名を継いだものである。義済堂は廃藩置県のあとの士族の自立更生のために多くの援助をし、鮎川家も恩恵を蒙ったことがあった。

昭和十七年十二月に鮎川は満洲重工業の総裁を辞任し、義済会の会長に就任した。かれは満洲重工業から一千万円という巨額の退職金をもらったと噂された。[4] だが、それについて知っている人は沈黙を守ったままであり、一般の人はそれについてはなにも知らない。そしてかれのその退職金は株式会社日産が所有する満洲投資証券の株式に化けたのかもしれない。その経緯は明らかでないが、満洲投資証券の議決権付き株式五千株は、義済会が所有することになった。

「鮎川は画商だが、おれは絵書きだ」とは、前にも述べたとおり、日本窒素の総帥だった野口遵が語った言葉だが、たしかに鮎川は株式の巧みな操作と法律の抜け穴を利用しての足業をみせることで、見事なばかりのマネーゲームをやってのけたのである。

それから一年半のあと、昨十九年九月はじめのことになる。細川護貞が父から鮎川についての話を聞いた。

護貞の父は護立《もりたつ》、六十一歳、肥後五十四万石の細川家の嫡流である。本邸は小石川の高台、高田老松町《おいまつ》にある。玄関には加藤清正が朝鮮から持って帰ったのだといわれる石の門が立ち、御殿と呼ばれる豪華な邸である。四万坪の広大な邸であり、老松町といえば、旧い家系と資産を誇る細川家のことなのである。

護立は美術品のコレクターである。唐や明の陶器や絵画から、現存する梅原龍三郎、安井曾太郎の絵までを収集してきた。先祖伝来の富にものをいわせての道楽だろうと思われるが、そうではない。莫大な財産を築いたのは護立自身なのである。かれは財界の幹部である細川家の財政顧問が説く意見を取捨選択する力をもっていた。昭和のはじめに十五銀行が破産したときには、島津公爵を筆頭に、三百数十家ある子爵家のあらかたがひどい目にあい、旧大小名の華族のほとんどすべてが深手を負った。ところが、細川家だけはわずか二千円たらずの損をしただけだった。十五銀行がぐらついていることを護立はいちはやく知って、十五銀行の持ち株を手放してしまっていたのである。

かれには三人の娘とひとりの息子がいるが、その息子が護貞である。護貞についてはすでに何度か述べた。首相近衛の秘書官をやったこと、現在も近衛の側近のひとりであること、鎌倉市大町に住んでいることも前に記した。妻薫子とのあいだに昭和十三年生まれ、十四年生まれの二人の息子がいる。

そこで鮎川義介のことに戻るが、護貞は日記につぎのように記した。

「伊沢多喜男氏、父を訪問され、『岸は在任中、数千万円少し誇大に言えば億を以て数える金を受けとりたる由、然もその参謀は皆鮎川にて、星野も是に参画しあり。結局此の二人の利益分配がうまく行かぬことが、内閣瓦解の一つの原因でもあった。これについてはさすが山千の藤原が自分の処で驚いて話した』と」⑤
この日記に記された伊沢多喜男だが、伊沢は枢密顧問官である。以前に台湾総督、東京市長をやったことがあり、現在七十五歳である。かれはだれもが認める大物の政治家だが、総理大臣はおろか、大臣になったこともない。だが、かれは、この十数年、政界上層部にいて、首相の選定、内政の方針を定めるのに、大きな影響力をもちつづけてきた。かれのことについてはこのさき述べる機会があろう。

もうひとつつけ加えれば、伊沢が語った藤原というのは、藤原銀次郎のことだ。藤原は伊沢と同じく明治二年の生まれ、同じ長野県の出身である。三十年にわたって王子製紙を経営してきたかれは、財界を代表するひとりであり、昨年十二月までは軍需大臣だった。

ところで、護貞のこの日記の記述だが、少々おかしいように思える。岸が豊富な政治資金を動かすことができたのは事実である。だが、かれは満洲にいたときでも、れっきとした役人である。

かって張作霖《さくりん》が満洲の支配者であった時期、東三省の王と呼ばれ、中国第一の大富豪と噂されたものだ。岸が張作霖の亜流であるはずはなかった。かれは一介の役人にすぎなかった。億といった巨額の金を受け取ることなどできはしなかった。

それだけではない。受け取ったという言い方も奇妙である。いったい、岸はだれから億の金を受け取ったというのか。

藤原銀次郎、伊沢多喜男、細川護立、そして護貞にまで話が伝わるあいだに、だれかが聞きまちがえたのである。護貞が書きまちがえたのかもしれない。ほんとうは藤原銀次郎はつぎのように語ったのである。

「鮎川は満洲重工業に在任中、数千万少し誇大に言えば億を以て数える金を受けとりたる由、然もその参謀は皆岸にて、星野も是に参画しあり。結局此の二人、岸と星野の利益分配がうまく行かぬことが、内閣瓦解の一つの原因でもあった」（傍点、引用者）

岸は鮎川のために臨時租税増徴法をくぐり抜ける手立てを講じ、日産コンツェルンの瓦解を防いでやった。つぎにはさまざまな法律的な手を打ち、持ち株会社満洲投資証券の設立を助けてやった。そして鮎川がかれの財産を守るための義済会を創設するときにも、岸が知恵をだしたのであろう。

星野直樹がそれを手伝ったというのも事実だったにちがいない。満洲で岸が総務庁次長だったときに、星野は総務庁長官だった。日本に戻って岸が商工次官だったときに、星野は企画院総裁だった。この二人の利益分配の争いが東条内閣崩壊のひとつの理由であったというのは、おもしろくつくられた話であろう。そのときに岸は国務大臣兼軍需省次官であり、星野は内閣書記官長だったことは、すでに何回も触れた。

里見甫と阿片ビジネス

ところで岸の資金源はそれだけではなかった。

今年の一月下旬、近衛が高木惣吉と話し合ったときのことである。

高木は前に海軍教育局長だった。海軍大臣の米内の指示を受け、ひそかに戦争終結の研究をしていることは第1巻で述べた。

近衛と高木のあいだの会話がつづき、皇道派がまったく力をもたないのは、ばらまく金をもたないからだと近衛が語り、前東条内閣の機密費に話題が移った。「東条は阿片密売に関連して十六億もつくったとはほんとうでしょうか」と高木が尋ねた。

近衛は同じ話が口から口へと伝わっているなと思ったのであろう。同じ十六億円の話をかれは前に聞いたことがある。昨十九年十月、永田町の吉田茂の家で、鳩山一郎が語った。

東条が復活を画策しているとの噂が飛びかい、出席者のだれもがその話をしていたときのことだった。近衛は鳩山の話に軽くうなずいてみせ、阿片の密売による利益なのだとつけ加えた(6)。

鳩山は気軽に十六億円と喋り、近衛はそれを認めるかのような口ぶりであった。だが、十六億円とは途方もない金額である。三菱の飛行機製造部門と発動機製造部門を合わせての昭和十九年度分の受註総額に匹敵する。そんな巨額な政治資金を首相が持つはずはなく、持てるはずもなかった。それよりもなによりも、機密費が百万円であれ、かれがそれを懐に入れて退職することなどありえるはずはなかった。

近衛は鳩山に語ったときとちがって、高木に向かっては、十六億円の話に自分の保証を与えることを避けた。それでもかれはつぎのように答えた。

「それはとにかくとして、東条が岸、里見等と関連があることは、司法省が材料を持っていると聞いている(7)」

岸とは岸信介のことである。里見とは何者か。里見甫《はじめ》のことだ。かれは華中における阿片の流通組織を握ってきた。だれもがあれこれ想像するだけであったが、阿片ビジネスの大きな利潤の一部が陸軍と政府の機密費に充当されているといった噂はずっと語られてきた。そしてその話に出てくる名前が里見だった。

そこでその阿片だが、上海へ行けば、阿片は日常生活のなかにある。旅館には阿片の吸煙器具が置かれている。煙槍《エンチイアン》と呼ばれるキセルとランプである。町には戒煙所という名前の煙館がある。阿片吸煙者はどこにもいる。買おうと思えば、小さな紙包みの阿片を手に入れることができる。阿片はガラスを窓にはめ込むのに使うパテに形状と手触りが似ている。それを指で小さく丸め、パイプに詰め、火をつける。

だが、阿片について旅行者が知ることのできるのはそこまでである。もろもろのことは秘密にされている。そして阿片ビジネスに精通している人びとは口をつぐんでいる。かれらに尋ねたところで、里見が以前にやっていたことだ、私がなにを知るものかと眉に皺を寄せるだけだ。

あるいは愛想よくつくり笑いをして、つぎのように語る。

昨年の三月に南京の国民政府へ阿片管理の全権限を移譲した。陳公博主席が禁煙総監である。戒煙所という名称の煙館がないわけではない。だが、その収益は国民政府の財政部に入っている。

たしかにそれがほんとうの話である。昭和十八年の末に南京で学生たちが阿片店を襲撃したのがはじまりだった。学生たちの行動は、上海、杭州にも波及した。各地の警備部隊は学生たちのデモを黙って見守り、煙舗が破壊されるのを放置した。

阿片の儲けの分け前を狙った何某が学生を陰で煽動しているのだといった話を、したり顔で説明する者がいた。だが、学生が先頭に立っての阿片撲滅運動は四十年の歴史をもっている。日本に留学した学生が日本に阿片常習者がいないことに感銘を受け、帰国して阿片禁止運動をおこなったのが最初である。

その年の五月から、昭和十八年のことだが、政府は対華新政策を叫びはじめていた。軍管理工場を返還し、軍の物資買入れの方法を改善し、日本側がつくった国策会社を整理しようとした。ところが、実際にはなにひとつうまくいっていなかった。

そこへその学生デモだった。総司令部と大使館の幹部たちは少なからぬ衝撃を受けた。阿片の販売をやめるべきだ、そんな商売にかかわるべきではないという意見が大勢を占めた。里見甫もその商売から身をひく潮時だと考えた。かれは辞任した。南京政府が阿片の流通組織を握ることになった。

とはいっても、川上部門を抑えているのは、相変わらず日本側である。満洲熱河《ねっか》産の阿片と蒙古産の阿片は飛行機で運び込まれてくる。蒙古産の阿片は華中に、熱河産の阿片は華北向けとなっているが、それが守られてきているわけではない。このさき述べる機会があるかもしれないが、満洲国政府の幹部がみずから売り込みに乗り込み、熱河産の阿片を上海に持ち込み、物々交換で原料物資を手に入れるといったことをやっているのである。

軍が阿片を扱うのも、相変わらずである。支那派遣軍総司令部が阿片を握っている。輸送機が一包、五十キログラムの阿片の梱包を三個、四個と積み込み、各地の部隊に送っている。

現在、阿片が必要なのは、アメリカ軍が上海の周辺に上陸するのに備えて、他の地域にいる戦闘部隊を上海に撤収するためだ。はるかに遠い前線の広西省桂林《けいりん》付近に駐屯している第十一軍の砲兵部隊を上海へ移動させねばならない。浙江《せっこう》省南端の海岸にある温《おん》州《しゅう》の駐屯部隊を上海へ移すことにしている。

長い移動の旅には阿片が不可欠である。食糧を手に入れるのも、船を借りるのも、阿片との交換となる。阿片は貴重な通貨である。敵の雑軍が進路を塞げば、穏便にすませたい。そこで通行税代わりに阿片を与えることになる。

話を戦前のことに戻そう。中国中央政府の国税収入は長いあいだ塩税と関税の二つの消費税が中心だった。もうひとつ、大きな財源は阿片税だった。もっとも阿片税は地租や営業税と同じく、地方政府が抑えていた。だが、阿片を禁止する国際条約がいくつもでき、第一次大戦のあとには、阿片の中国への輸入は禁じられ、上海の租界内にある阿片店も閉鎖されることになった。

もっとも、それは表面上のことだった。すべては地下に移った。インド阿片の輸入が中止されて喜んだのは、地方の支配者とペルシャの阿片業者だった。

地方の実力者たちは自分の支配地で罌粟《けし》を栽培し、その収益によって、機関銃とライフル銃を買い揃え、将校たちの給料を支払った。沿海地域の港町の支配者たちは、甘《かん》粛《しゅく》、山西、四川、貴州、雲南の支配者だけが儲けるのを黙って見てはいなかった。上質な輸入阿片の需要はいぜんとして大きかったから、ペルシャ阿片の密輸入をつづけることになった。以前に税関の大きな収入項目だった阿片輸入税は地下の伏流マネーとなり、それらの儲けは暗黒社会、政界、警察の幹部たちによって、分配されることになった。そして税警団、すなわち密輸監視隊はかれらの権力と利益を保護するための軍事機関となった。

昭和十二年八月から十一月までのあいだ、上海とその周辺地域が戦場となって、四川、雲南からの阿片の流れが枯渇し、トルコ、ペルシャ産の高品質の阿片の入荷もとまった。阿片の大消費地であり、中継地、そして貯蔵地でもある上海の流通機構は半身不随となり、上海と内陸部の阿片仲買人や売人、阿片常用者が音をあげることになった。

もちろん、阿片商人は指をくわえていたわけではない。呉淞《ウースン》の船着き場は艫《とも》の高い褐色の帆のジャンクで埋まった。いずれも香港からの阿片密貿易船だった。里見甫が活動を開始したのはそのときだった。里見は上海へ行き、上海陸軍武官府の幹部に向かい、阿片の仕事を自分に任せてくれと申し出た。

こうして里見は、上海における阿片の専売権を得た。かれはそのとき四十一歳だった。かれは上海にある東亜同文書院の大正五年の卒業生だった。

余計なことをつけ加えれば、大正五年に岸信介は一高の三年生、十九歳だった。東条英機は陸軍大学校を出たばかりで、陸軍省に勤務し、三十一歳だった。結婚し、すでに二人の息子がいた。木戸幸一は京大を卒業し、農商務省に入って二年目、二十六歳だった。結婚したばかりだった。近衛文麿は京大に在学中であり、二十四歳だった。結婚し、早くも長男の文隆が生まれていた。

里見甫は学校を出てから、山東の奥地を回って、豚毛の買い付けをやった。その勤め先が倒産してからは、東京で友人とおでん屋をやったこともあった。それに失敗したあと、四谷の蕎麦屋の住み込みの出前持ちとなった。法被《はっぴ》を着て、手拭いを肩にのせたかれに向かって、「お前さん、はじめてじゃないね」と蕎麦屋の女主人が言ったというのが、かれの自慢話だった。実際には一週間とつづくはずがなく、かれは北京の中山優のところへ転がり込んだ。

中山優は、東亜同文書院で里見の三期下だった。そのときかれは朝日新聞の特派員だった。かれがそのあと外務省情報部の嘱託だったときに、近衛首相の「国民政府ヲ対手《あいて》トセズ」の声明草案に目を通した挿話については、第1巻で触れた。また昭和十六年一月に、そのときも首相だった近衛に会い、東亜連盟の存続を訴えたことは、これも前に述べた。

里見は北京で邦字新聞の編集長となった。つづいて満鉄の嘱託となり、総裁だった松岡洋右に見込まれ、満鉄の南京事務処長となった。満洲事変のあとに、かれは満洲国通信社、いわゆる国通を創設した。国通の主導権をめぐって、同盟通信社系の勢力と争い、かれは身をひいた。つけ加えるなら、現在、満洲国通信社の理事長は松方三郎である。

里見は天津へ移り、そこで華字新聞を刊行した。それがどういうわけか、賤業に身を沈める決意をして、かれは二十一年ぶりに上海に腰を落ち着け、阿片ビジネスをやることになったのである。

そして共同経営者として選んだのが、盛文頤《ぶんい》という男だ。痩せて、顔色が青いのは阿片を常用しているからだ。かれは盛宣懐《せんかい》の一族である。

盛宣懐は中国近代史上で五本の指に数えられる政治家だった。大事業家といったほうがよいのかもしれない。貿易会社、あるいは船会社、外務省、大蔵省に勤め、中国に在任したことがある者なら、盛の姿を天津駅や客船の遊歩甲板で垣間見た思い出がある。あの老人が中国の大立者、中国第一の億万長者なのかと思った青年時代の記憶がある。

盛宣懐は漢冶萍《かんやひよう》公司を支配した。かれはまた招商局という名前の船会社をつくり、電信業の発展にも力を入れた。漢冶萍は製鉄会社だった。湖北省大冶《だいや》の鉄鉱石、江西省萍郷《ひようきよう》の石炭を運び、揚子江岸に熔鉱炉を設け、銑鉄をつくり、その銑鉄を漢陽に運んで、鋼鉄をつくった。

大冶鉄山の鉄鉱石は八幡製鉄所にも供給していたし、漢冶萍公司は大蔵省預金部から資金を借りていたから、盛は日本の政財界人と親しかった。清朝崩壊のときには、かれはしばらく日本に亡命したこともある。

かれは上海共同租界で没した。上海の歴史はじまって以来といわれた盛大な葬儀だった。葬式の大きさはその葬式の行列の長さできまる。勇壮な音曲を奏する楽隊がどこまでもつづき、棺を入れた竜頭車がゆっくり進み、白衣、白衣帽の肉親縁者たち、そのあとを大人形、絹地旗を持った人びとがはてしなくつづいた。大正六年のことで、里見甫の一期下、二期下の学生たちのなかには、その行列と上海中の人がどっと押し寄せたのではないかと思える人波に驚嘆した記憶をもった者もいたのである。

盛宣懐の甥の文頤のことに戻れば、かれは以前に津浦《チンプー》鉄路の局長をやったことがあった。その時期にかれは、満鉄の南京事務処長だった里見と知り合ったのである。

旧知の二人は宏済《こうさい》善堂という名前の阿片販売機関を創設した。各地の阿片商にフランチャイズ権を与え、それらを分堂とした。こうして宏済善堂は華中における阿片ビジネスの最大手となり、里見は盛を助け、宏済善堂を切りまわした。

里見のことを浪六の小説の主人公そのままの男だと言ったのは、東亜同文書院時代の友人である。(8)だれもが忘れてしまったが、人の性格を説明するのにそんな言い方があった。

浪六とは村上浪六のことである。はるか昔の小説家だと人びとは記憶しているが、浪六が没したのは昨十九年の十二月である。七十九歳だった。浪六の絶頂期は、ずっと以前、明治の後半だった。朝日、報知、国民新聞といった新聞が競ってかれの小説を連載したものであり、かれは現在の吉川英治といった存在だった。

浪六の伝奇小説の主人公は、処女作の町奴の三日月次郎吉以来、少々世にさからってみせ、仁俠一筋、しかも風流韻事《いんじ》に富んだ男女ときまっていた。

たしかに里見は浪六の町奴の気風《きっぷ》の持ち主である。かれは阿片ビジネスに加わっている地下シンジケートのボスたち、重慶政権とも繫がりをもつ連中と上手につきあい、かれらを庇護下におき、縄張りをひろげた。扱いの面倒なのが、阿片を手にしない連中だった。かれはそれら諸勢力に気を配り、かれらの欲望を満足させることに努めた。

では、シャンハイ・コネクションの最奥部、利益の分配の秘密を承知していたのは、里見だったのか。ほかに盛がいただけだったのか。

そんなことはない。すべてに精通している者はほかにもいた。現在、産業報国会の会長である鈴木貞一がそのひとりであったことはまちがいない。

鈴木が昭和十六年四月から昭和十八年十月まで企画院総裁であったことは、前に述べた。かれが昭和十六年十一月はじめに、経済封鎖のなかで臥薪嘗胆策をつづけることの危険と比べれば、戦いに踏みきったほうがよいと結論をだしたことも前に記した。

ところが、昭和十八年に入って、かれは取り返しのつかない誤りを犯してしまったと気づき、自分の愚かさに臍《ほぞ》を噬《か》んだことも、前に述べた。

かつてかれは自信にあふれていた。かれは皇道派の一員であったが、皇道派没落のあとも、陽のあたる道を歩きつづけ、それだけに悪口を言う者も多かったが、その連中にしても、かれを切れ者と認めていた。

かれが第三軍の参謀長として満洲牡丹江にいたとき、かれを興亜院の政務部長にじきじき指名したのが首相の近衛だった。鈴木なら、古巣の陸軍に睨みがきくだろう、外務省、大蔵省を抑えることもできると近衛は思ったのである。

興亜院がつくられたのは昭和十三年十二月だった。現在の大東亜省の前身である。総裁には首相の近衛が兼任し、陸海軍、外務、大蔵の四人の大臣が副総裁となった。このトップ・ヘビーの機関を実際に牛耳ったのが、政務部長、のちに総務長官心得となった鈴木だった。昭和十六年四月にふたたび近衛に指名されて企画院総裁の最重要ポストに就くまで、鈴木は興亜院の実力をもった管理者だった。

そこで阿片ビジネスのことになるが、興亜院の出先機関は阿片の生産から取り引きまでの進行状況を把握していた。鈴木は北京、張家口、上海の連絡部からの極秘の報告書に目を通し、三井物産と三菱商事が買い付けたペルシャ、トルコ産の阿片から、河北、安徽《あんき》省産の阿片、さらには蒙古と満洲熱河省産の阿片の価格と供給量を知っていたにちがいない。

なによりも、かれは宏済善堂の売り上げと利益に深い関心を払っていたのであろう。かれもまた以前から盛を知っていた。大正末にかれが武官補佐官として上海にいたとき、盛と知り合った。

鈴木が政務部長となり、盛が宏済善堂のシニア・パートナーとなってから、二人の関係はいっそう密接なものになった。盛は阿片販売ばかりか、塩の販売にも手をのばすことになり、裕華塩公司といった塩の販売会社の社長になった。それは鈴木の後押しがあってのことだったのはまちがいない。

歴史書をひろげればわかるとおり、中国の豪商、大富豪はすべて塩商だった。そして前にも述べたとおり、塩税は関税とともに、中央政府収入の主要部分である。淮北《ホワイペイ》、淮《ホワイ》南《ナン》を中心とする江蘇《こうそ》省の塩田は、数千万人分の食塩を生産している。この塩の一部の輸送と販売を握れば、その利益は大きい。

そこで周仏海の財政部と裕華塩公司は、塩の販売価格、そして利益の分け前をめぐって、争いをつづけてきた。上海の金神父路の豪壮な邸に住む盛は、南京政府の幹部たちからねたまれ、憎まれることになった。「盛の威望と日本人の信任とは、はるかに汪政権の大臣諸公の上にある[9]」とその諸公のひとりが嘆じることにもなったのである。

塩についてもうすこし述べておこう。

外《と》山《やま》茂は三十三歳、陸軍の一等兵である。昨十九年の七月に召集され、川崎溝ノ口の部隊に入隊した。数日のあいだ、寝台にひそむ南京虫に悩まされつづけたあと、漢口に向けて出発した。上着はなく、シャツだけ、地下足袋、孟宗竹の水筒、兵器は短剣ひとつだった。

すでに東支那海にも敵潜水艦が出没するようになっていたから、上海へ直行できなかった。博多から釜山に渡った。それからは貨車の旅だった。朝鮮半島を北上し、はるかに大まわりして南京に着くまでに二週間かかった。南京から船に乗ったが、昼間は動けなかった。アメリカ空軍のP51が揚子江沿いに飛来し、動いている船に機銃弾を浴びせ、爆弾を投下した。

まもなくP51は機雷を投下するようになり、鋼鉄船の触雷、沈没がつづくようになった。外山らを乗せた船は漢口へ行くのを断念した。ジャンクに乗り換えた。風がなくなれば、外山と仲間の兵士たちは陸にあがって綱を曳いた。青い花をつけたほてい草が一面に浮かんだなか、蘆《あし》のあいだを引っぱっていった。南京から漢口まで行くのに、五十日かかった。

外山が配属予定の部隊は湘桂作戦に出発してしまっていた。かれが送られたのは、漢口からすこし下流にある九江《きゅうこう》の近くに駐屯している独立守備隊である。かれは物資調弁所に勤務することになり、出納と経理を任されている。東京帝大経済学部を出て、日本銀行に勤めていた経歴をかわれてのことだが、かれの主な仕事はといえば、食塩を計ることである。食塩が通貨なのである。

外山のいるこのあたりでは、かつては南京政府の通貨である儲備《ちよび》銀行券が流通していた。だが、いまは儲備券で支払いをしようとしても、だれも受け取らない。

当然であろう。中国人は銀貨を受け取れば、ゆっくり時間をかけ、なにかにぶつけ、その音で値打ちを調べ、紙幣を受け取れば、裏にかえし、表にかえし、銀行名と使用区域を調べることを長いあいだ習慣にしてきた。かれらは通貨に用心深い。いまや儲備券がうさんくさいことをかれらは気づいているのである。

外山のところでは、米や雑穀の買い付けにはじまって、船頭や仲仕の労賃まで、すべてを塩で支払っている。かれの物資調弁所では、この三月から叺《かます》工場を操業するようになっているが、叺の原料である稲藁の代金も塩で払っている。

包装用の叺をつくるようになったのは、甘藷の切り干しを入れるためだ。ばかに手まわしがいいようだが、とんでもない。これまた、泥棒を捕らえて、縄をなうというやつだ。

甘藷の切り干しは、それを原料にしてアルコールを製造する。原油の輸送が断ち切られ、すでに航空機用ガソリンの生産は終わりに近い。合成燃料工場はついにものにならなかった。そこで頼みの綱はアルコールである。

航空機用の燃料は、アルコールのほかにもうひとつ、松根油がある。松の根を掘り、松根油を採ろうとしている。このさき述べねばならないが、松根油で飛行機を飛ばすことができるかどうか、そのような実験をいちどもしたことがないまま、この大運動ははじめられている。なにかをやっている、なにかをやらせているといった気休めだけのことなのである。

アルコールは航空機用ガソリンと混ぜて使うのなら、なんの問題もない。だが、やがてはアルコールに全面的に依存しなければならなくなる。陸軍中央もそれを覚悟している。アルコールだけとなれば熱量が不足するから、始動が困難で、エンジンは情けない音をたてるだけだ。始動用燃料がべつに必要となる。なんであれ、松根油よりはずっとましである。そこで陸軍中央は支那派遣軍に向かっても、アルコールの大増産を命じ、外山茂のところでも、叺をつくるようになっているのである。

ところが、肝心のアルコール工場がない。上海に華僑《かきよう》が経営するアルコール工場があり、それを買収した。小さな工場がひとつふたつではしようがない。資材や機械を掻き集め、華中各地で新工場の建設をはじめている。

華中だけではない。華北でも、アルコールを生産するようにと命じられた。ところが、糖化槽、醱酵槽を製造するための資材がない。三井物産の社員がやぶれかぶれの知恵をだし、農村の酒造所でつくっている高梁酒《コーリヤン》を買い集めてはどうかと言った。

白酒《パイチユウ》、焼酒《シヤオチユウ》とも呼ばれている高梁酒は蒸溜酒であり、アルコールの含有量は六〇パーセント前後にのぼる。さらに濃度の高いアルコールをつくるためには、連続蒸溜装置が必要だが、それを製造するのは簡単だ。だが、蒸溜だけでは完全にアルコール中の水分を取り除くことができない。水分が残ったままでは、航空機用ガソリンと混合できない。無水アルコールにするためには、生石灰を加えて脱水するための装置をつくらねばならない。

工場を建設しなければならないが、高粱酒も早く集めねばならない。三井物産は河南省全域での商売を認められているから、省内の白酒を買い付けることになった。日本から送らせたボノメ浮秤《うきばかり》を持った収買人は、洛陽《らくよう》、許昌《きょしょう》、襄城《じょうじょう》、郾城《えんじょう》を根拠地にして、比重〇・八九以下の酒を買い集めている。水で薄められるのを防ぐためだ。白酒を高価で買ってくれるとの噂はたちまち周辺の町や村にひろがり、ときには酒を積んだ馬車が列をつくってやってくる。華北の連銀券は華中の儲備券とちがって、まだ信用がある。

さて、駅に積まれた白酒の甕《かめ》はほんとうにアルコールに変わるのか。外山茂の工場でつくっている叺に甘藷の切り干しが詰まることになるのだろうか。たしかなことは、アルコール工場の建設と原料の買い付けに大量の資金を注ぎ込むようになって、儲備券と連銀券の増発に拍車がかかっていることである[10]。

とりわけ、儲備券の増発はすさまじい。儲備券の発行総額は昨年はじめに二百億元だった。増発は月間二十億元程度だった。昨年半ばから、儲備券の増発のスピードが早くなった。一号作戦をおこなって軍費が増えたことに原因があり、サイパン失陥が儲備券にたいする信頼性を薄れさせ、物価の上昇が激しくなったからでもある。

それに加わったのが、上海地域の防衛戦に備えての大量の物資の買い付けであり、アルコール生産のための大々的な出費である。昨十九年十月には、昨年はじめの発行総額と同額の二百億元を増発することになり、十二月、そして今年一月には、それぞれ三百億元の増発となっている。[11]

南京の飛行場では、偵察機が阿片の梱包を積み込み、広西省の前線部隊へ送り届けようとしている。上海の飛行場では、東京から着いたばかりのDC3から大きなジュート袋をいくつも下ろしている。四月に入ってからは毎日のことだ。内閣印刷局の静岡工場で印刷されたばかりの二十億元、三十億元にのぼる儲備券である。この四月には七百億元の大増発とならざるをえない。いよいよ儲備券はただの紙きれに変わろうとしている。九江郊外の田舎町では、外山茂が今日も棹秤で食塩を計っている。叺を編んだ女たちへの支払いである。

外山は考えていることがある。近くに住む青年から孟子の本を借り、毎夜、豚の油のランプの下で読んできた。数日前、「征之為言正也」というくだりにでくわし、びっくりした。訳せば、「征という言葉には正すという意味がある」ということになる。

征には正すという意味があるにもかかわらず、実際に起きている征は正しくなく、人民を苦しめるものばかりだと孟子は説いていた。

現在の日本軍の征も正からは遠く、まったくひどいものだと茂は考えている。なによりも悪いのは、南京政府の中央銀行である中央儲備銀行から政府と軍が巨額の借金をしていることだ。派遣軍の軍費はすべてこの借入れ金でまかなっている。日本向けに輸出される綿花や石炭、菜種もこの借入れ金で支払われている。

これではインフレが進み、物価の騰貴がつづいて当たり前だし、儲備券の流通範囲は狭まるばかりである。そしてこのインフレの猛威のもとでは、教師も、役人も給料だけでは生活できない。内職に精をだし、汚職に手をだすことになる。このような政府が権威をもつはずがない。

綿製品、石鹼、マッチ、蠟燭、煙草の生産をどうして増やすことができなかったのか。すべての生産は軍事目的を優先にしているからだ。そして占領地域からは物資を収奪するだけなのだ。この戦いは聖戦でもなければ、正しい戦争でもない。撤兵するしかないのではないか。だが、撤兵すれば、アメリカ軍が空軍基地を前進させよう。いまとなっては撤兵することもできないのだ。

茂は目の前の廬山《ろざん》を眺める。いくつもの峰がそそり立ち、大空を背景にしてひろがり、見飽きない景観である。征を正にすることが政府と軍にはできないのだろうかと考える。⑫

宏済善堂の話に戻れば、阿片の収益金は南京政府と支那派遣軍総司令部に上納していた。そしてその一部は東京へも送られたのであろう。

鳩山一郎や高木惣吉が語った十六億円の話は嘘であったにせよ、相当額の金が軋む車輪にたらし込まれる潤滑油として使われていたことは事実であったに相違ない⒀。

そしてそのような慣行は、東条内閣のときにはじまったわけではあるまい。それこそ興亜院が発足したときに、はじまったのではなかったか。総裁と四人の副総裁のところに、機密費が届くようになったのではなかったか。近衛は鳩山に向かってそんなことはなにも喋らなかったし、高木にたいしても、自分はなにも知らないといった顔をしていたが、かれはシャンハイ・コネクションのだいたいの輪郭を知っていたにちがいない。

そして、シャンハイ・コネクションのすべてに精通していたのが鈴木貞一だったのであろう。阿片の収益金がどのように分配されたか、かれがいちばんよく知っていたのである。というより、その収益金をどのように分けるか、最終の発言権をもっていたのがかれだったのではなかったか。

だが、阿片にからんで、鈴木の名前が噂されたことはないようだ。ほんとうになかったのか。かれは興亜院の機密費を懐に入れたのだといった噂が流れている。そんな話をする人びとは、口には出さないながら、かれと阿片ビジネスのかかわり合いを思い浮かべたのかもしれない。

昨年四月のことだ。細川護貞は富田健治から聞いた話を日記に書きとめた。

「鈴木貞一氏は守銭奴ならずやとの話あり、即ち生活は極めて切りつめ、警衛の警官等にも一文も出さず、平塚の家の如きは他人に家賃を支払わせあり。而も興亜院時代、巨万の機密費を私服したりと」(14)

シャンハイ・コネクション

ところで、前に見たとおり、近衛は高木惣吉に向かって、阿片にからんでいるのだと言って、岸信介と里見甫の二人の名前を挙げた。里見甫についてはすでに見たとおりである。では、岸と里見との繋がりはどこにあったのか。

岸といえば、もういちど満洲のことに戻らねばならない。満洲でも阿片の常用者は多い。金持ちが吸飲するだけではなかった。阿片を嗜むのは一般的な慣習だった。大臣、参議をはじめ、役人のなかにも、いわゆる煙鬼はいくらでもいた。

満洲では、台湾で成功を収めた漸減的な禁断策を採ることにし、昭和七年に阿片法と専売公署官制を公布した。こうして阿片の専売益金をしっかりした政府の財源とした。

満洲国財政部の責任者となった星野直樹が、道路網建設の計画をたて、日本で三千万円の建国国債を募集したとき、日本の銀行団に担保として入れたのが専売収入であり、阿片専売の利益金だった(15)。もちろん星野にしても、阿片の収益金にいつまでも依存する考えはなかった。罌粟の栽培と阿片の製造を減らしていくのが政府の方針だった。

ところが、そのようにはいかなくなった。昭和十二年に華北で戦いが起き、つづいて戦いは華中に拡大した。満洲国政府の総務庁と関東軍第四課の部課長たちが集まり、急展開する中国の阿片市場の問題を論じることになったのであろう。

中国各地で阿片の価格が暴騰している。北京、天津では事変勃発前の市価の三倍となっている。こんな具合に話ははじまったにちがいない。かれらのなかには、密輸業者を使い、秘密資金を稼いでいる地下機関からの報告を受けていた者もいたのであろう。

熱河省の阿片密輸業者は有卦《うけ》にいっている。阿片不足のために、天津租界の地下精製所でつくっているアメリカ向けのヘロインの値も急騰している。藤田勇がペルシャ産の阿片を買い付けようとしているようだ。こんな話がつづいたにちがいない。

京都南禅寺に住んでいる藤田勇については前に述べた。かれが毛色の変わった新聞を刊行していたことも前に触れた。ところで、それはかれが左手でやっていたことである。かれが右手でやってきたのは陰謀である。それも国際的陰謀だった。第一次大戦中には、かれはインドシナでフランス軍幹部と折衝し、日本人によって編成された外人部隊をインドシナへ送り込もうとしたことがある。

第一次大戦のあとには、かれはソ連の外交使節ヨッフェと交渉し、そのあとかれはヨッフェに誘われ、モスクワまで行き、日本の親ソ派の代表となった。かれがその立場を宣伝していたのが、かれの労働者寄りの新聞というわけだった。高田商会の阿片を積んだ船がウラジオストク港で捕らえられたときには、ソ連の友であるかれの出番となった。かれはヨッフェに頼み込み、その船と阿片を高田商会のために取り戻してやり、大金を手にすることになった。そのあとも、かれは軍の過激分子と手を握り、さまざまな陰謀に首を突っ込んだのである。

昭和十二年に上海が戦場となって、大物小物の冒険家が軍から宣撫班員といったライセンスをもらって、上海へ渡った。ペルシャから阿片を輸入する計画を陸軍に持ち込み、それをやったのが藤田だった。

満洲国政府の幹部たちの話し合いに戻れば、会議はそこで本題に入り、熱河省の阿片を華北、華中へ輸出できないだろうかということになったのであろう。外貨は慢性的に不足をつづけていた。なにを輸入しようにも、見返りの輸出品がなかった。熱河産の阿片の輸出商品化は願ってもない話だった。

魅力的なのは華中の巨大な市場だった。中国奥地の阿片はいうに及ばず、ペルシャ産の阿片を駆逐できたらと思った。セールス担当の外交員を早急に上海へ派遣しようということが決まったのであろう。だが、それだけでは商売のうまみがない。複雑な阿片の流通機構を再建し、主要流通ルートをこちら側で抑えることができないものか。こんな結論になったはずであった。

つづいての話し合いは新京と三宅坂とのあいだでおこなわれたのであろう。阿片業務を担当するのは参謀本部の謀略課である。課長の影佐禎昭がこの仕事をだれに任せるかの人選をした。藤田、坂田、児玉といった名前が、出ては消えしたのであろう。中国語ができ、中国人との交友の広い里見甫が適任ということになり、参謀次長、陸軍次官もうなずいたのであろう。

里見をかわいがっていた満洲の大ボス、河本大作がかれを呼び、お国のためだ、犠牲になってくれと口説く一幕があったとしても不思議はない。

前に、里見甫がぶらりと上海に現れ、陸軍武官府の特務部長に向かって、阿片をおれに任せてくれないかと申し出たのだと述べた⑯。それこそかれが四谷の蕎麦屋の出前持ちになったような話だった。もちろん、それは事実のごく一部だった。かれが上海へ現れるに先立ち、当然ながらここに述べたような討議と折衝が東京と新京でおこなわれたのである。

昭和十三年からは熱河省における罌粟畑の減反政策はとりやめとなった。増産を奨励するようになった。山あいのくぼ地にひそかに罌粟の種を播いていた農民は、粟や高粱の畑の隣に公然と罌粟を栽培するようになった。指導員が罌粟畑をまわり、品種の選定をおこない、技術指導をし、作柄を調べるようにもなった。

罌粟の花が咲くのは七月である。熱河省のはてしなくひろがる山々に白い帯が幾筋も流れるようになる。白い花びらが一枚、二枚と落ちはじめたところで、農民はゴルフの球ほどの大きさの緑色の蒴《さく》に小刀で傷をつける。粘りのある乳液が出る。しばらくして黒っぽい色に変わる。その糊のような乳液を篦《へら》でこそぎとる。秣切《まぐさき》りで押し切ったばかりの草のような青くさい匂いがする。また傷をつけ、乳液が出るのを待つ。

黒いチョコレートのような乳液を浅い木箱に入れ、中庭で干す。櫂《かい》のような棒でかきまわし、水分を取る。一週間ほどで生阿片ができあがる。

罌粟の植え付けから生阿片の製造、買い上げ、そして吸飲用の阿片の製造、販売までを監督するのが禁煙総局である。その上の指揮者はだれかといえば、総務庁次長である。昭和十二年七月から十四年十月まで二年にわたって、産業部次長、つづいて総務庁次長の椅子に坐り、内政外交のすべての重要国策にイニシアティヴをとったのが岸信介である。阿片の輸出もまたかれの専管事項であったはずだ⑰。岸が東京に戻ったあとのことになるが、古海忠之は阿片にからんで大失敗をした経験をもっている。古海が主計処長だったときに、石原莞爾と喧嘩をした挿話は前に述べた。なかなか骨っぽい男である。そのあと経済部次長だったときのことだ。

政府は阿片の密売と密輸出に手を焼いていた。熱河省の農民は組合に生阿片のすべてを供出せず、闇商人に高く売っていたのである。いっそのこと、阿片密輸業者を利用し、外貨を稼ごうというアイデアがでた。かれらに阿片買付け資金を貸してやり、かれらが華北で手に入れる華北通貨の連銀券を回収しようという計画である。

古海はかれ個人の名義で三井物産の新京支店から二千万円を借り、大勝負に打ってでた。かれは阿片密輸業者にその金を貸した。

大物だと信じたその阿片業者たちはほんとうはいずれも小物だった。ひそかに阿片を購入、集荷できる力をもっていなかった。ごろつきたちが阿片栽培農家をまわって、おれたちには関東軍と経済部次長の後ろ楯がある、阿片を売れと強要することになった。

各村の村長がびっくりし、禁煙総局の熱河省公署が憤激した。古海はなにをやっているのだと非難し、追及の声があがった。古海は知らぬ存ぜぬで押し通したが、収拾がつかなくなった。工作を打ち切ることにした。二千万円は密輸業者に騙しとられて終わりだった。

古海は辞表を出すしかないと思いつめた。だが、二千万円を返済しなければならなかった。そんな大金をどうやって返すか。方法はただひとつあるだけだった。

里見甫の友情にすがるしかなかった。里見が満洲国通信社の理事長であったときから、かれとは親しくしてきた。阿片をかれに売ってもらって、借金を返すしかない。もっとも、古海が自分の阿片を持っているはずはないのだから、自由にできる阿片をひねくりだすために、帳簿を改竄《かいざん》したのであろう。阿片を上海に送り込んだ。里見は無理算段をして、二千万円を払ってくれたのだった。(18)

古海が岸信介と同じポストの総務庁次長に坐ってからのことになるが、昨年、かれは南京、上海へ出かけ、みずから阿片セールスもやった。

上海地区の工場や倉庫にまだ眠っている原料や機械類を買い求めようとした。樽の底から掻き集める最後の努力だった。

物々交換だった。まずは見せ金として、金一トンと阿片一トンを輸送機で運び、中央儲備銀行の金庫に収め、古海は銀行総裁を兼任している南京政府副院長の周仏海に挨拶をした。

古海はほかの機関もまわって歩いた。里見甫にも会った。輸送船を手配するために、海軍の幹部と交渉もした。阿片で支払ってくれるなら、船をだそうと話はいたって簡単だった。

岸信介の話に戻ろう。かれが総務庁次長だったときに、阿片貿易からあがる利益について、かれはなんの興味ももたなかったのか。かれはその利益の配分に罌粟粒ほどの関心も抱かなかったのか。そんなことがあるはずはなかった。

そんなのんびりした話を想像するのは、やがて東京へ戻り、中央の政治を牛耳ろうとの野心を抱いた男、大きな使命感をもった男をあまりにも見くびることになるであろう。

岸は鮎川義介の日産が瓦解しないための対策を講じてやり、つづいては日産の持ち株会社である満洲投資証券の設立に協力し、そして里見甫のシャンハイ・コネクションにかかわって、政治資金を手にし、それを散じていたのである。

総務長官だった星野直樹は、岸のことについてつぎのように語った。

「省内随一の俊秀ではあったが、（満洲へ）来たときの岸君は、まだ一介の官僚、良吏であった。が帰って行った岸君は商工省を離れて、客観的に立派な日本の政治家に成長していた」⑲

東条内閣を倒しはしたが

岸信介は満洲から東京へ戻って、昭和十四年十月に商工次官になった。政治資金を持ったかれは、小さいながら自分の政治勢力をつくろうとした。そしてかれは新体制運動の一方の旗頭になった。

いまはだれひとり思いだすこともないが、昭和十五年の新体制運動は夢のあふれた運動だった。有馬頼寧《よりやす》、風見章、後藤隆之助が、新しい政党、新しい国民組織をつくろうとしたことは第1巻で述べた。

麻生《あそう》久や亀井貫一郎の秘密の政治構想があったことは、これも第1巻で述べた。かれらだけではなかった。いくつもの政治グループが新しい政治秩序をめざして、それぞれ綱領案、宣言文をつくった。

気鋭の理論家や改革者たちもまた、新しい政治・社会秩序をめざした計画をたてた。

かれらは経済新体制のための青写真を作成し、新しい外交理論をつくり、内閣制度の改革案をつくった。

そこで岸信介だが、商工次官のかれは各省部局の若手の実力者たちを集め、毎週月曜日に会合を開いた。集まった連中はこちらこそが本物の閣議だと意気ごみ、自分たちが国の政治を動かしているのだと意気盛んだった。かれらは活発に重要問題を討議し、指針を打ちだした。そしてその起案会議は新体制運動の連絡調整センターとなってもいた。

だが、新体制運動はいよいよ本格的に動きだそうというときになって、首相の近衛がその運動から手をひいてしまった。なぜ近衛が考えを変えたのか、その理由は第1巻で述べた。昭和十五年十二月に経済新体制要綱案を提出したのは、新体制運動推進勢力の最後の努力だった。だが、岸を中心にしてつくった原案は骨抜きにされてしまった。

同じ十二月、法務大臣の風見章と内務大臣の安井英二が辞任せざるをえなくなった。翌十六年一月、岸が商工次官の椅子から逐われた。三月には、大政翼賛会の執行部を握る有馬頼寧、後藤隆之助をはじめ、全幹部が連袂《れんべい》辞職をせざるをえなくなり、すべては終わった。

その年の十月、東条内閣が発足して、岸は商工大臣となった。新内閣が取り組んだのは、もちろん新体制運動などではなかった。対米戦争に踏み切るか、戦いを回避するかという重大事にぶつかることになった。

岸はどう考えたのか。商工大臣のかれは、主戦論を唱える企画院総裁の鈴木貞一に向かって、日本の経済力では、戦いをつづけることは難しいのではないか、再考すべきではないのか、とは言わなかった。

ボルネオの油田とビンタン島のボーキサイトを無傷で手に入れても、戦争を長くつづけることはできないとかれが思っていたのなら、内大臣に個人的に会い、アメリカとの戦争をしてはならぬと言い、この重大な時機に内大臣がどっちつかずの態度をとっていてはならないと説くことができたはずだった。

そしてかれが自分だけの力では足りないと思ったのなら、鮎川義介と伊藤文吉に向かい、この重大な国家方策を統帥部の杉山や永野に任せてはならぬ、内大臣が主導権をとらねばならぬと説き、内大臣を説得してもらいたいと言わねばならなかったのである。

岸はこうした考えをもたなかったから、なにもしなかった。かれが考えていたことは、企画院総裁の鈴木貞一と同じだった。物動船、要するに原料輸送用の船舶が三百万総トン、そして年産五百万トンの鋼材があれば、戦いに負けはしないと信じたのである。いかなる代償を支払っても、戦争を回避すべきなどとは思ってもみなかったのである。

対米戦を開始してから半年たらずで、花々しい戦果は終わってしまった。一年のちの昭和十八年のはじめには、とんでもない大きな誤りを犯してしまったと鈴木貞一は気づくことになった。物動船三百万総トンと鋼材五百万トンは杜撰きわまる数字合わせにすぎず、とうてい達成できないことを知った。三百万総トンと五百万トンがかりにあったとしても、あまりにも少なすぎ、戦いに勝てはしないことをかれは知った。

それから半年あとには、鈴木は神経をすり減らす毎日となった。木戸は不安にさいなまれ、眠れなくなった。天皇の胸中にも不安が居坐ることになった。意志と意志との闘争なのだ、弱音を吐いたらおしまいだと自分に言ってきかせたのは東条だったのであろう。そして岸はどうであったか。ばかなことをしてしまったと悔やみ、かれもまた眠れない夜があったはずだ。

そしてそれから一年あとの昨十九年の七月、人びとの胸中にうずいていた不安が外へあふれでた。政治行動にでたのが岸である。木戸と組んで、東条内閣を倒した。

岸はどうして東条内閣を倒すことになったのか。

七月六日、岸は高木惣吉に会った。東条内閣が総辞職する十二日前のことになる。そのとき岸は国務大臣兼軍需次官であり、高木は海軍省教育局長だった。岸が望んでの会見であり、かれはまず自分が考えていることを語った。高木はそれをノートに記した。

「東条に代り得るものは、Ｃに無く、Ｂも出来ぬ。Ａにも無い。しからば東条をして何とか国力を結集して戦争に向わせる外なしと思う故、助力ありたし[20]」

高木が記したＡ、Ｂ、Ｃとは、Ａが陸軍、Ｂは海軍、Ｃは陸海軍以外を指す。海軍軍人が使うだけではなく陸軍省や軍需省のだれもが使っている言葉だ。三百万総トンの物動船と前に述べたが、軍需省、運輸通信省、陸海軍の関係者はそれをC船と呼ぶ。陸軍徴用船はA船、海軍徴用船はB船である。

各省の担当官が集まった会議の席で、配られた資料の写しを忙しげにめくっていた陸軍の高級将官が、「なんだ、B重油ばかりではないか。陸軍の重油がないではないか」と怒鳴ったという有名な笑い話がある。B重油とは海軍用の重油ではなく、内燃機関とボイラー用の重油を指す別の用語であることをこの軍人は知らなかったのだ。政府がアルファベットを組み込んだ記章やバッジをつくり変えよと学校や会社に命じ、アルファベットを使ってはならぬと指示してきたにもかかわらず、陸軍は自分のことをAなどと言って、おかまいなしなのである。

ところで、岸信介が高木に語ったことに戻れば、首相候補はほかにはいない、いまの段階、東条を支持するしかないと言ったのは、岸の本心だったにちがいない。もちろん、かれは、軍事情勢が一挙に悪化した恐慌気分のなかで、政界内に反東条の空気が急速に強まっているのを知っていた。知るも知らないもなかった。かれの麹町五番町の官邸には、かれの配下の国会議員たちが集まり、東条はだめだと口々に喋りはじめていた。

軍需省の総動員局総務部長の石川信吾からは、寺内寿一内閣をつくるのに尽力してくれと説かれていた。石川は現在、五十一歳、昨年十一月からは海軍運輸本部長である。歯に衣《きぬ》着せぬ物言いをする精力的な男であり、つねに政治に口出しをしてきた海軍軍人である。かれは山口県出身なのに内大臣と接触がなかった。岸から木戸をくどいてもらおうと、かれは考えていたのである。

東条に怒りを燃やしていた筆頭は、海軍中央機関の中堅幹部だった。アルミニウム配分の問題で、海軍の主張が葬られてしまい、かれらが心に育てていたただひとつの希望は打ち砕かれてしまった。かれらは怒りを陸軍にぶつけ、自分たちのボスである嶋田繁太郎への苛だちをつのらせることになった。そして空母部隊と基地航空部隊の潰滅の直接の衝撃が起き、かれらはもって行き場のない怒りを陸軍最高首脳者の東条に向けたのである。

かれらのスポークスマンとなったのが高木だった。東条内閣を倒そうとする近衛勢力と組み、かれは反東条の共同戦線をつくった。それだからこそ、岸は高木の考えを聞こうとしたのである。岸はなるほどと思ったのか。思いはしなかったにちがいない。

では、どうしてかれは考えを変えたのか。内大臣に協力を求められてのことだ。閣内不一致を引き起こし、政変に導きたいと木戸が言いだしたからだ(21)。木戸がどうして東条内閣を見限ることになったのか、岸にその見当はついた。

東条内閣を支援し、存続させることができないわけではない。だが、負け戦がこのさきもつづくなかで、東条にたいする反感と非難は大きくなることがあっても、消えることはけっしてない。そして東条にたいする非難は、内大臣にたいする激しい攻撃に転化しよう。木戸をやめさせよとの声もでてこよう。それを木戸は恐れたのだ。

だが、木戸が東条を倒そうと決意した理由はそれだけではないのだと岸は知ったのだろう。後継首相に寺内元帥を推すつもりだという木戸の考えを聞き、もうひとつの理由に気づいたにちがいない。

内大臣は東条を首相にして、戦争に踏み込んでしまった。勝利の見込みが完全に消えてしまい、内大臣は東条を退陣させる決意をした。そしてかれは後任首相に寺内を選んだ。寺内に政治手腕があるとも、先見の明があるとも、木戸が思っているわけではないことは、岸にはわかっていた。それでも寺内でなければならなかった。岸と木戸とのあいだで、それ以上の言葉のやりとりは不要だった。

文久・慶応の危機を乗り越え、明治の日本を築いたのは、ほかのだれでもない、長州人だった。このさきの危難を切り抜け、どうにかして戦争を終結させるまでの全責任を内大臣は負う覚悟であり、長州人の団結の力によって、それをやろうというのだ。岸はうなずき、木戸に協力を約束したのである。

そして、もうひとつ、さしあたっての計算が木戸にあり、岸にあった。東条内閣を倒しても、寺内が首相になるのであれば、東条とかれの一党は鳴りを潜め、騒ぎたてることはないと見たのである。

ところが、木戸と岸の思いどおりにことは運ばなかった。前になんどか述べたとおり、東条が寺内を首相にさせなかった。こうして第二候補の小磯国昭が首相になった。

寺内が首相になっていたら沈黙を守っていたはずの陸軍次官の富永恭次が騒ぎだした。かれは情報局総裁の天羽英二に向かって、岸信介と岡田啓介を検束するといきまいた(22)。陸海軍の大将の集まりである大将会で話したときも、重臣の一部と岸一派を弾圧しなければならぬとかれは説いた(23)。

岸が不安を抱いたのは、前にかれを脅迫した四方諒二が、かれを殺すと語ったという話を聞いたときであろう。前に述べたとおり、四方はそのとき憲兵司令部本部長であり、東京憲兵隊長を兼任していた。

憲兵はだれからも恐れられ、どこでも顔がきき、追従に慣れているから、自信ありげで、思わせぶりな態度をとり、捕物帳の主人公を気どるようになっている。その典型が四方であり、なかなかの演技の持ち主である。

かれが岸を殺してやるという発言をしたのは、世田谷深沢にあるわかもと社長の長尾欽弥の邸の酒席でのことだった。富永恭次の場合が自分の怒りを抑えきれぬあまりの発言であったのにたいし、四方の場合は、その怒りそのものが計算ずくだった。

長尾欽弥の妻の米子が客好きで、近衛文麿をはじめ、高級軍人、大学教授、高級官吏を毎晩のように招いていることを四方は承知していたからこそ、自分の喋ったことがたちまち噂となってひろがることを計算し、岸を恐怖でがんじがらめにしてやろうとしたのだった。

岸は柏木の邸内にひき籠もった。東条の部下たちを刺激しないようにした。そしてかれらが東京から一掃されるのを待つことにした。まず陸軍次官の富永恭次が第四航空司令官となって、昨十九年の九月にフィリピンへ転出した。十一月には四方諒二が上海憲兵隊長となった。

怖いものがなくなった。岸は有楽町一丁目にある毎日新聞社のビル内にあるかれの個人事務所へ通いはじめた。そして東条派の最後のひとりである軍務局長の佐藤賢了も支那派遣軍の参謀副長となって、外へ出されることになった。

生産軍と新政党

昨十九年十二月十五日、岸は内大臣官邸に木戸を訪ねた。いまは焼けてしまった麴町三番町の官邸である。東条内閣を打倒するために昨年七月十七日に最後の協議をしてから五カ月ぶりの訪問だった。

岸は佐藤賢了がいなくなるのを待っていたのかもしれなかった。佐藤はすでに東京を離れ、前日の十二月十四日に南京に着いていた。岸はともかく、内大臣の木戸がもっとも警戒し、嫌っていたのが佐藤賢了だった。

岸は木戸に向かって、小磯内閣はだめだと言い、軍事情勢はいよいよ暗いと語ったのであろう。だが、そんな雑談にふけるために岸は木戸を訪ねたのではなかったのであろう。失敗に終わった七月の試みを、もういちどやるつもりだと主張したのではなかったか。寺内寿一内閣の樹立である。

そして岸は自分の構想を語ったのであろう。そのあと、木戸の内々の支持と支援を求めたにちがいない。木戸はうなずいたのであろうか。やってみろとは言ったのであろう。

岸は大車輪で活動をはじめた。毎日館のかれの事務室で、丸ノ内三丁目にある経済商工会ビルの会議室で、紀尾井町の鮎川義介の邸を利用して、かれは多くの人と会った。かれの息のかかった国会議員たち、昭和十四年、十五年にかれの小型閣議に出席した各省の役人たち、かつてかれが糸を繋げたすべての人びとを集めることになった。

かれはなにをもくろんだのか。首相をはじめ、陸軍省、内務省、軍需省、翼賛政治会のいずれもがそれぞれ自分のところでやろうとしていることを、かれは自分がやるつもりだった。かれが主導権を握ってしまえば、小磯内閣を退陣させ、寺内内閣を発足させることもできるはずであった。

どういうことなのか。

岸の動きと歩調を合わせ、今年一月はじめから、マスメディアを利用して、世論を獲得しようとする大々的なキャンペーンがはじまっていた。軍需工場を国営にせよ、中島、三菱を国家管理にせよとの主張だった。

このような主張は朝日新聞が載せ、毎日新聞が掲載していた。日本産業経済新聞は明らかに反対態度をとっていた。だが、そのような態度をとっていたのは、財界の意思を反映しているその新聞だけだった。地方の新聞はいっそう活発なキャンペーンをつづけていた。「企業に国家性を与えよ」「いまや飛行機生産、国営の段階に」といった見出しが数日おきに出るようになっていた。

北海道、中国、九州の地方新聞にそのような記事を送っていたのは、同盟通信社だった。同盟通信のそのような主張には、陸軍の意向が反映していた。

陸軍省軍務局員が飛行機工場を国営にしなければならぬと主張し、海軍省や軍需省の部課員たちも、軍需工場を国家管理にしなければならないと説いていた。そして産業報国会が軍需省と軍の同じ側にいた。産業報国会の指導部には、かつての労働組合の幹部がいたし、革新志向を抱く職員がいくらでもいたから、当然ながら私企業の国家管理に賛成だった。

そのすべてを睨んで、岸信介の構想があった。かれは生産軍を設立する計画をたて、一部企業を国家管理とする案をつくった。かれは産業報国会を自分の計画の支持基盤にしようとした。そして自分の古巣の軍需省を味方につけようとした。

なによりも必要なのは、陸軍の支持を得ることだった。もはや陸軍省内に東条の残党はいないのだから、なにも問題はなかった。かれは陸軍次官の柴山兼四郎に向かって、生産軍創設の計画を説き、陸軍の支持をとりつけたのであろう。

岸の積極的な政治活動はいたるところで噂になりはじめた。一月三十一日、内務省警保局長の古井喜実が衆議院書記官長の大木操のところへ来た。古井は岸の話をした。岸が鮎川義介の義済会の資金を使って、政治活動をはじめていると語った。

古井は岸が嫌いである。大木も岸に好意をもっていない。つきあいがないからだ。つきあいがないといえば、かれは鮎川義介ともつきあいがない。義済会を義政会と思い違いをし、義は義介の名前から取ったのだろうと思っている。義済会が東亜研究所に助成金を出し、大内兵衛の大原社会問題研究所、矢次一夫の国策研究会の運営費をまかなっていることを、大木は知らない。

古井は話をつづけ、岸系の中谷武世、赤城宗徳といった議員たちが翼賛政治会を脱会して、岸の新党に加わるだろうと語った。迫水《さこみず》久常、奥村喜和男一派、菅太郎の一派も、岸のところに集まっているのだと言った。

外務省の若手の過激派も岸の陣営に加わっているのだと古井はつづけた。大木はある噂を聞いたばかりだったから、そうなのかと合点した。平沢和重という大東亜省の若い書記官が首相に意見書をだし、十日ほど前に休職処分になったという話である。平沢というその男は岸の集まりにでていたというのである。

迫水久常、奥村喜和男といい、平沢和重といい、曰くのある過激な活動家ばかりを集め、岸はなにをするつもりなのかと大木は眉をひそめた。

警察元締めの古井はさすがに情報に通じていた。岸は翼賛壮年団を乗っ取るつもりでいるのだし、さらに各方面に触手をのばしているのだと語った。古井はまだまだ知っていたのであろう。岸が中央農業会の最高実力者である千石興太郎と会談し、鉄道省きっての暴れ者、内大臣の木戸に共産主義者ではないかと疑われている男、現在は産業報国会理事長の柏原兵太郎と話し合い、前首相の東条をはじめ、翼賛政治会の幹部たちからもっとも危険な男と睨まれていた菅太郎と会ったという情報である。

古井は顔をしかめ、岸の支持者たちはかれを総理に担ぐことさえまじめに考えているのだと締めくくり、大木をびっくりさせたのである。

翼賛壮年団とはなんなのか。なにをしてきたのか。奥村喜和男、迫水久常一派、菅太郎一派とはだれだれのことを指しているのか、かれらはなにをしてきたのか。柏原兵太郎、平沢和重はなにをしたのか。これらのことについては、このさきで述べる機会があろう。

ところで、岸信介はなんのために千石興太郎に会い、柏原兵太郎と話し合ったのか。

生産軍をつくろうとする岸の構想は、企業の国家管理を目指すだけのものではなかった。もうひとつの目標をもっていた。工場と田畑で働く人びとを組織化することを目指していた。これこそが職域別の生産軍の創設だった。

じつをいえば、なにをつくったらいいのか、なにをしたらいいのかはっきり決まらないながら、陸軍省、内務省、そして翼賛政治会がそれぞれ自分の手で、国民を組織化しようとしていた。

市谷台の幹部たちが望んでいた国民組織は戦闘組織だった。だが、陸軍は本土の戦いに備えて、すでに補助部隊をつくっていた。防衛隊である。

沿岸地域の村や町で防衛隊が結成されたのは、サイパン失陥のあと、昨十九年の八月から九月にかけてだった。月に一、二回、隊員たちは朝早く国民学校の校庭に集まり、竹槍を握っての訓練をやったものだ。

それもいつかやめてしまったが、はじめからなにもしないところのほうがずっと多かった。村役場の兵事課で隊員名簿をつくり、国民学校のミシン室か、作法室を借りて屯所にし、隊長を決め、そのあとなんの活動もしないのがほとんどだった。

陸軍が軍事的な国民組織をつくると言うのなら、休眠中の防衛隊を叩き起こし、活を入れるべきだった。

ところで、参謀本部の作戦部長は本土防衛のために二百万人を動員しようとしていた。かれらに持たせる小銃、機関銃がないのを百も承知の上での動員である。そんな大動員をしてしまったあとには、町と村には、二十代、三十代の男はいなくなり、四十代の男がわずかに残るだけとなってしまう。

防衛隊はつくれはしない。それでも市谷台は軍の補助部隊をつくりたいと望んでいた。陸軍のそのような動きに警戒心を強めていたのが内務省だった。もともと内務省は大きな組織をもっている。大政翼賛会である。地方支部長はすべて県知事であり、内務省の管轄下にある。だが、大政翼賛会は国民組織ではない。行政補助機関である。大政翼賛会が革新勢力の国民組織となるのを恐れた内務省と多数派の国会議員たちがやってしまったことだ。いまさら大政翼賛会を国民組織にすると言ったところで、人びとに苦い過去を思いださせるだけのことになる。

内務省はまだほかにも大きな組織をもっている。空襲に備え、工場と事業場に特設防護団をつくらせ、地域では警防団と隣組防空群を編成させている。本土空襲が激化しはじめれば、国民はその防空の任務だけで手いっぱいとなる。

内務省の警保局長や地方局長は、新しい国民組織などまったく必要はないと思っていた。だが、陸軍、翼賛政治会、翼賛壮年団が、それぞれ自分たちの国民組織をつくろうとしているのを、見過ごすわけにはいかなかった。自分の縄張りを他の者に荒らされてはならなかった。

そこでもうひとつ、翼賛政治会だが、翼賛政治会に所属する代議士たちが新しい国民組織をつくるのだと主張していた。翼賛政治会は、誕生のときのいきさつがあって、地方支部をもつことを許されていなかった。それにひきかえ、翼賛壮年団が地方組織をもっていることで、翼賛政治会所属の大部分の議員たちの不満は大きかった。かれらは翼賛政治会を解散し、新政党をつくり、各地に支部を設置し、自分たちがイニシアティヴをとって新たな国民組織をつくるのだと説くようになっていた。

政治家たちが自分たちの地方組織を望んだのは、もっともなことだった。だが、翼賛政治会は共産党ではなかった。地方支部をつくるといっても、組織の下層部にまで命令する権限をもった地方党書記を任命するようなわけにはいかなかった。代議士たちが自分の選挙区でつくる組織は、集票マシン以上のものにはならないはずだった。

こうして、陸軍、内務省、翼賛政治会はそれぞれ自分の国民組織をつくろうとして張り合っていたのだが、どのような組織をつくったところで、名称をつけ、名簿をつくり、結団式を開けば、それでおしまいとなろう。だが、あらゆる苦悩と欠乏のなかで、疲れ、無気力となっている国民の士気と熱意をふるいたたせるためには、新しい国民体制、国民組織をつくらねばならないと、それこそだれもが思っていたのだし、もちろん、現在も思っているのである。

そこで岸信介だが、国民組織をつくることでも、かれは先手をとろうとしていた。陸軍省、内務省、翼賛政治会のすべての船の帆から風を奪うつもりだった。それが職域別の生産軍をつくる構想だった。そのためにかれは、産業報国会を味方につけようとしたのだし、労務報国会と商工経済会の支持を得て、中央農業会にも手をまわそうとしたのである。

産業報国会、労務報国会、商工経済会、中央農業会、さらにはこのあとでてくるはずの日本経済連盟会、重要産業協議会といった団体はどういうものなのか、それらの団体の幹部はだれなのか、かれらはなにを考えているのか、それらのことについては、このさき述べる機会があろう。

古井が大木に岸の動きを語って二日あと、二月三日の午後三時、産業報国会、中央農業会、商工経済会、労務報国会の四つの団体の四人の代表が首相に会った。柏原兵太郎、千石興太郎、船田中《なか》、松野鶴平といった面々である。かれらは小磯に職域別生産軍体制確立の建白書を手渡した。

建白書は、「戦力増進上　生産ノ基本タルベキ企業ニツイテハ　必要ニ応ジ　戦争中国家ニオイテ公益非常管理ヲナシ」と望んでいた。また、「食糧増産上　必要ナル措置ヲ要スベキ土地ニツイテモ……公益非常管理ヲナシ(24)」と主張していた。それだからこそ、中央農業会も生産軍の計画を支持し、千石興太郎、越智太兵衛、小平権一《ごんいち》、黒沢酉蔵《とりぞう》、吉田正といった旧産業組合幹部系の農業会の国会議員たちがその建白書に署名していたのである。

同じ二月三日の夜、帝国ホテルで岸の主催する会合があった。岸の構想を支持する人、岸系の人びとが集まった。

翌日の夜、大木操は衆議院議長の岡田忠彦から、その会合についての話を聞いた。

「昼間、笹川良一がやって来た。かれが語るところでは、昨夜、岸が帝国ホテルに人を集めたようだ。日銀総裁の渋沢敬三、商工経済会会長の藤山愛一郎、それに岸派の代議士、船田中、赤城宗徳、橋本欣五郎、小山亮といった顔ぶれだ。国策研究会の矢次一夫も出席したようだ。新党総裁には松岡洋右を持ってくるつもりらしい。各方面に勧誘しようということで、笹川良一は私のところへ来たのだろう。顧問役かなんかを押しつけるつもりにちがいない。おれは衆議院議長だよと言っておいた」(25)

岡田忠彦と大木操は知らなかったが、帝国ホテルのその集まりと四団体代表の首相への建議とは繋がっていた。生産軍建設のその建白書に署名したのは、四団体の十一人の幹部だった。その十二人目、そして真の代表である岸が登場して、その夜の帝国ホテルの蹶起《けつき》集会となったのだった。

岡田や大木の注意は、岸が新党づくりに踏みだしたという事実だけに集中していた。他の議員たちの関心も同じだった。

たしかに岸は新党をつくろうとしていた。産業報国会、中央農業会、商工経済会といった団体の大きな潜勢力をバックにして、かれは翼賛政治会を切り崩し、議員たちを自分の傘下に集める考えだった。とうの昔に霧散してしまったが、昭和十五年に風見章が描いた新党構想と同じだった。

岸は、自分の計画を阻止しようとする勢力がいくつもあることを承知していた。新党をつくろうとすれば、旧民政党、旧政友会の大ボスたちが目くじらをたてよう。首相、官房長官がもたもたしよう。

岸はそんな反対を無視するつもりだった。どうあっても議員を結集しなければならなかった。百人、二百人の議員の圧力によって、生産軍の創設を政府に認めさせねばならなかった。

岸の生産軍の構想に反対する最大の勢力は、いわずとしれた財界である。昭和十六年一月にかれの経済新体制要綱案に徹底して反対したのが、財界の中核的存在である日本経済連盟会だった。

今回、企業の国営化に反対し、その先頭に立とうとしていたのは、日本経済連盟会の別動隊である重要産業協議会だった。重要産業の統制会の幹部たちが集まって、つくっているのが重要産業協議会であり、いわゆる重産協である。

岸はどう考えていたのか。昭和十六年一月とは情勢がまったくちがうと見ていたのであろう。重産協が反撃にでてきても、軍需省が腰砕けになることはまずあるまいと予測していた。四つの大きな団体がこちらの味方なのだから、財界の主張に加担する議員はとるに足りないだろうと考えてもいたのであろう。

だが、岸はあまりにも大きすぎる構想を描いていた。かれの目に入らない小さな敵がいた。陸軍省軍務局軍務課長の赤松貞雄である。

東条の直参である富永恭次、四方諒二、佐藤賢了が外へ出されてしまったことで、岸は東条派が駆逐されてしまったと思っていた。赤松が陸軍の政治の窓口である重要ポストに坐っていること、そしてかれが前首相のために復讐を誓っていることなど、岸は気にもとめなかった。もともとは陸軍幹部に高くかわれていた岸は、赤松なぞとるに足りない小者と軽蔑していたのである。

ところが、岸はその小者に足をすくわれることになった。

岸の夢、消える

赤松については前に触れたが、もうすこし述べておこう。

赤松貞雄は東条子飼いの部下であり、側近中の側近である。東条より十五歳年下、四十四歳である。昭和四年、中尉の赤松が赤坂の歩兵第一連隊の本部にいたとき、東条が連隊長となって着任し、二人は知り合った。赤松は東条の深い信頼をかちえ、それから現在まで十五年にわたる主従関係がつづくことになった。

東条が旅団長として久留米にいたとき、上京した折には、かれはひそかに品川駅で下車し、まず最初に赤松と密会し、三宅坂の最新情報を聞くのを決まりとした。

そのあと東条が関東軍の憲兵隊司令官として新京にいたときには、赤松に個人的に指示し、毎日、航空便で東京の情報を送らせた。赤松は三宅坂内のちょっとした情報、かれのまわりの内輪のゴシップを書き送ったのである。陸軍中央に激しい派閥闘争が渦を巻いていたときのことである。

昭和十三年に板垣征四郎が陸軍大臣になり、新京にいた東条は次官に任命され、東京へ戻った。かれは大臣秘書官にぜひとも赤松を据えようとした。教育総監部にいた赤松を強引に引き抜いて、教育総監部の幹部を怒らせることになったのだった。

昭和十五年七月に東条は陸軍大臣となった。かれはフランスに駐在していた赤松を呼び戻そうとした。十一月に東条はかれを自分の秘書官とした。そして、東条が昭和十六年十月に首相になってからはかれを首相秘書官とした。

こんな具合に赤松はずっと東条の忠実な分身として行動してきた。首相秘書官となってからは、強力な権力中枢の中心にいて、政権の公私の秘密にかかわり、大きな力をもつようになった。そして東条は退陣に際して、赤松を陸軍の耳目である軍務課長のポストに据えたのである。

軍務課長となった赤松は、岸の動静に注意を払っていた。新党結成のためにかれが動きはじめたとの情報を聞き込み、いよいよ報復のときがきたと思った。さて、その赤松の協力者が津雲国利だった。

津雲国利は五十一歳、東京第七区、三多摩選出の衆議院議員である。昭和三年から六回当選し、そのうちの何回かは最高点だった。

津雲は三多摩の古い政治的雰囲気を体現している政治家である。はっきりいってしまえば、陰謀政治家である。「三多摩仕込み、一種異様な人物」と評したのは、新聞記者時代の伊藤金次郎である。八王子の生まれで、反共護国団の幹部のひとりだった青木保三のことについては第1巻で述べたが、かれは津雲を褒め、「天下の逸材、三多摩至宝の政治家」と語った。

津雲ははじめ久原房之助の子分だった。それこそ独楽鼠《こまねずみ》のように走りまわり、毎日、久原に情報を伝え、久原の豊富な資金を使って、つぎつぎと陰謀を企んだ。昭和十一年二月のクーデターに際しては久原と津雲はその計画者のひとりを味方に引き入れ、その叛乱をうまく利用しようとした。昭和十三年に中溝多摩吉の反共護国団が政友会と民政党の本部を占拠したという話は第1巻で述べたが、中溝のその行動を支援したのが津雲だった。

対米戦争がはじまってからは、津雲は内閣書記官長の星野直樹と知り合い、たちまちのうちに意気投合した。星野からの旧政友会系の代議士集団に流れる金のパイプを津雲が握った。津雲はまた東京憲兵隊長の四方諒二とも親密になった。こうしてかれは反対者に睨みをきかせ、味方には利益を与え、議会を二分する一方の勢力である旧政友会の事実上の幹事長になった。

清沢洌は日記のなかで津雲をこきおろし、「東条の参謀は津雲だとのこと。この男はもっとも下等な陰謀政治家だ」と記したことがある。津雲を「東条の参謀」といったのは正しくなかったが、東条派の侍大将のひとりであったことにはまちがいなかった。当然ながら、かれもまた東条内閣を倒した岸を不倶《ふぐ》戴天《たいてん》の敵と憎んでいた。

帝国ホテルで岸が蹶起集会を開いたとの情報を得るや、赤松貞雄と津雲国利の二人は即座に行動を開始した。

赤松は部下たちに命じ、国会議員に向かって、陸軍はぜったいに岸新党を認めないと言ってまわらせた。だれに喋れば、どこに伝わるかといったことを、首相秘書官だった赤松はよく知っていた。軍需省、内務省、産業報国会、中央農業会の幹部たちの耳に入るように、岸の噂を流してまわらせた。岸には捜査の手が伸びている、かれが政治的に動けば危険なことになるといった話である。

津雲は津雲で、辛辣な笑いを浮かべ、「岸なんかいまごろ表面に出る幕ではない。自分の身辺が危ないではないか」と喋ってまわり、伏魔《ふくま》殿《でん》の戦時金融金庫の贈収賄事件に岸が関係しているのだと語った。「戦時金融金庫の重役が二人引っ張られている。岸が商工相、そして軍需次官だった時期に、だいぶ融資を放漫にやった。いくつかの臭い噂があるのだ。現役の軍人にも連累者が出るはずだ[26]」

戦時金融金庫は昭和十七年四月に発足した。その特殊金融機関は「他ノ金融機関カラ供給ヲ受ケルコト困難ナル資金ヲ供給スル」と定められ、政府の命令に基づいて融資をおこない、生産拡充のための設備資金を供給している。融資の可否は事業の緊急性で決まり、融資対象の企業の採算は度外視されている。また、この戦時金融金庫、いわゆる戦金の損失にたいしてはまるまる政府補償が与えられることになっている。

そこがつけ目で、陸海軍の実力者に深く食い入っている悪党たちは、モリブデンやニッケルの鉱山を種にして、採掘して地金になることなどまずありえないのを承知していながら、緊急性を説き、二百万円、五百万円の開発資金と資材を入手することになる。津雲の話を聞いて、なるほど岸の政治資金は戦金を水源地にしていたのかとうなずく者もいた。

津雲国利は眼鏡ごしに相手を睨みすえ、さらに話をつづけた。「華北交通でも、理事や局長が逮捕されている。密輸の容疑で憲兵隊の極秘の取り調べを受けているのだ。宇佐美も危ないのだ」

宇佐美とは宇佐美寛爾《かんじ》のことである。聞き手の耳をそばだたせる名前だ。六年にわたって華北交通の総裁をつづけてきた宇佐美は伝説に包まれた人物であり、豪華な生活をつづけてきた不思議な男だ。満鉄出身のかれについてはこのさき述べる機会があるかもしれない。

津雲はこのような話をして、岸と華北交通とのあいだになにか疑惑があるかのように匂わせた。ところで、津雲の話は事実から遠かった。北京で逮捕されていたのは華北交通の下級社員だった。前にも述べたとおり、共産主義活動の嫌疑をかけられてのことだった。だが、聞き手はそんなことを知らなかった。密輸といえば、阿片がからんでいるのだろうかと臆測をめぐらすことになった。

二月七日には、重産協が反撃にでた。松本健次郎と豊田貞次郎の二人の理事が首相に会い、決議文を手渡した。松本は石炭統制会長、豊田は鉄鋼統制会長である。重産協の決議文はその末段でつぎのように述べていた。「企業ハ現行ノ民営ノママ　コレヲ決戦化スル方針ヲ確認シ　名目論ニ捉ワレテ混乱ヲ惹起スル虞《おそ》レアル改革ハ厳ニ避ケルコト(27)」

だが、生産軍を支持する側も負けてはいなかった。二月十日の朝日新聞は、社説で重産協の主張に反論して、つぎのように説いた。

「重産協の建議は、決戦生産確立について幾多の貴重な提案を含むものであるが、ただ疑問に思われるのは、企業性格の問題に全然触れることなくして、果たして戦力の飛躍的増加をもたらしうるような生産運営ができるか、どうかということである」

毎日新聞はもっとはっきり生産軍建設派を助勢した。「企業形態刷新と生産軍」と題する座談会を連載して、気勢をあげた。四人の出席者のうちの二人は、生産軍確立の建議書に署名した鈴木貞一と藤山愛一郎だった。そしてもうひとりが岸信介だった。生産軍に賛成する者が三人なのにたいし、反対する者はただひとり、造船統制会長の斯波《しば》孝四郎が選ばれただけだった。

二月十日か、十一日のことだ。岸を警戒する人たち、かれの生産軍建設の構想に反対する人びとをおびやかすニュースが流れた。軍務課長の赤松貞雄の更迭が決まった。なにがあったのか。(28)岸が赤松のやっていることを知って、怒りを爆発させ、次官の柴山兼四郎にねじこみ、軍務課長が私を中傷し、企業国営化の路線を妨害し、国民組織化の計画を潰しにかかっているが、これは陸軍の方針なのかと抗議したのであろう。岸は赤松貞雄が華中へ転出させられると知って、ほっと一息ついたのか。赤松による苦い不意打ちから立ち直り、かれは自分の計画を軌道に乗せることができたのか。それができなかった。かれとかれの仲間、部下たちの努力は空まわりして、前へ進まなかった。

結局、かれらの努力を打ち砕いたのは、赤松と津雲の岸にたいする個人攻撃だった。それはまことにタイミングがよかった。かれに近づこうとする翼賛壮年団系の議員は足をとめた。かれの新党に加わろうと考えていた旧産組系の議員は躊躇した。動揺し、様子を見ようとする議員たちにたいして、翼賛政治会の幹部による締めつけがはじまった。衆議院議長の岡田忠彦や書記官長の大木操もかれらに協力して、岸新党の力を削ぐことに努めた。こうして生産軍の創設を求める議員たちを結集しようとする岸の計画は、第一歩を踏みだすところで躓いてしまった。

では、企業を国家管理にしようとする計画はどうなったのか。

重産協は受け身だったのが、攻勢に転じた。個人攻撃にさらされている岸に、さらに砲火を浴びせた。重産協を中心とする財界の幹部たちは、岸新党を敵視する政治家、宮廷高官、右翼団体の領袖たちに向かって、生産軍は危険な考えだ、共産主義者の陰謀があると囁いてまわったはずであった。かれらはつぎのように言ったにちがいない。

〈岸信介が生産軍をつくると叫んでいるが、昭和十五年から十六年初頭のかれの経済新体制の構想とまったく同じだ。生産軍の運動をかげで操っているのは共産主義者である。岸のもとに集まっている顔ぶれは前と同じだ。あのとき検挙の網の目を抜けた迫水久常、毛里英於菟《ひでおと》、美濃部洋次といった危険な連中である。軍需省の航空兵器総局長官の遠藤三郎も赤ではないのか〉

財界幹部の岸にたいするこのような非難は、当然ながら、松平康昌を通じて、木戸の耳にも入ったのであろう。昨十九年十二月十五日に岸と会って以来、木戸はかれと話し合ったことはなかったが、連絡者を通じて、かれのやっていたことを承知していたのであろう。

木戸は、これはまずいことになったぞと思っていたのではなかったか。それというのも、二月十四日の近衛の上奏が木戸の脳裡にあったにちがいないからだ。

近衛はそのときの上奏で、生産軍については一言も触れなかった。だが、かれが岸の動きに注意を払い、警戒していたことは明白だった。岸の背後には木戸がいる、内大臣が生産軍の問題に一枚嚙んでいると言われて、近衛系の連中にゆさぶりをかけられる恐れがあった。岸を見捨てるほかはないと、木戸は思うようになっていたにちがいない。

軍需省の幹部たちは、生産軍の設立は難しい情勢になったと判断したのであろう。軍需省は重産協との交渉にあたって、生産軍創設の建白書が説いている「生産ノ基本タルベキ企業」の非常管理をやるつもりはないと譲歩したのではなかったか。航空機工場だけを国家管理にするのだと言い、それも特定工場だけだと説いたのであろう。

軍需省側はさらにつづけ、中島飛行機が対象になるのだと示唆したのである。行政査察使の藤原銀次郎の昭和十八年の報告にはじまって、中島の運営のでたらめぶりを批判する声は大きかった。そして、航空機工業界に睨みをきかせ、力をふるってきた軍需省航空兵器総局長官の遠藤三郎が中島を国営管理にせよと激しく主張しつづけていた。重産協側も、中島を生贄《いけにえ》にして、決着を図ることにした。

三月二日の閣議で、「敵ノ空襲下ニ於ケル航空機ノ生産維持ノ培養ノ為　特定航空機工場ニ対スル緊急措置要綱」を決めた。

軍需省は岸の計画を葬ることによって、ひとまず中島飛行機を国営とすることに成功した。つづいては内務省が岸のもうひとつの計画を潰しにかかった。岸が産業報国会や中央農業会を煽動し、嵐を引きおこし、国民組織を乗っ取ろうとするのを許すわけにはいかなかった。岸の側が守勢に立たされ、泥沼に落ち、少数の議員の争奪に明け暮れているあいだに、内務省は自分の新国民組織をつくる準備を急いだ。

国民義勇隊をつくることが三月二十三日に決まった。職場の義勇隊と地域の義勇隊をつくることになった。

岸の生産軍の構想は瓦解してしまった。では、かれの新党はどうなったか。

護国同志会と名乗ることになった岸新党は総勢三十二人にしかすぎない。赤松貞雄を叩きだすことには成功したものの、そのあと陸軍からの協力を得ることはできなかった。四十数人にのぼる翼賛壮年団系の議員たちを新党に引き入れることができなかった。陸軍の紐がついているかれらは、岸新党に加わろうとしなかった。

三十二人ではなにもできない(29)。ところが、その三十二人が岸の足枷となってしまった。今日は四月四日だから、三日前のことになるが、四月一日、中島飛行機が国家管理となった。十二の製作所、百を超す工場、二十五万人の従業員をかかえる中島飛行機は第一軍需工廠と変わった。同じ日、岸の家に三好英之が来た。大日本政治会の総裁になったばかりの南次郎の使者としての来訪だった。

三好英之は前に述べたとおり、鳥取県選出の国会議員である。岸が商工大臣だったときに、三好が商工委員会の委員長であったことはすでに述べた。三好は岸がもっとも親しくしている議員のひとりだが、岸の新党には加わらなかった。衆議院を二分する旧民政党系の代議士たちを束ねるのは大麻唯男だが、三好はナンバー・ツーの地位にいる。そこで岸は、いよいよというときには三好の力をあてにしていたにちがいない。新党が百人を超す勢力になろうとするとき、三好が新党加入を表明すれば、新党への雪崩《なだれ》現象が起きるだろうと岸は考えていたのではなかったか。もちろん、すべては夢に終わっていた。

三好は岸に向かって、大日本政治会の幹事長になってもらいたい、会のいっさいの運営を任せると南総裁の意向を伝えた。

岸には、南総裁の意図が見当ついたのであろう。五月、六月になれば、工場や町で国民義勇隊の組織づくりがはじまるだろう。それに対抗して、大日本政治会の地方支部づくりをするために、私の知恵と力を借りるつもりであろう。そしてもうひとつ、肝心なことがある。大日本政治会の前身の翼賛政治会の出納金の僅少さを知った南は、私の資金徴集力をあてにしているのだ。

生産軍の計画は灰となった。その構想は、似ても似つかない国民義勇隊と第一軍需工廠になってしまった。三十二人の野党指導者ではどうにもならない。だが、大日本政治会の幹事長になれば、敗者復活戦ができる。かれはこう考えたのであろう。

ではあっても、岸は護国同志会に責任を負った事実上の党首の身であったから、部下たちの考えを聞かねばならなかった。赤坂山王下の料亭、山竹に幹部を集めた。だれもが岸の幹事長就任に反対した。争い、脅かされ、切り崩しにあい、さんざんな目にあった揚句、岸を敵陣営に奪われてしまっては、完敗である。そんなことを認めるわけにはいかなかった。岸は南に向かって、断りの返事をださざるをえなくなった。

昨四月三日、南次郎は護国同志会の幹部たちと会見した。船田中、赤城宗徳、中谷武世といった顔ぶれである。南はかれらに大日本政治会へ合流するように求めた。岸のことについては一言も言わなかったが、岸に執心しての説得工作だった。だが、かれらは南の申し入れを拒否した(30)。

岸はすべてが失敗に終わってしまったことを無念に思っていよう。そして、かれは内大臣が総理に罠をしかけたことを知らない。小磯が今日にも総辞職することを知らない。かれは眠りに入る。

どうしてかれがそんな大きな構想をたて、それをやろうとしたかについては、このさきでもういちど述べねばならないだろう。

四月四日の午前四時十五分に空襲警報が解除となってから十一時間あと、同じ四月四日の午後三時すぎ、小田原入生田の近衛の別荘に電話がかかってきた。

電話線の向こうにいるのは木戸幸一である。木戸はつぎのように言った。

〈総理がいましがたやって来て、総辞職したいと言ってきました。今日、臨時閣議を開いて辞表をとりまとめたいと語ったが、あまりに突然で、お上のお考えになる時間がないから、明日にしたらどうかと話し、同意を得た。重臣会議は明日にも開催の手はずとなるが、これは明朝あらためて連絡します〉

（第3巻、了）

引用出典及び註

(1) 特に重要と思われるものについてのみ出典を明記した。
(2) 引用中の旧仮名は新仮名に改めた。また、読みやすさを考慮し、表記を改めたり、言葉を補ったりした場合がある。
(3) 「木戸幸一日記」「天羽英二日記」等、文中で出典が明らかなものは、初出のみ採用した。
(4) 同一資料が二度以上出てくる場合は、発行所及び発行年度は初出だけにとどめた。

11 重慶と延安

(1) 徳川夢声「夢声戦争日記(6)」中公文庫 昭五二 一五〇―二頁
(2) 志賀直哉は三年会の集まりを三月二十一日のこととしていない。手製のカレンダーにメモを記し、三月二十日のところに、「二時より三年会七回」と書き記している(「志賀直哉全集 第十一巻」岩波書店 昭四六 六一一頁)。だが、富塚清は三月二十一日のこととしている。「三月二十一日(水)大泉宅泊り。うす曇。……自転車で谷川徹三氏宅を訪う。今日の三年会に提出する文案を口述してもらって書いていると山本有三氏がやって来て……。三年町の外務大臣官邸に行く。三年会での今日の話し合いはちょっとむずかしい。……」(富塚清「ある科学者の戦中日記」中央公論社 昭五一 九二頁)
(3) 「志賀直哉全集 第十三巻」六四頁
(4) 鈴木東民「ナチスの国を見る」福田書房 昭九 一九六頁
(5) 北山茂夫「学究として教師として」みすず書房 昭六〇 六一頁
(6) 御手洗辰雄「伝記正力松太郎」講談社 昭三〇 二九三頁
(7) 「陸軍 畑俊六日誌」みすず書房 昭五八 四八二頁
(8) 鍋山貞親「私は共産党をすてた」大東出版社 昭二四 二〇九頁
(9) 岡崎次郎「マルクスに凭れて六十年」青土社 昭五八 一六五頁
(10) 細川護貞「細川日記」中央公論社 昭五三 二四二頁
(11) 鍋山貞親は意見書を陸軍にだしたとは述べていない。つぎのように書いている。

「勝つ見込みのないこの戦争から、いかにして祖国を瓦解せしめずに救い出すべきかという、追いつめられた苦悩的念願で、胸が一杯であった。それを一文に草して津田氏にみせた。また求められて、二三の軍人にも話した。私的な話であるから、率直にのべた。軍人にも、勝利の確信どころか、可能的見とおしすらないことがよくわかった」

　つづいて二回目の中国旅行から帰って、「また、印象的な視察を一文に草して津田氏その他二三の知人に示した。……ある日、突然、憲兵司令部からの呼出しがあった。……敗戦主義者だという。心外であった。押問答しているうちに、ようやく想像がついたのである。つまり、北京から帰ったとき草した一文が、どういう筋を通じてか、憲兵隊の知るところとなったのである」(鍋山貞親「私は共産党をすてた」二〇七頁)

(12)　秦彦三郎「隣邦ロシア」斗南書院　昭一二　三六二頁

(13)　原田熊雄「西園寺公と政局　第五巻」岩波書店　昭二六　九五頁

(14)　細川護貞「細川日記」八四頁

(15)　羽仁五郎は回想録のなかで、幣原との会見は牧野が勧めたものだと述べている。羽仁はまた、幣原に向かって、延安との和平を説いたと述べている。なお、ソ連のことについては一言も触れていない。

「……牧野伸顕が、『中国へ行く計画はないか』と聞く。『ある』と答えると、『それでは会ってもらいたい人がある』という。『だれですか』『幣原喜重郎だ……』」

　こうして幣原喜重郎に丸の内の日本倶楽部で会ったのだが、当時はそこにもうだれもいないで荒れはてていた。『戦争をやめるために、羽仁さんはどういう考えを持っているか』『延安と交渉する決意をなさってください。それよりほかに戦争をやめることはできませんよ』

　牧野伸顕や幣原喜重郎は、当時の日本のシャドウ・ガバメント(影の政府)として最高の人たちだから、この人たちがやる気さえあれば、延安と交渉することだってできたのだ。ぼくだって微力だけれども、牧野や幣原が後ろにいて助けてくれるならば、中国に行ってそういう活動ができたはずだ。

けれど、ここで幣原は一流の政治家でないことを暴露した。つまり、延安と交渉する決意ができないというのだ」（羽仁五郎「自伝的戦後史」講談社　昭五一　六九頁）

(16) 小牧正英「バレエと私の戦後史」毎日新聞社　昭五二　一五頁

(17) 宇垣一成「宇垣一成日記3」みすず書房　昭四六　一六一二頁

(18) 伊藤隆・渡辺行男編「重光葵手記」中央公論社　昭六一　四八二頁

(19) 渡辺茂雄「宇垣一成の歩んだ道」新太陽社　昭二三　二二二頁

(20) 畑俊六「陸軍　畑俊六日誌」五〇〇頁

(21) ピョートル・ウラジミロフ、高橋正訳「延安日記　下」サイマル出版会　昭四八　二五九頁

(22) 「朝日新聞」昭一九・一一・四

(23) 宇垣一成「宇垣一成日記3」一六一五頁

(24) 小磯国昭「葛山鴻爪」小磯国昭自叙伝刊行会　昭三八　八一四頁

(25) 重光葵「昭和の動乱　下」中央公論社　昭二七　二四五頁

(26) 緒方竹虎「一軍人の生涯」文藝春秋新社　昭三〇　一二五頁

(27) 中村正吾「永田町一番地」ニュース社　昭二一　一八五頁

(28) 木戸幸一「木戸幸一日記　下巻」東京大学出版会　昭四一　一一七九頁

(29) 矢部貞治「矢部貞治日記　銀杏の巻」読売新聞社　昭四九　七八三頁

(30) 「亀井勝一郎全集　第二十一巻」講談社　昭四九　一九頁

(31) 亀井斐子「回想のひと　亀井勝一郎」講談社　昭五一　一一五頁

(32) 木戸幸一「木戸幸一日記　下巻」一一八〇頁

(33) 木戸幸一「木戸幸一日記　下巻」一一八〇頁

(34) 藤田尚徳「侍従長の回想」講談社　昭三六　四〇頁

(35) 小磯国昭「葛山鴻爪」八二一頁

(36) 「石渡荘太郎」石渡荘太郎伝記編纂会　昭二九　四三一頁

(37) 小磯国昭「葛山鴻爪」八二五頁

(38) 徳川夢声「夢声自伝　昭和篇Ⅱ」早川書房　昭三八　二一五頁

(39) 矢部貞治「矢部貞治日記　銀杏の巻」七八四頁

(40) 三谷信「級友三島由紀夫」笠間書院　昭六〇　七一—二頁
(41)「天羽英二日記　資料集第四巻」昭五七　一一〇五頁
(42) 細川護貞「細川日記」三二五頁
(43) 富塚清「ある科学者の戦中日記」中央公論社　昭五一　七五頁
(44) 赤松貞雄「東条秘書官機密日誌」文藝春秋　昭六〇　一五八頁

12　硫黄島の戦い

(1) 堀江芳孝「闘魂　硫黄島」恒文社　昭四〇　二八九—九〇頁
(2)「戦史叢書　大本営陸軍部(9)」朝雲新聞社　昭五〇　一三二頁
(3)「メレヨン島　生と死の記録」朝日新聞社　昭四一　一四三—四頁、一五六頁
(4)「戦史叢書　中部太平洋陸軍作戦(2)」朝雲新聞社　昭四三　二七五頁
(5)「戦史叢書　中部太平洋陸軍作戦(2)」二七六頁
(6)「昭和史の天皇12」読売新聞社　昭四七　二八七頁
(7)「戦史叢書　中部太平洋陸軍作戦(2)」一二八頁
(8) 阿川弘之「山本五十六」新潮社　昭四〇　二八八—九頁
(9) 吉田俊雄「四人の連合艦隊司令長官」文藝春秋　昭五九　一〇四頁
(10) 近衛文麿「近衛日記」共同通信社　昭四三　四五頁
(11) 陸戦史研究普及会「沖縄作戦」原書房　昭四二　三三—五頁

13　内府対総理

(1) 木戸幸一「木戸幸一日記　下巻」一一八一頁
(2) 高木惣吉「高木海軍少将覚え書」毎日新聞社　昭五四　一九三頁
(3) 細川護貞「細川日記」三七三頁
(4)「朝日新聞」〈鉄箒〉昭二〇・三・二八
(5) 佐々弘雄「昭和政治悲史」日本放送出版協会　昭二一　五四頁
(6) 木戸幸一「木戸幸一日記　下巻」一一八二頁
(7) 大霞会編「内務省外史」地方財務協会

昭五二　一九頁
(8)　伊藤整「太平洋戦争日記(三)」新潮社　昭五八　二八五頁
(9)　〈座談会　かくして文化財はまもられた〉「ひびや　東京都立日比谷図書館報」五巻六号　三頁
(10)　茂原照作「帝都炎上」太平出版社　昭四九　二〇七頁
(11)　緒方竹虎と繆斌工作について記しておこう。戦争が終わったあとにも、緒方は繆を通じての和平交渉が葬られたことを残念に思っていた。かれは昭和二十七年に国民政府幹部の何応欽と会談した。何は中日文化経済協会の会長となったばかりだった。昭和二十九年に緒方はまたべつの台湾系の中国人と話し合った。緒方は繆斌の問題をかれらに尋ねた。緒方はそのことについてつぎのように書いた。「それによって繆斌の使命の真相と当時の私の判断が少しも間違っていなかったことが裏書された。それだけ繆斌の刑死に対しては、堪え難い感慨を催すのであるが、彼も此も今は戦争中の悪夢と諦める外はないことである」(緒方竹虎「一軍人の生涯」文藝春秋新社　昭三〇　一二六頁)
はたしてそうだったのであろうか。二人の中国人は、緒方が長く抱きつづけた夢を打ち砕かなかっただけのことではなかったのか。あれは謀略だった、日本に本気で手を差し延べたりしたことなどありはしなかった、あなたの片思い、幻想にすぎなかったのだと告げたところで、かれらにはなんの利益にもならない。戦争のさなかにおいてさえ、国民政府は日本に同情的だったのだ、日本を寛大に扱おうとしていたのだと緒方をして信じさせることは、日本を北京政府に接近させないようにし、国民政府に繋いでおく大目的のために、戦後のそのときなによりも必要だったはずである。
(12)　東久邇稔彦「東久邇日記」徳間書店　昭四三　一八四頁
(13)　木戸幸一「木戸幸一日記　下巻」一一八五頁
(14)　木戸幸一「木戸幸一日記　下巻」一一八五頁
(15)　伊藤隆・渡辺行男編「重光葵手記」四五〇頁
(16)　中村正吾「永田町一番地」七七頁

(17)「東京大空襲秘録写真集」雄鶏社　昭二八　一四八頁
(18)「珠実舞踊七十年」舞踊界社出版部　昭五一　九四頁
(19)「志士牛島辰熊伝」滬友会　昭四九　一四〇頁
(20)「昭和史の天皇18」読売新聞社　昭四九　三二四頁
(21)古海忠之・城野宏「獄中の人間学」竹井出版　昭五七　八一頁
(22)藤本治毅「石原莞爾」時事通信社　昭三九　三三二頁
(23)角田順編「石原莞爾資料」原書房　昭四二　五二五頁
(24)石原莞爾「最終戦争論」経済往来社　昭四七　三五頁
(25)山口重次「石原莞爾」世界社　昭二七　二七九頁
なお山口重次は石原の講演内容をつぎのようにつづけている。「東条と梅津こそ、日本の敵である。世界の敵でもある。平和をかきみだした点から見ると、彼らをとらえて銃殺すべきである」

山口はこの講演がいつおこなわれたのかを記していない。「石原莞爾資料」(角田順編　原書房)は、石原の師団長時代の日記を掲げているが、「昭和十五年十二月十六日の項に、「午後三時より約二時間帝大将校会の為に」との記述がある。講演をしたのであろうが、その内容についての記載はない。東条・梅津を非難した演説をこのときのものとしたのは、筆者の推測である。
(26)「中山優選集」中山優選集刊行委員会　昭四七　三一七頁
(27)「朝日新聞」昭一六・一・一四
(28)「朝日新聞」昭一六・一・一五夕刊
(29)土橋勇逸「軍服生活四十年の思出」勁草書房　昭六〇　三七八頁
(30)角田順編「石原莞爾資料」四八三頁
(31)角田順編「石原莞爾資料」四五九頁
(32)清沢洌「暗黒日記」評論社　昭五四　四四七頁
(33)「木下杢太郎全集　第十二巻」岩波書店　昭二六　二二五頁
原文は「おれには総理大臣なんかにはなれない」となっているが、これは杢太郎の書き誤りか、編纂者のミスであり、「おれは総理大臣なんかにはならない」が正しいのであろう。

（34）大木操「大木日記」朝日新聞社　昭四四　二三四頁

（35）日本側は繆斌の連絡先を何応欽だと思っていた。たとえば、昭和二十年五月十六日、上海駐在の大東亜省書記官松平忠久は、日本から帰国した繆に会い、かれの話を聞き、その内容を大東亜大臣宛てにつぎのように報告した。

　日本側からの「重慶打診ノ依頼アリタルニ付　蔣介石（直接連絡先ハ何応欽ノ如シ）ト連絡ノ上　其諒解ヲ得テ三月十六日ヨリ四月二十六日迄四十日間東京ニ滞在　重慶側ノ条件トシテ　㈠南京政府ノ解消　㈡停戦撤兵　㈢英米トノ和平斡旋ヲ申出種々折衝セルモ　陸軍側及重光外相ノ反対ニ遭イ不成功ニ終レリ」（外務省百年史編纂委員会編「外務省の百年　下」原書房　昭四四　六五九頁）

（36）石原が繆斌と話し合ってから二カ月あと、石原は戴笠とアメリカとの関係について語っている。この情報は繆から聞いたものではなかったのか。つぎのような話である。

　昭和二十年五月下旬、満洲国の牡丹江省次長の山口重次が東京に戻っていたとき、これも南京から帰国中の中山優に会った。重慶側からの休戦案を持っているのだと中山は語った。二人はともに石原系だった。中山の代わりに、山口が鶴岡へ行き、石原莞爾にその案を示し、どうしたらよいかを尋ねた。石原はつぎのように述べたのだという。

「中山優さんが持ってきた中国の休戦申し込みは、これは本物ですなあ。重慶政府単独の施策だと言ってるそうですが、そうではなさそうです。その中心人物は戴笠だと言いましたなあ。戴笠は米国政府の駐在代表のような存在です。おそらく、これは重慶の主唱でなくて、アメリカの画策ではありませんかなあ。……」（「史」二九号　現代史懇話会　一九頁）

（37）町村金五は「三月末に内大臣の木戸さんから至急上京せよとの電話が入り、なにごとかと思って大臣にお会いすると……」（「日本経済新聞」昭五六・一〇・五）と述べているが、これは記憶違いで、電話が入ったのは四月三日であろう。「木戸幸一日記　下巻」には、四月四日の項につぎのようにある。「二時半、町村新潟県知事来室、面談」

(38) 植草甚一「植草甚一日記」晶文社 昭五五 五二頁

14 岸の大構想

(1) 吉野信次「おもかじとりかじ」通商産業研究社 昭三七 二八九頁
(2) 「鮎川義介先生追想録」同書編纂刊行委員会 昭四三 三八三頁
(3) 田尻育三他〈満州の妖怪〉「文藝春秋」昭五二・一一月号 一二七頁
(4) 井上晴丸・宇佐美誠次郎「危機における日本資本主義の構造」(岩波書店 昭二六 八七頁)で、その引用・引証の源を明らかにしないながらも、鮎川の退職金について触れている。

「危機資本主義を舞台に乗り出した新興資本日産は、輸出資本のこの国家独占資本主義的形態への転期にあたって満洲割り込みの機会の前髪をつかんだのであった。これをダイヴィング・ボードとして日産は国内重工業界に雄飛することができた(鮎川は満重社長辞任の折、一千万円の退職金をもち帰って財界巨頭連を乗涎させた)」

(5) 細川護貞「細川日記」三〇二頁
(6) 細川護貞「細川日記」三一六頁
(7) 高木惣吉「高木海軍少将覚え書」一一四頁
(8) 「東亜同文書院大学史 創立八〇周年記念誌」昭五七 三八七頁
(9) 金雄白「同生共死の実体」時事通信社 昭三五 二七六頁
(10) 堀内干城「中国の嵐の中で」乾天社 昭二五 一八四頁
(11) 多田井喜生「占領地通貨工作」みすず書房 昭五八 九七四頁
(12) 外山茂「金融界・回顧五十年」東洋経済新報社 昭五六 八六頁
(13) 汪政権の高官だった金雄白はつぎのように述べた。「盛(文頤)の私に告げたところによると、若干の東京の海陸軍の特定人員と、軍部を支持する政党の要人および両院の議員に、毎月定額の手当が送られた」(「同生共死の実体」二七六頁)
(14) 細川護貞「細川日記」一七七頁
(15) 星野直樹「見果てぬ夢」ダイヤモンド社

昭三八　九七頁

(16)　岡田酉次「日中戦争裏方記」東洋経済新報社　昭四九　二二一頁

(17)　岸信介自身はつぎのように回想している。「いずれにせよ満洲ではアヘンを禁止し、生産もさせないし、吸飲もさせなかった。しかしアヘンを扱ったものとして里見という男のことは知っています。ただ私が満洲にいた頃は里見は上海で相当アヘンの問題にタッチしていて、金も手に入れたのでしょうが、満洲には来ていないから私は知らない。里見を知ったのは帰国後で、満映にいた茂木久平の紹介です。……」（岸信介・伊藤隆〈官界政界六十年〉「中央公論」中央公論社　昭五四・九月号　二九二頁）

(18)　古海忠之「忘れ得ぬ満洲国」経済往来社　昭五三　一二三頁

(19)　星野直樹〈岸信介来り又去る〉「特集文藝春秋」昭三二・一〇月号　六八頁

(20)　高木惣吉「高木海軍少将覚え書」八一頁

(21)　加瀬俊一は昭和十九年七月七日の日記につぎのように記した。

「同日夜、岸国務相、内府と協議の際、内府は重臣層及び翼政方面の動きには期待し難きやに思わるるに付き、むしろ閣内意見不一致の形において政変を誘導すること捷径なるべし、との意嚮《いこう》をほのめかせる由にて、岸国務相はその筋にて行動方考慮中なりとのことなり」（加瀬俊一「戦争と外交（上）」読売新聞社　昭五〇　一二一頁）

もっとも、木戸幸一は同日の日記に、岸との会見を記していない。岸との面談の記述があるのは七月十日の日記であり、「午前九時、岸国務大臣来邸、面談」と記したにとどまる。

(22)　天羽英二「天羽英二日記　資料集第四巻」九八九頁

(23)　細川護貞「細川日記」二九〇頁

(24)　竹森一男「千石興太郎」都市問題調査会　昭四六　二四八頁

(25)　大木操「大木日記」一八三頁

(26)　大木操「大木日記」一八六頁

(27)　堀越禎三「経済団体連合会前史」経済団体連合会　昭三七　七五八頁

(28)　赤松貞雄は回想録のなかで、かれ自身の更迭問題について触れている。参謀総長の梅津に睨まれてのことだと述べ、その理由も明らかにしている。ところが、かれの回想はそれだけでは終わっていない。奇妙な挿話をつけ加えている。はじめから見ることにしよう。赤松は参謀総長の梅津に向かって、大陸からの輸送は食糧を優先すべきだと上申した。それが却下された。それから数日あと、次官の柴山から「貴官は長期間文官的仕事をさせられ、さぞ髀肉の嘆をかこっていただろう」と言われ、転任させられることになった。

赤松は回想をつづける。「私は二週間の赴任延期を願い出で」首相秘書官時代の記録の整理をすることにした。「許可を得て夜を日についで記録しつづけた。ところが目黒の私の家は渋谷憲兵分隊の近くにあり、毎日いろいろの自動車が私の家の前に止っており、来訪者の中には政治家、右翼などといういわゆるブラックリストにのっている錚々《そうそう》たる人が多かった。そのため憲兵隊では、私が出征前に何かしでかす謀議でもしていると誤解して、上部に報告したらしいのである。

その結果、陸軍省に呼ばれて額田坦人事局長から『貴官は即刻東京を離れろ。もし仕事の残りがあれば、福岡郊外の二日市あたりで作業し、それから中支に行けばよいではないか。……』といわれた。私は笑いながら『私にはそんな力もないし、心配されるような事実は何もない。もう二、三日で作業も終るから……』と答えた」(赤松貞雄「東条秘書官機密日誌」一七〇頁)

赤松はその回想録のなかで、なにかを隠しているのである。隠そうとしながらも、かれは仄めかしをしている。かれはなにを仄めかそうとしたのか。明らかなことは、「ブラックリストにのっている錚々たる人」たちは、赤松に別れを告げようとして、かれの家を訪ねたのではなかったということである。赤松が更迭されたと聞き、さてはやられたなと思ったからこそ、かれらは赤松のところへ駈けつけたのである。

かれらがたしかに「錚々たる」連中であることは、自動車でやって来たのだと赤松が述べていることで明瞭である。赤松がそのすぐあとに記していることだが、前首相の東条は自動車が利用できないために、赤松を羽田に送ることができなかったのである。

話を前に戻せば、それら錚々たる連中は

赤松に向かって、梅津を糾弾し、食糧の輸送をあとまわしにしたのはけしからぬと憤慨したのであろうか。赤松が陸軍中央から逐われたことを怒ったのであろうか。どうもおかしい。かれらが赤松を訪ねたのは、べつの理由であろう。かれらは赤松に向かって、やったのは岸信介かと尋ねたのである。

どういうことだったのか。まず、岸を叩き潰そうとしてやった赤松の戦術を思いだしてみよう。赤松は岸の影響力を封じ、かれを孤立させることによって、かれの新党と生産軍の構想を葬り去ろうとした。赤松は岸に捜査の手がのびているのだとの噂をひろめた。さらにかれは左翼の動きに神経質な政治家や右翼の領袖たちに向かって、岸の運動には共産主義者の陰謀があると説いてまわったのであろう。

そこでかれらは赤松が更迭されたと聞いて、これは政治的陰謀だと直感し、岸の仕業だ、左翼に甘い陸軍首脳が岸の口車に乗せられたのだと思い、事実の確認を求め、赤松を訪ねたのである。そのような動きを知った陸軍幹部が慌てふためき、それ故にこそ、額田坦が赤松に向かって、即刻東京を離れよと言ったのだし、私には政治家や右翼の幹部を動かす力などないと赤松が答えることになったのである。

もうひとつ、推測をつけ加えれば、赤松の家に車で乗りつけた人びとは、そのあと陸軍次官の柴山に会い、岸一派がやっていることをよもや支援することはあるまいなと念を押したはずであった。

(29)　昭和二十年二月、岸信介は職域別の国民組織と新政党をつくろうとした。ところが、関係者はそれについてなにも書き残していない。

新政党に参加した中谷武世は、大木操の日記を引用し、かれ自身の見解を述べている。それをつぎに掲げる。

「這《こ》の間の消息を大木日記は、断片的にではあるが、そして些か真相を外れた点もあるが、次の如くに把えて居る。……

『二月五日　一時前、浜田代議士、議長を尋ねて来訪、余同席。政界の現状に付遺憾に不堪、率先翼政を脱退して人柱となって行動したし。その諒解を求めに来た。

松岡洋右を総裁として、岸が副総裁格か、

これに塩野、伍堂、千石、藤山、渋沢、安藤紀、松井石、鈴木貞等が取巻き、太田、船田、清瀬等は何時にても参加してよし、小山亮、池崎、今井新、稲葉圭、木村武、北勝、近藤英、鈴木正、高岡大、中原、中村又、永山忠、松方幸、松永寿、三浦虎、三木武夫、三木武吉、由谷等は賛成、なお井野碩、赤城、中谷、坂口、森田正、黒沢、越智等も賛成と、浜田氏言う。これに馳せ参ずる覚悟らし』(「大木日記」一八四頁)

上に掲げた所謂新党運動に関する大木日記は、主として翼壮同志会と、赤城中谷等岸新党一派の動きを描叙したものであるが、右に引用した浜田尚友代議士の言として伝えられた岸新党に関する情報は、実相とは全く違って居る。これはそういう雑然たる集団ではなく、岸信介を中心とし、私(中谷)、赤城、永山(忠則)を世話人とし、船田中、井野碩哉、小山亮、橋本欣五郎、木村武雄、鈴木正吾、それに杉山元治郎、三宅正一、前川正一、川俣清音等戦後日本社会党の中枢となった代議士達も加えた約三十余名の代議士による革新的且つ民族主義的性格の新党運動であって、……」(中谷武世「戦時議会史」民族と政治社　昭四九　二七八頁)

中谷のこの回想を信じるなら、岸ははじめからなんの力も持たない小政党をつくるつもりだったことになる。はたしてそうだったのであろうか。岸はずっと大きな党をつくる計画をたてていたはずであり、大木日記のなかで、古井喜実、笹川良一、浜田尚友が述べた岸新党についての情報のほうが真実に近かったのである。

浜田が挙げた新党参加予定者のなかで重要と思えるのは、職域別生産軍創設の建白書に著名した十一人のうちの七人が入っていたことである。残る四人の名前がなかったのは、浜田が忘れたか、大木が書き忘れただけのことであろう。その十一人を新党に参加させることがもっとも大事だと岸は考えていたはずである。

たしかにすべては失敗に終わってしまった。そこで、岸が新国民組織をつくろうと望んでいたことを、中谷は忘れてしまっていたのかもしれない。あるいは岸は中谷に向かって、自分の全計画のなかから、中谷が果たす役割だけを告げていたのかもしれない。

岸の全計画の詳細を知っていた者がいたとすれば、船田中はそのひとりだったはずである。船田は新党の中心人物だった。そして商工経済会の理事長だったかれは、生産軍の創設を求める首相宛ての建白書に著名したひとりでもあった。

船田は回想録のなかで、昭和二十年二月のことについてなにも述べてはいないが、商工経済会についてはつぎのように記している。

「昭和十八年四月初めから各都道府県単位の商工経済会ができた。この構想は東条内閣の岸信介商相、藤山会頭及び私の三人の合作によってできたものだ。そして藤山会頭と私は東京ばかりでなく全国商工経済会の会頭、理事長を兼務し、全国的規模で戦時経済の協力をはじめることになった」（「私の履歴書　第二十六集」日本経済新聞社　昭四一　一九九頁）

岸信介の回想はつぎのとおりである。

「護国同志会は委員会を井野君がやったけれど、実際に動かしていたのは船田中君です。私は国会に議席を持っていなかったから表面に出ず、いわば黒幕的な存在で、いろんな相談を受けたのです」（岸信介・伊藤隆〈商工大臣から敗戦へ〉「中央公論」中央公論社　昭五四・一〇月号　三〇二頁）

(30)　中谷武世「戦時議会史」三〇九頁

＊本書は、一九八七年に当社より刊行した著作を文庫化したものです。

鳥居民著　昭和二十年　シリーズ13巻

第1巻　重臣たちの動き ☆
1月1日～2月10日

米軍は比島を進撃、本土は空襲にさらされ、日本は風前の灯に。近衛、東条、木戸は正月をどう迎え、戦況をどう考えたか。

第2巻　崩壊の兆し ☆
2月13日～3月19日

三菱の航空機工場への空襲と工場疎開、降雪に苦しむ東北の石炭輸送、本土決戦への陸軍の会議、忍び寄る崩壊の兆しを描く。

第3巻　小磯内閣の倒壊 ☆
3月20日～4月4日

内閣は繆斌工作をめぐり対立、倒閣へと向かう。マルクス主義者の動向、硫黄島の戦い、岸信介の暗躍等、転機の３月を描く。

第4巻　鈴木内閣の成立
4月5日～4月7日

誰もが徳川の滅亡と慶喜の運命を今の日本と重ね合わせる。開戦時の海軍の弱腰はなぜか。組閣人事で奔走する要人たちの４月を描く。

第5巻　女学生の勤労動員と学童疎開
4月15日

戦争末期の高女生・国民学校生の工場や疎開地での日常を描く。風船爆弾、熱線追尾爆弾など特殊兵器の開発にも触れる。

第6巻　首都防空戦と新兵器の開発
4月19日～5月1日

厚木航空隊の若き飛行機乗りの奮戦。電波兵器、ロケット兵器、人造石油、松根油等の技術開発の状況も描く。

第7巻　東京の焼尽
5月10日～5月25日

対ソ工作をめぐり最高戦争指導会議で激論が交わされるなか帝都は無差別爆撃で焼き尽くされる。市民の恐怖の一夜を描く。

第8巻　横浜の壊滅
5月26日～5月30日

帝都に続き横浜も灰燼に帰す。木戸を内大臣の座から逐おうとするなど、戦争終結を見据えた政府・軍首脳の動きを描く。

第9巻　国力の現状と民心の動向
5月31日～6月8日

資源の危機的状況を明らかにした「国力の現状」の作成過程を詳細にたどる。木戸幸一は初めて終戦計画をつくる。

第10巻　天皇は決意する
6月9日

天皇をめぐる問題に悩む要人たち。その天皇の日常と言動を通して、さらに態度決定の仕組みから、戦争終結への経緯の核心に迫る。

第11巻　本土決戦への特攻戦備
6月9日～6月13日

本土決戦に向けた特攻戦備の実情を明らかにする。グルーによる和平の動きに内閣、宮廷は応えることができるのか。

第12巻　木戸幸一の選択
6月14日

ハワイ攻撃９日前、山本五十六と高松宮はアメリカとの戦いを避けようとした。隠されていた真実とこれまでの木戸の妨害を描く。

第13巻　さつま芋の恩恵
7月1日～7月2日

高松宮邸で、南太平洋の島々で、飢えをしのぐためのさつま芋の栽培が行われている。対ソ交渉は遅々として進まない。

☆は既刊。以降、各偶数月に1巻ずつ刊行予定。

草思社文庫

昭和二十年　第3巻

2015年2月9日　第1刷発行

著　者　鳥居　民

発行者　藤田　博

発行所　株式会社 草思社

〒160-0022　東京都新宿区新宿5-3-15
電話　03(4580)7680(編集)
　　　03(4580)7676(営業)
　　　http://www.soshisha.com/

印刷所　株式会社 三陽社

付物印刷　日経印刷 株式会社

製本所　大口製本印刷 株式会社

本体表紙デザイン　間村俊一

ISBN978-4-7942-2108-7　Printed in Japan

草思社文庫既刊

鳥居 民
近衛文麿「黙」して死す

昭和二十年十二月、元首相・近衛文麿は巣鴨への出頭を前にして自決した。近衛に戦争責任を負わせることで一体何が隠蔽されたのか。文献渉猟と独自の歴史考察から、あの戦争の闇に光を当てる。

鳥居 民
原爆を投下するまで日本を降伏させるな

なぜ、トルーマン大統領は無警告の原爆投下を命じたのか。なぜ、あの日でなければならなかったのか。大統領と国務長官のひそかな計画の核心に大胆な推論を加え、真相に迫った話題の書。

鳥居 民
毛沢東 五つの戦争

朝鮮戦争から文革まで、毛沢東が行なった五つの「戦争」を分析し、戦いの背後に潜む共産党中国の奇怪な行動原理を驚くべき精度で解明する。いまなお鋭い輝きを放つ鳥居民氏処女作、待望の文庫化！

草思社文庫既刊

兵頭二十八
「日本国憲法」廃棄論

マッカーサー占領軍が日本に強制した「日本国憲法」。自衛権すら奪う法案を日本が丸呑みせざるを得なくなった経緯を詳述。近代精神あふれる「五箇条の御誓文」の理念に則った新しい憲法の必要性を説く。

兵頭二十八
日本人が知らない軍事学の常識

軍事は国際社会の実相を正確に把握する最も合理的な手立ての一つである。戦後日本が失った軍事の視点から、尖閣、北方領土、原発、TPPの日本が直面する問題の本質と危機の所在を明らかにする。

前間孝則
技術者たちの敗戦

戦時中の技術開発を担っていた若き技術者たちは、敗戦から立ち上がり、日本を技術大国へと導いた。零戦設計の堀越二郎、新幹線の島秀雄など昭和を代表する技術者6人の不屈の物語を描く。